丝绸之路历史文化研究书系

第三辑　杨富学　主编

国家出版基金项目

国家社科基金重大项目
『敦煌中外关系史料的整理与研究』
（编号19ZDA198）阶段性成果

三秦文物与胡汉之风

杨瑾　著

甘肃文化出版社

图书在版编目（CIP）数据

三秦文物与胡汉之风/杨瑾著. -- 兰州：甘肃文化出版社，2022.12
（丝绸之路历史文化研究书系/杨富学主编.第三辑）
ISBN 978-7-5490-2384-4

Ⅰ.①三… Ⅱ.①杨… Ⅲ.①历史文物－研究－陕西 Ⅳ.①K872.410.4

中国版本图书馆CIP数据核字(2022)第187741号

三秦文物与胡汉之风
杨 瑾 ｜ 著

项目策划 ｜ 郧军涛
项目统筹 ｜ 周乾隆 贾 莉 甄惠娟
责任编辑 ｜ 甄惠娟 杜艳梅
封面设计 ｜ 马吉庆

出版发行 ｜ 甘肃文化出版社
网　　址 ｜ http://www.gswenhua.cn
投稿邮箱 ｜ gswenhuapress@163.com
地　　址 ｜ 兰州市城关区曹家巷1号 730030(邮编)
营销中心 ｜ 贾 莉 王 俊
电　　话 ｜ 0931-2131306

印　　刷 ｜ 北京联兴盛业印刷股份有限公司
开　　本 ｜ 787毫米×1092毫米 1/16
字　　数 ｜ 255千
印　　张 ｜ 20
版　　次 ｜ 2022年12月第1版
印　　次 ｜ 2022年12月第1次
书　　号 ｜ ISBN 978-7-5490-2384-4
定　　价 ｜ 98.00元

版权所有 违者必究（举报电话：0931-2131306）
（图书如出现印装质量问题，请与我们联系）

总　序

　　丝绸之路是一条贯通亚、欧、非三洲经济文化交流的大动脉。自古以来，世界各地不同族群的人都会在不同环境、不同传统的背景下创造出独特的文化成就，而人类的发明与创造往往会突破民族或国家的界限，能够在相互交流的过程中获得新的发展。丝绸之路得以形成的一个重要原因，就在于东西经济文化的多样性和互补性。

　　在中西交往的经久历程中，中国的茶叶、瓷器及四大发明西传至欧洲，给当时的西方社会带来了影响，至今在西方人的生活中扮演着重要角色。反观丝绸之路对中国的影响，传来的大多是香料、金银器等特殊商品，还有胡腾舞、胡旋舞等西方文化。尽管这些西方的舶来品在考古现场有发现，在壁画、诗词等艺术形式上西方的文化元素有展示，但始终没有触及中华文明的根基。

　　早在远古时期，虽然面对着难以想象的天然艰险的挑战，但是欧亚大陆之间并非隔绝。在尼罗河流域、两河流域、印度河流域和黄河流域之北的草原上，存在着一条由许多不连贯的小规模贸易路线大体衔接而成的草原之路。这一点已经被沿路诸多的考古发现所证实。这条路就是最早的丝绸之路的雏形。

　　草创期的丝绸之路经历了漫长的历史演进，最初，首要的交易物资并不是丝绸。在公元前15世纪左右，中原商人就已经出入塔克拉玛干沙漠边缘，购买产自现新疆地区的和田玉石，同时出售海贝等沿海特产，同中亚地区进行小规模贸易交流。而良种马及其他适合长距离运输的动物也开始不断被人们所使用，于是大规模的贸易往来成为可能。比如阿拉伯地区经常使用的耐渴、耐旱、耐饿的单峰骆驼，在公元前11世纪便用于商旅运输。而分散在亚欧大陆的游牧民族据传在公元前4世纪左右才开始饲养马。双峰骆驼则在不久后也被运用在商贸旅行中。另外，欧亚大陆腹地是广阔的草原和肥沃的土地，对于游牧民族和商队运输的牲畜而言可以随时随地安定下来，就近补给水、食物和燃料。这样一来，一支商队、旅行队或军队可以在沿线各强国没有注意到他们的存在或激发敌意的情况下，进行长期、持久而路途遥远的旅行。

随着游牧民族的不断强盛，他们同定居民族之间不断争斗、分裂、碰撞、融合，这使原始的文化贸易交流仅存于局部地区或某些地区之间。不过，随着各定居民族强国的不断反击和扩张，这些国家之间就开始了直接的接触，如西亚地区马其顿亚历山大的东征，安息王朝与罗马在中亚和地中海沿岸的扩张，大夏国对阿富汗北部、印度河流域的统治以及促使张骞动身西域的大月氏西迁。这些都说明上述地区之间进行大规模交通的要素已经具备，出入中国的河西走廊和连通各国的陆路交通业已被游牧民族所熟知。

丝路商贸活动的直接结果是大大激发了中原人的消费欲望，因为商贸往来首先带给人们的是物质（包括钱财等）上的富足，其次是来自不同地域的商品丰富了人们的精神文化生活。"紫驼载锦凉州西，换得黄金铸马蹄"，丝路商贸活动可谓奇货可点，令人眼花缭乱，从外奴、艺人、歌舞伎到家畜、野兽，从皮毛植物、香料、颜料到金银珠宝、矿石金属，从器具、牙角到武器、书籍、乐器，几乎应有尽有。而外来工艺、宗教、风俗等随商人进入更是不胜枚举。这一切都成了中原高门大户的消费对象与消费时尚。相对而言，唐代的财力物力要比其他一些朝代强得多，因此他们本身就有足够的能力去追求超级消费，而丝路商贸活动的繁荣无非是为他们提供了更多的机遇而已。理所当然的就有许许多多的人竭力囤积居奇，有钱人不仅购置珍奇异宝而且还尽可能在家里蓄养宠物、奴伎。诚如美国学者谢弗所言：7世纪的中国是一个崇尚外来物品的时代。当时追求各种各样的外国奢侈品和奇珍异宝的风气开始从宫廷中传播开来，从而广泛地流行于一般的城市居民阶层之中。古代丝绸之路的开辟，促进了东西方的交流，从而大大推动了世界各国的经济、政治发展，丰富了各国人民的物质文化生活。

丝绸之路上文化交流，更是繁荣昌盛。丝绸之路沿线各民族由于生活的环境不同，从而形成不同的文化系统，如印度文化系统、中亚诸族系统、波斯—阿拉伯文化系统、环地中海文化系统、西域民族文化系统、河西走廊文化系统、黄河民族文化系统、青藏高原文化系统等等。而在这其中，处于主导地位的无疑是中原汉文化、印度文化、希腊文化和波斯—阿拉伯文化。

季羡林先生曾言："世界上历史悠久、地域广阔、自成体系、影响深远的文化体系只有四个，即中国、印度、希腊和伊斯兰……目前研究这种汇流现象和汇流规律的地区，最好的、最有条件的恐怕就是敦煌和新疆。"这两个地方汇聚了四大文化的精华，自古以来，不仅是多民族地区，也是多宗教的地区，在丝绸之路沿线流行过的宗教，如萨满教、祆教、佛教、道教、摩尼教、景教、伊斯兰教，甚至还有印度教，以及与之相伴的各种文化，都曾在这里交汇、融合，进而促成了当地文化的高度发展。尤其是摩尼教，以其与商人的特殊关系，始终沿丝绸之路沿线传播。过去，学术界一般认为摩尼教自13世纪始即已彻底消亡，而最近在福建霞浦等地发现了大批摩尼教文献与文物，证明摩尼教以改变了的形式，在福建、浙江一带留存至今。对霞浦摩尼教文献的研究与刊布，将是本丛书的重点议题之一。

季先生之所以要使用"最好的"和"最有条件"这两个具有限定性意义的词语，其实是别有一番深意的，因为除了敦煌和新疆外，不同文明的交汇点还有许多，如张掖、武威、西安、洛阳乃至东南沿海地带的泉州，莫不如此。新疆以西，这样的交汇点就更多，如中亚之讹答剌、碎叶（今吉尔吉斯斯坦托克马克）、怛罗斯、撒马尔罕、布哈拉、塔什干、花剌子模，巴基斯坦之犍陀罗地区，阿富汗之大夏（巴克特里亚）、喀布尔，伊朗之巴姆、亚兹德，土耳其之以弗所、伊斯坦布尔等，亦都概莫能外，其中尤以长安、撒马尔罕和伊斯坦布尔最具有典型意义。

西安古称长安，有着1100多年的建都史，是中华文明与外来文明的交流的坩埚，世所瞩目的长安文明就是由各种地域文化、流派文化融汇而成的，其来源是多元的，在本体上又是一元的，这种融汇百家而成的文化进一步支撑和推动了中央集权制度。在吸收整合大量外域文化之后，长安文明又向周边广大地域辐射，带动了全国的文明进程，将中国古代文化的发展推向高峰，并进一步影响周围的民族和国家；同时中国的商品如丝绸、瓷器、纸张大量输出，长安文明的许多方面如冶铁、穿井、造纸、丝织等技术都传到域外，为域外广大地区所接受，对丝绸之路沿线各地文明的发展产生了重大影响，体现出长安文化的扩散性和长安文明的辐射性。这是东西方文化长期交流、沟通的结果。在兼容并蓄思想的推动下，作为"丝绸之路"起点的长安，不断进取，由此谱写了一部辉煌的中外文化交流史。长安文化中数量浩繁的遗存遗物、宗教遗迹和文献记载，是印证东西方文化交流、往来的重要内容。

撒马尔罕可谓古代丝绸之路上最重要的枢纽城市之一，其地连接着波斯、印度和中国这三大帝国。关于该城的记载最早可以追溯到公元前5世纪，其为康国的都城，善于经商的粟特人由这里出发，足迹遍及世界各地。这里汇聚了世界上的多种文明，摩尼教、拜火教、基督教、伊斯兰教在这里都有传播。位于撒马尔罕市中心的"列吉斯坦"神学院存在于15—17世纪，由三座神学院组成，他们虽建于不同时代，但风格相偕，结构合理，堪称中世纪建筑的杰作。撒马尔罕的东北郊坐落着举世闻名的兀鲁伯天文台，建造于1428—1429年，系撒马尔罕的统治者、乌兹别克斯坦著名天文学家、学者、诗人、哲学家兀鲁伯所建，是中世纪具有世界影响的天文台之一。兀鲁伯在此测出一年时间的长短，与现代科学计算的结果相差极微；他对星辰位置的测定，堪称继古希腊天文学家希巴尔赫之后最准确的测定。撒马尔罕北边的卡塞西亚，原本为何国的都城，都城附近有重楼，北绘中华古帝，东面是突厥、婆罗门君王，西面供奉波斯、拂菻（拜占庭）等国帝王，这些都受到国王的崇拜。文化之多样性显而易见。

伊斯坦布尔为土耳其最大的城市和港口，其前身为拜占庭帝国（即东罗马帝国）的首都君士坦丁堡，地跨博斯普鲁斯海峡的两岸，是世界上唯一地跨两个大洲的大都市，海峡以北为欧洲部分（色雷斯），以南为亚洲部分（安纳托利亚），为欧亚交通之要冲。伊斯坦布尔自公元前658年开始建城，至今已有2600多年的历史，其间，伊斯坦布尔曾经是罗马帝国、拜占庭帝国、拉丁帝国、奥斯曼帝国与土耳其共和国建国初期的首都。伊斯坦布尔位处亚洲、欧洲两大洲的接合部，是丝绸之路亚洲部分的终点和欧洲部分的起点，其历史进程始终与欧亚大陆之政治、经济、文化变迁联系在一起，见证了两大洲许许多多的历史大事。来自东方的中华文明以及伊斯兰教文化和基督教文化在这里彼此融合、繁荣共处，使这里成为东西方交流的重要地区。

综上可见，丝绸之路上的文化多元、民族和谐主要得益于宗教信仰的自由和民族政策的宽松——无论是中原王朝控制时期，还是地方政权当政期间，都不轻易干涉居民的宗教信仰和民族之间的文化交流。丝绸之路上各种思想文化之间相互切磋砥砺，在这种交互的影响中，包含着各民族对各种外来思想观念的改造和调适。"波斯老贾度流沙，夜听驼铃识路赊。采玉河边青石子，收来东国易桑麻。"通过多手段、多途径的传播与交流，中西文化融会贯通，构成一道独具魅力、异彩纷呈的历史奇观。从这个意义上说，丝绸之路可称得上是一条东西方异质经济的交流之路和多元文化传播之路，同时又是不同宗教的碰撞与交融之路。

为了进一步推进"丝绸之路"历史文化价值的研究，本人在甘肃文化出版社的支持与通力合作下策划了"丝绸之路历史文化研究书系"，得到全国各地及港澳台学者的支持与响应。幸运的是，该丛书一经申报，便被批准为国家出版基金资助项目。

"丝绸之路历史文化研究书系"为一套综合性学术研究丛书，从不同方面探讨丝绸之路的兴衰演进及沿线地区历史、宗教、语言、艺术等文化遗存。和以往的有关丝绸之路文化方面的论著相比，本套丛书有自身个性，即特别注重于西北少数民族文献与地下考古资料，在充分掌握大量的最新、最前沿的研究动态和学术成果的基础上,在内容的选取和研究成果方面,具有一定的权威性和前沿性。整套丛书也力求创新,注重学科的多样性和延续性。

杨富学

2016 年 8 月 23 日于敦煌莫高窟

目 录

导论 ·· 1

第一章 秦代文物中的外来元素 ··· 28
 第一节 考古资料反映的周、秦与戎狄关系 ························ 28
 第二节 移风易俗对秦文化变革的影响 ······························ 42
 第三节 秦文化的大规模吸收与远距离传播 ······················· 61
 第四节 西安邮电学院秦墓出土铜盉的文化渊源 ················ 74
 第五节 秦镜所反映的外来文化内涵 ································· 90

第二章 隋唐墓葬陶俑中的胡人形象 ····································· 104
 第一节 隋代墓葬中胡人形象的类型与渊源 ······················· 104
 第二节 唐代墓葬中的胡人俑 ··· 120
 第三节 甘肃唐代墓葬中的胡人形象 ································· 130
 第四节 唐代墓葬中胡汉乐舞组合形象 ······························ 149

第三章 唐代墓葬壁画中的胡风胡韵 ····································· 163
 第一节 唐李思摩墓壁画中的"翼兽"图 ··························· 163
 第二节 唐代墓葬壁画的制作者与观看者 ··························· 180
 第三节 唐章怀太子墓《客使图》"东北民族人物"新论 ······ 194

第四章 唐代女性与胡风胡化 ·· 209
 第一节 唐代墓葬中的胡人女性形象 ································· 209
 第二节 胡服女性形象与"女为胡妇学胡妆" ······················ 221
 第三节 武惠妃石椁纹饰中女性发式 ································· 235

第五章　其他文物中的域外影响 …………………………………… 248
　　第一节　陕西考古资料所见的异国与他族文字 ……………… 248
　　第二节　魏晋南北朝至隋唐时期陶器上的珠宝纹堆贴装饰
　　　　　　…………………………………………………………… 259
　　第三节　西安何家村唐代窖藏文物中的西方元素 …………… 273
　　第四节　兽首玛瑙杯与丝绸之路文化交流 …………………… 287
后记 ……………………………………………………………………… 309

导 论

"三秦"一词来自《史记·项羽本纪》"是时,还定三秦"的记载,即项羽灭秦后将此地分封给了秦军的三位将军,因此在地理范围上,三秦指潼关以西的秦朝故地关中地区,现为行政区划中的陕北、关中、陕南之合称。这一区域自然环境优越,文化积淀深厚,经济发达,人口构成多元,是人类古代文明的重要发源地之一,留下了无数历史遗存。就连现代意义上的"文物"一词也源于此,唐骆宾王的《夕次旧吴》称"文物俄迁谢,英灵有盛衰",杜牧在《题宣州开元寺水阁阁下宛溪夹溪居人》中称"六朝文物草连空,天淡云闲今古同","文物"一词已与现代词汇"文物"同义,也充分说明陕西作为文物大省的重要地位。2015年2月,习近平总书记来陕西视察时指出,陕西是一座天然的历史博物馆,文物点密度很大、数量很多、等级很高,堪称中华民族的宝贵财富。"黄帝陵是中华文明的精神标识""秦岭是中国的地理标识",更加凸显陕西文物的至高性、序列性及其在当代社会经济发展中的重要地位。

据全国文物普查统计,陕西共有49058处不可移动文物,其中23453处古遗址、14367处古墓葬、6702处古建筑、1068处石窟寺及石刻、3213处近现代重要史迹及代表性建筑、255处其他文物。共有270处全国重点文物保护单位,1098处陕西省文物保护单位,3590处市县级文物保护单位。经第一次全国可移动文物普查,陕西省共有国有文物收藏保管机构522家,收藏可移动文物多达7748750件,其中一级文物共有11166件(套)、二级文物23848件(套)、三级文物112568件(套)。全省备案的博物馆(纪念馆)319座,其中一级博物馆9座、二级博物馆13座、三级博物馆17座。文物系统博物馆164座,国有行业博物馆60座,非国有博物馆95座①。这些文物作为重要的参与者和贡献者,见证了中华文明的起源、演变、发展与繁荣历程,也创造了周秦汉唐等十四朝辉煌灿烂的文明,同时构成了世界历史的重要内容,尤其是周秦汉唐时期曾经一度成为世界文明的中心地区,涤荡出了不同文明之间交流与互鉴浪潮的阵阵高峰。

一、三秦文物的历史生成

"关中自古帝王都",这是三秦文物独一无二的历史生成条件。关中地区处于东经108°55′,北纬34°15′。"关"指函谷关(东)、散关(西)、武关(南)和萧关(北),四关中间的平原或盆地即称"关中"。这里自然条件优越,地理交通便利,气候温和,土地肥沃,物产丰富。《尚书·禹贡》称:"厥土惟黄壤,厥田惟上上。"周文王曾从周原迁都于丰镐一带,就是利用其优越的地理、物产和文化沉淀,终得灭商建周,并发展出高超的礼乐之制和青铜文明。

关中平原的中部就是长安。"长安"一词最早是秦都咸阳附近一个乡聚的名称,该地为秦始皇给兄弟"长安君"的封地。公元前202年,刘邦在洛阳和关中两地选择都城时,娄敬、张良认为,关中有函谷关、陇蜀的沃野千里,南边有富庶的巴蜀,北边有胡人畜牧的便利,可以在三面防守,并向东方牵制诸侯,只要握住渭水通运京师,当东方有变,就可以顺流而下,可谓"金城千里,天府之国",遂定都关中,称"长安"。司马迁在《史记》中赞之"膏壤沃野千里",为"天府"。此后,西汉、东汉(献帝初)、西晋(晋愍帝)、前赵、前秦、后秦、西魏、北周、隋、唐皆定都于此,东汉、三国的魏、五代的后唐皆以此为陪都,西汉末年的绿林、赤眉起义,唐末黄巢领导的农民起义军也曾建都于此。陕西的文物布局也

---

① 陕西省文物局官网 wwj.shaanxi.gov.cn.2022年6月20日检索。

呈现出以关中长安为中心,向东、南、西、北辐射的特征。陕北长期处于游牧和农耕接触地带,与北部草原所连接的广大区域长期交流互动。陕南与西南巴蜀文化关系密切,陕西西部地区与西戎等部族交往历史悠久,而陕西东部地区作为汉至唐洛阳与长安之间的直接通道而呈现出非常复杂的多民族交融的特征,从而在整体上形成了三秦文物多元文化共鸣的新型文明形态。

从地缘政治格局来看,长安地处胡焕庸线和欧亚大陆路网的交汇点,自古就是欧亚大陆中心地带、游牧和农耕世界反复冲突与应对的地带,还是古代世界文明互动的东部边缘地区,这也是它之所以能够长期成为源处纷杂、文化多元的诸多王朝国都的重要原因。历史文献和考古发现均证实了这一地区自远古便有诸多与域外接触的痕迹。早在远古时期,关中地区就有一条(多条)与遥远西方世界相接的通道。传说黄帝曾"西至于空桐,登鸡头山(陇西一带)",史前时期的彩陶器和青铜器更加直观地反映出早期东西文化的交流与互动轨迹及其对东西方文明的影响[①]。史前遗址中甚至发现了一些异域人物形象,如扶风仰韶文化案板遗址曾出土2件深目高鼻、络腮胡、戴高帽的陶形人像。该遗址以南10公里的降西村遗址出土的一件仰韶中期庙底沟类型的陶盆外壁亦装饰着一个怪异的浮雕人面,鼻子呈弯勾状,嘴唇略厚,脸部窄长,与该遗址其他器物差异较大[②]。安康刘家河遗址也发现一个陶制人头面具,鼻子长而大,深眼窝,窄脸,带有明显的高加索人特征[③]。类似陶人或有人形浮雕装饰的陶器也见于黄河中上游地区其他仰韶文化遗址中,如石峁遗址出土的青铜、石质文物亦带有明显早期欧亚草原文化交流的印迹。这些特殊人像的发现说明在远古时期不同地区、不同人种之间存在长时间的迁移和远距离的交往,也正是通过不同地区的文化交流,打破地理隔绝,使中华史前文明由"满天星斗"的多元化态势发展为"中原一统"的多元一体大格局。

---

① 韩建业:《"彩陶之路"与早期中西文化交流》,《考古与文物》2013年第1期。
② 西北大学文博学院考古专业:《扶风案板遗址发掘报告》,北京:科学出版社,2000年,第302页。
③ 吴山:《中国新石器时代陶器装饰艺术》,北京:文物出版社,1982年,第23页。

二、先秦时期的中外文化交流

西周时期中原与域外的交往频见于史载。《后汉书·南蛮西南夷传》载:"道路遥远。山川阻深,音使不通,故重译而朝。"①张星烺等学者也充分论证了上古时期中外交通与文化交流的事实及其意义②。1980年秋,扶风西周宫殿遗址出土的两件西周蚌雕人头像即是重要的例证。人像均深目高鼻,头戴尖顶高帽,尹盛平认为是中亚地区"塞种人"③。其中一人头顶上刻有一个十字符号,原型见于公元前5500年前的西亚哈拉夫文化,与1976年甘肃灵台白草坡西周墓出土的青铜戟上的白种人头像形成证据链④,可以佐证《左传》《穆天子传》中周穆王曾与西王母会于瑶池的记载。甚至有人猜测,周人王室源于吐火罗(中亚古国名,大致在今阿富汗和巴基斯坦北部),"赫赫我祖,来自昆仑"也许暗示着一些与中亚族群的关系。王辉通过甘肃地区两周时期考古材料中的胡人形象来讨论早期中外交流的意义⑤。而同样杂居于戎狄的早期秦文化与域外文化和北方草原文化也有着密切的交流,秦早期遗址中可见明显的外来元素,其中也有很多来自西方的造型、风格、纹饰和习俗信仰等,如金蛇形带钩、金鸳鸯形带钩、金鸳鸯首龙纹带钩及三把金柄铁剑等,这些器物都使用了西方金银制造技术中的掐丝镶嵌绿松石工艺⑥。至秦时,据《史记·货殖列传》记载,西北地区的乌氏倮曾在今甘肃与长安之间进行绢马贸易,这是现存正史中关于丝绸之路贸易的较早记载。秦与匈奴、月氏等游牧民族的贸易往来也成为早期世界贸易经济体系中的一个重要组成部分。

---

① [南朝宋]范晔:《后汉书》卷八六《南蛮西南夷传》,北京:中华书局,1999年,第2844页。
② 张星烺:《中外交通史料汇编》(一),北京:中华书局,1979年,第555—557页。
③ 尹盛平:《西周蚌雕人头种族探索》,《文物》1986年第1期。
④ 初士宾:《甘肃灵台白草坡西周墓》,《考古学报》1977年第2期。
⑤ 王辉:《甘肃发现的两周时期"胡人"形象》,《考古与文物》2013年第6期。
⑥ 史党社:《从考古新发现谈前丝绸之路的一些问题》,载《秦始皇帝陵博物院》(肆),西安:陕西人民出版社,2014年,第288—301页。

尽管上述资料可能挂一漏万，但已经能够说明早在汉代正式开通丝绸之路前，一条异常繁荣、活跃的史前文明交流路线就已存在。换句话说，汉代张骞凿空西域并非一代之功，而是中外交流在长时期演变发展过程中各种历史机遇爆发出的巨大能量而致，是农耕民族与游牧民族冲突与反应机制下历史的必然。

三、秦汉时期中外文化交流

秦代与域外的交流问题和秦文化渊源颇有关联。在王国维、蒙文通、周谷城等关于秦人来自西戎说①的基础上，关于秦人来源问题最终以"东来西成"说而结束了"西来说"和"东来说"长期的争端。同样被承认且被相当谨慎地讨论的内容还有秦文化与西周文化、楚文化、巴蜀文化的互动关系，以及秦文化与西戎文化、其他草原文化或外来文化的往来关系。吴晓丛等曾讨论过关于秦俑与希腊罗马雕塑的关系，之后讨论较多的是赵化成②、史党社③、段清波④、倪克鲁⑤等。此前关于秦文化与西方文化关系的讨论引发热议，如段清波关于秦文化与波斯文化关系的观点产生了颇为激烈的讨论，各种质疑声音也说明了更深层次的文化认知。随着秦陵周围考古新发现不断面世，如金骆驼、百戏俑等，国内外学者的探索也更为深刻。

（一）丝绸之路初开文化交流新局面

汉承秦制除了政治体制、经济模式和文化正统之外，还包括既成的文化交

---

① 吴小强：《二十世纪秦文化渊源讨论评述》，《秦文化论丛》第十二辑，西安：三秦出版社，2005年，第19—21页，第26—28页。
② 赵化成：《试论秦文化与域外文化的交流》，《秦文化论丛》第十二辑，西安：三秦出版社，2005年，第30—38页。
③ 史党社：《秦关北望——秦与"戎狄"文化关系研究》，复旦大学2008年博士学位论文。
④ 段清波：《从秦始皇陵考古看中西文化交流》（一）（二）（三），《西北大学学报》2015年第1、第2、第3期。
⑤ 倪克鲁：《亚洲视野中的兵马俑》，《古代墓葬美术研究》第一辑，北京：文物出版社，2011年，第23—40页。

流遗产,以及对外交往中的艰难博弈。秦始皇时期探索海洋,巡视诸边,北修长城以拒匈奴侵扰。匈奴与汉代的战和关系形塑着汉匈双方的社会发展轨迹,给汉朝皇帝们带来了巨大的治国机遇与挑战,也许像秦始皇那样的"海洋梦"始终无法实现后,汉武帝选择向西突破,获取摆脱匈奴钳制的机遇,并实现开疆拓土的梦想。经过汉文帝、汉景帝的"和亲政策"和"休养生息",汉武帝时期终于把匈奴问题摆上了"解决"的议程:联合大月氏,东西夹击匈奴,解除匈奴的长期威胁,摆脱长期受制于匈奴的被动局面,争取主动,突出重围。

1. 百年汉匈冲突范式下汉代皇帝们的应对

从游牧世界与农耕世界冲突与反应的视角来看,汉与匈奴无疑就是这一方式在特定时期的生动演绎。匈奴作为强邻给汉朝带来的挑战不仅仅在《史记》《汉书》《后汉书》等官方史书中有很多记载,还反映在大量遗存遗迹中,汉朝边境以外的考古发现及其国内外学者的研究也证实了这一点。楚汉争霸之际,匈奴于漠北逐渐强大,相继兼并了周围的游牧部落,消灭了东胡,打败了月氏,不仅建立起了统一的奴隶主政权和强大的军事机器,而且还控制了中原通往东北部、北部和西部广大地区的重要交通要道。强大后的匈奴人在冒顿单于的带领下,不断扩张势力,他们一路南下,跨越长城地带,不断蚕食汉朝的领土,骚扰和掠夺中原居民,阻碍中原与西域交通,成为消耗西汉国力的最大力量。从汉高祖白登之围后,汉朝一方面采取屈辱的和亲政策,换取汉匈关系的暂时稳定;另一方面把长城一直延伸到敦煌以西的玉门关,置河西四郡,沿边设置烽燧,随时预警,防止匈奴南下。汉文帝致匈奴老上单于书曰:"长城以北,引弓之国,受命单于;长城以内,冠带之室,朕亦制之。"① 以无奈的语气表达中原天子对汉匈关系的理想格局。

此时的西域也成为匈奴驰骋劫掠之地,这里四通八达,分布着自远古时期就有的交通联络网点,匈奴人凭借着雄劲的军事实力,从东西贸易中谋求利润。林幹曾经指出,匈奴"越来越强的贪欲,使他们亟欲控制商道,垄断东西

---

① [汉]司马迁:《史记》卷一〇〇《匈奴列传》,北京:中华书局,1959年,第2902页。

贸易,以取得暴利",他们不仅"通过西域,间接和希腊人及其他西方各族人民发生交换"①,汉王朝以"赐""赂""关市"等形式向西域诸国和匈奴输送丝织品、"絮",以及较高等级的成衣等,而且还"企图控制西域商道,独占贸易权益"②。考古学者在河西汉代边塞遗址中发掘的大量汉代丝绸残片即是证据,比如,额济纳河流域汉代烽燧遗址中大量丝织品遗存的发现,正是丝绸之路贸易史的生动见证。傅筑夫认为,"所谓通西域的丝绸之路,实际上是在亭障遍地、烽墩林立和烟火相接的严密保护下才畅通无阻的"③,匈奴正是凭借强大的控制力获得丝绸之路的垄断权。杉山正明也指出,"与以经济供给约定的汉朝'中华'不同,匈奴以与其有着相当紧密相互关系基础之姿,进入到绿洲地域的国家之中。在疆域之中,涵盖接近游牧地区的农、工、商地域这一点,与曾经存在的斯基泰国家具有共通性"④。汉匈之间除了军事对峙外,还有一些特殊的交流例子。如王子今所说的"居延汉简可见边塞军人逃亡事件的记录……丝绸作为价位较高的物资,与多种'禁物'同样为'亡人'所'持'而'兰越塞','北出'匈奴地方,是很自然的事情。这或许可以看作汉与匈奴之间以丝绸交易体现的经济联系的特殊方式"⑤。

2. 张骞凿空西域的划时代意义

张骞在原有的中外交通线路的基础上,开通了一条从长安通往中亚、西亚甚至联结欧洲和北非的交通线路,这条路线后来被德国地理学家李希霍芬称为"丝绸之路"。此后,丝绸之路所产生的全球影响与联动效应远远超出李希霍芬的预想。对于汉武帝而言,这条路不仅仅是与匈奴重新建立政治关系的关键,而且它连带的经济、宗教、文化交流等方面的影响也远远超出当代人的想象。于是,我们对于史书记载的"使者相望于道,一辈大者数百,少者百余人"

---

① 林幹:《匈奴通史》,西安:人民出版社,1986年,第146—147页。
② 殷晴:《丝绸之路与西域经济——十二世纪前新疆开发史稿》,北京:中华书局,2007年,第111页。
③ 傅筑夫:《中国封建社会经济史》(第2卷),北京:人民出版社,1982年,第440、439页。
④ [日]杉山正明著,黄美蓉译:《游牧民的世界史》,北京:中华工商联合出版社,2014年,第100页。
⑤ 王子今:《丝绸贸易史上的汉匈关系》,《文史知识》2017年第12期。

"一岁中使者多者十余,少者五六辈"①等现象心怀疑虑时,自然是基于后世的经验和当代的认知。《汉书》中"益发使抵安息、奄蔡、牦靬(即大秦国,罗马帝国)、条支、身毒国"②的确极大地拓展了人们的臆想维度,无论是当下,还是未来,这条道路承载的跨区域价值与全球意义是不容忽视的,因为行走在丝绸之路上的不仅仅是西汉派往西域诸国的使臣,也有西域诸国遣往长安的使者。

张骞出使西域之所以能够实现,既是那个时代的需要,也是历史发展到那个阶段的必然选择,是汉武帝秉承前代皇帝们的思想理念,为国家发展制定的战略规划和方向。恰恰是在这个不平凡的时代,最初出于军事目的而开通的丝绸之路对后世的影响远远超过他们的想象:极大地激发了国人冒险报国的热情,"吏士争上书言外国奇物利害",请求出使西域,以至"汉发使十余辈至宛(今乌兹别克斯坦塔什干一带)西诸外国,求奇物"③,远者八九岁,近者数岁而返。更重要的是,民众群情激昂,具有远大目标,终将之前中外海路交通与文化交流纳入了宏大的叙事系统,构建了世界历史发展的基本框架与主旋律,成为跨文化、跨民族、跨区域交流的代名词与象征符号。这种出于国家存亡与发展强烈需求的主动沟通,需要强有力的中央集权国家调集全国的力量来支撑和保障。于是,从敦煌向西至盐泽(今新疆罗布泊)一路可见关口、烽燧和驿站,政府为此设立使者校尉进行管理,并负责接洽安排往来的使者④。这条崎岖蜿蜒的欧亚道路是名副其实的国际交通线路,极富政治含义,它集中反映了古代中国世界格局的延伸与发展,中国人探索了数千年的世界概念初步形成。

不仅如此,张骞从西域带回来的物种极大地改变了中国人的生活形态和精神面貌。"不是张骞出西域,安得佳种自西来?"新物种、新信息、新时代,通过

---

① [汉]司马迁:《史记》卷一二三《大宛列传》,北京:中华书局,1959年,第3170页。
② [汉]司马迁:《汉书》卷六一《张骞李广利传》,北京:中华书局,1959年,第2687页。
③ [汉]司马迁:《史记》卷一二三《大宛列传》,北京:中华书局,1959年,第3157页。
④ 陈连庆:《汉唐之际的西域贾胡》,载《中国古代史研究:陈连庆教授学术论文集》,长春:吉林文史出版社,1991年,第632页。

丝绸之路建设世界的政令中心——长安,长安高高耸立在东方,恰如"五星出东方利中国",这条政治之路、外交之路被汉代的皇帝们不惜成本地予以维持。有人认为,丝绸之路的开通,从经济上来看,也许效益并不明显,但长远来看影响非凡。这条由长安出发,经过甘肃、新疆、中亚、西亚一直到南欧,东西直线7000公里的陆上交通线路,在世界历史上具有划时代的重要意义。大约在同一时期,海上丝绸之路也已崭露头角,所有政令均出于长安。

(二)长安的外来文化

张骞两次出使西域,以及后来对匈奴的连续打击,开通并维持了一条通向地中海沿岸的交通线路,汉朝的触角已经伸至遥远的疆域。2012年西安市长安城遗址北侧的古渭河桥遗址首次发现了5座秦汉时期的古木桥,而且还罕见地发现了两艘古船和大型朱雀与青龙、朱雀与白虎的浅浮雕纹饰石刻,证实了这里曾经是通往京师的重要交通枢纽,也是丝绸之路的重要节点,渭桥惊马、汉武帝入京继位都与之有关。

长安集合国内外优势资源,吸引着形形色色的域外人士,比如罽宾、乌弋、乌孙、大月氏、大宛、康居的使节、商贾、伎乐、幻人、译人络绎不绝。汉代画像石、陶俑、铜镜和石雕等文物中留下了很多胡人的形象。皇帝不仅建立了专门接待和管理对外事务的机构,还在长安城内专门为域外人划分了居住区。据《后汉书》卷八九《南匈奴传》记载:建武二十八年(52年),"北匈奴复遣使诣阙,贡马及裘,更乞和亲,并请音乐,又求率西域诸国胡客与俱献见"[1]。

西域胡客中,以贾胡最为活跃,有的甚至混入使团或冒充使节。陈连庆认为"在中西交通开通之后,西域贾胡迅即登场",比如乌孙人、车师人等。《三国志》卷二四《崔林传》记载:"迁大鸿胪。龟兹王遣侍子来朝,朝廷嘉其远至,褒赏其王甚厚。余国各遣子来朝,间使连属,林恐所遣或非真的,权取疏属贾胡,因通使命,利得印绶,而道路护送,所损滋多。劳所养之民,资无益之事,为夷

---

[1] [南朝宋]范晔:《后汉书》卷八九《南匈奴列传》,北京:中华书局,1999年,第2939页。

狄所笑,此曩时之所患也。乃移书燉煌喻指,并录前世待遇诸国丰约故事,使有恒常。"①《太平御览》卷二三二引《魏志》也有类似的记载。著名的金日䃅原为匈奴休屠王的太子,汉武帝因获休屠王"祭天金人"故赐其姓为金,他因忠诚笃敬和聪明才智闻名于朝野,汉武帝曾托孤于他,死后获得陪葬茂陵的殊荣。

汉代的胡人中也包括来自西域的女性。"胡姬""酒家胡"的文学形象很多,如辛延年的《羽林郎》讲述了霍将军家奴倚势"调笑酒家胡"的故事:"胡姬年十五,春日独当垆。长裾连理带,广袖合欢襦。头上蓝田玉,耳后大秦珠。两鬟何窈窈,一世良所无。一鬟五百万,两鬟千万余。"② 2000 年,西安北郊发现东汉早期匈奴女性墓葬,左手戴金镯子,左手戴银镯子,也是例证。

此外,还有来自其他地方的人,比如乌孙人、康居人、安息人、条支人等。《史记·司马相如列传》载:"康居西域,重译请朝,稽首来享。"③《后汉书·西域传》载:"(和帝永元)六年,班超复击破焉耆,于是五十余国悉纳质内属。其条支、安息诸国至于海濒四万里外,皆重译贡献。"④《史记·大宛列传》载:张骞从西域返回时"乌孙发导译送骞还,骞与乌孙遣使数十人,马数十匹报谢,因令窥汉,知其广大"⑤。《资治通鉴》卷三五载:"春正月,匈奴单于及乌孙大昆弥伊秩靡皆来朝,汉以为荣。是时西域凡五十国,自译长至将相侯王皆佩汉印绶,凡三百七十六人。"⑥乌孙使团进入长安,以千匹马聘汉宗室女江都翁主。汉武帝高度重视,在长安举办了中国历史上第一个乌孙语培训班。此后,东汉班超"立功西遐,羁服外域""立屯田于膏腴之野,列邮置于要害之路。驰命走驿,不绝于时月;商胡贩客,日款于塞下"⑦。其后,甘英"抵条支而历安息,临西海以

---

① [晋]陈寿:《三国志·魏志》卷二三《崔林传》,北京:中华书局,1975 年,第 679 页。
② [汉]辛延年:《羽林郎诗》,载逯钦立辑校《先秦汉魏晋南北朝诗》(上),北京:中华书局,1998 年,第 198 页。
③ [汉]司马迁:《史记》卷一一七,北京:中华书局,1959 年,第 2999 页。
④ [南朝宋]范晔:《后汉书》卷八八《西域传》,北京:中华书局,1999 年,第 2913 页。
⑤ [汉]司马迁:《史记》卷一二三《大宛列传》,北京:中华书局,1959 年,第 3157 页。
⑥ [宋]司马光:《资治通鉴》卷三五,北京:中华书局,1992 年,第 1123 页。
⑦ [南朝宋]范晔:《后汉书》卷四七《班超传》,北京:中华书局,1999 年,第 1571 页。

望大秦"①。无数人为丝绸之路的畅通做出了杰出贡献,匈奴最终在汉朝的连续打击下,一路向西迁徙至中亚,后来给罗马帝国带来了威胁,匈奴人在长期的对峙中灭亡了罗马帝国,可见汉朝经营西域给世界历史发展所带来的巨大影响。当然,这已是另一个故事了。

四、隋唐时期的中外文化交流

汉代开凿的通往西域的道路不仅让起点与终点地区获益无穷,而且对某一地区也产生永久性的影响。尽管魏晋南北朝至隋唐时期长达四百余年间,在游牧民族与农耕民族的激烈冲突中,丝绸之路时有隔断,但区域性和民间交往从未停息,新进入的和此前就居于此的西域人数量依然惊人,关中地区的人口结构呈现出明显的多样化特征,开启了具有重大历史意义的民族大融合时期。江统的《徙戎论》称"西北诸郡,皆是戎居""关中之人,百余万口,率其少多,戎狄居半"②,由此产生了包容开放、锐意创新的关陇集团,它以生机勃勃的崭新面貌和势不可挡的豪迈气概,迈进崭新的隋唐时期。

(一)长安成为当时世界的中心

隋开皇二年(582年),隋文帝在汉长安城东南建造新的都城——大兴城。唐代建立后仍以此为都城,改称长安,并进行局部修建和扩充。新兴的王朝志向远大,将长安城建设成一座气势恢宏的国际大都市。全城周长35.56公里,面积约84平方公里,宫阙巍峨,布局规整,不仅是中国历史上最大的都城(面积分别为今西安城的9.7倍、汉长安城的2.4倍、北魏洛阳城的1.2倍、隋唐洛阳城的1.8倍、元大都的1.7倍、明南京城的1.9倍、明清北京城的1.4倍),而且也是当时世界上面积最大、最繁华的都城(面积为447年建成的拜占庭首都君士坦丁堡的7倍、800年建成的阿巴斯王朝首都巴格达的6.2倍、古代罗马帝

---

① [南朝宋]范晔:《后汉书》卷八八《西域传》,北京:中华书局,1999年,第2931页。
② [唐]房玄龄:《晋书》卷五六《江统传》,北京:中华书局,1974年,第1259页。

国首都罗马城7倍)。"初唐四杰"之一的骆宾王在《帝京篇》中盛赞长安"山河千里国,城阙九重门""五纬连影集星躔,八水分流横地轴,秦塞重关一百二,汉家离宫三十六"。王维在《和贾至舍人早朝大明宫之作》中赞叹"九天阊阖开宫殿,万国衣冠拜冕旒",而岑参也在《奉和中书舍人贾至早朝大明宫》中称"金阙晓钟开万户,玉阶仙仗拥千官",以宏大富丽的宫殿和庄严整肃的朝仪来称颂长安城气象之阔大。

作为天子之居所,长安自然成为天下之中心。第一,这里是当时国内外的交通中心,所有道路都是以长安为起点。柳宗元所说"凡万国之会,四夷之来,天下之道涂,毕出于邦畿之内"即是也。长安拥有《唐六典》所载全国二十六座著名关塞中的六座,即潼关、蓝田关、蒲津关、散关、大震关和陇山关。还有北向塞外道,南向子午道、褒斜道、骆古道等古代驿道和滋水驿、长乐驿、临皋驿等著名驿站。关、道、驿等体系构成了四通八达的国内外交通网络。

唐代皇帝们秉承前代已经发展起来的"向西发展""海路并重"的思想和战略规划,胸怀"怀远之德",凭借着四通八达的交通网络,依靠强盛的国力和强大的军事力量,不遗余力地维持着这条通往外部世界的要道——丝绸之路。无论唐太宗,还是唐高宗,甚至是武则天都非常强势地在广袤的西域地区推进都护府和羁縻制度,先后在高昌、龟兹设立安西都护府、安西大都护府、北庭都护府,管辖天山以南至葱岭以西、阿姆河流域的广大地区。通过移民屯边,鼓励边疆建功立业来着力经营西域,保障丝绸之路的畅通,拓展连接外部世界的更多渠道,构建了连接唐王朝与中亚、西亚的管理体系,以国家力量维持丝绸之路的畅通,极大地推进了与世界各地的文化交流。

第二,长安城城市布局规整。十一条南北向街道和十四条东西向街道将整个城市划分整齐,"百千家似围棋局,十二街如种菜畦"。私宅、官署与公共空间管理规范,以东市和西市为支柱建立起商贸网络,使丝绸之路商品汇聚一城。这里成为国际贸易的枢纽和物流中转中心,四面八方的物品在此周转。

第三,长安城藏书丰富,教育发达,是当时最繁荣的文化中心。历代皇帝非常重视整理国家藏书,自汉代以来这里就曾经是全国图书收藏最多的地方,拥有石渠、延阁、广内、兰台、麒麟、天禄等早期大型图书馆。唐玄宗曾下令对民间8.2万卷不同版本的图书资料进行校正、抄录、改错、订伪,不断充实图书典籍的藏量。丰富的藏书为长安成为国际著名的世俗和宗教教育中心奠定了坚实的基础。

唐代的造纸术大大提高,图书业得到快速发展。雕版印刷术也因长安佛教兴盛而产生于长安。据史书记载,玄奘法师在大慈恩寺译经,用"回锋纸"大量印刷佛像散发,唐宝应元年(762年),长安的商业区已开始售卖印刷的历书和医书。传说曾有人用白居易的诗书换酒喝,反映了长安雕版印刷业的兴盛。后来,造纸术逐渐西传至欧洲,对文艺复兴运动起到非常重要的推动作用。此外,关中石刻、印章技艺也独领风骚。

唐代的高等教育体系由中央政府直接领导,包括国子监下属的六所学校(国子学、太学、四门学、律学、书学、算学)和政府其他部门下属的机构(弘文馆、崇文馆、崇玄馆、医学馆),以及古籍整理、兽医等专科性教育。特别是以佛教典籍为主的宗教文献整理,因此,长安又被称为世界宗教研究中心。

第四,长安城人口众多,胡汉交融。从数量上看,长安是世界历史上第一个总人口达到百万的国际大都市。从人口构成来看,族群多元而丰富,按照等级包括皇族、达官贵人、平民百姓、奴仆杂役与贡人或奴婢等;按照职业分为军事人员、商旅和宗教人士;按照居住形态分常住居民和流寓人员,后者如域外商人、使者、留学生、留学僧等。最值得注意的是,除了域外人士外,还有通过各种方式迁入的少数民族人口,这部分人口总数不下三万人。据《唐六典》记载,当时遣使来长安的国家、地区多达三百余个(不同时期情况有所不同,开元年间减至七十余国),如贞观二十二年(648年)前后,"四夷大小君长争遣使入献见,道路不绝,每元正朝贺,常数百千人"。其中东突厥69次、西突厥25次、突骑施25次、回纥70次、薛延陀18次、吐蕃97次、吐谷浑33次、焉耆10次、龟兹13次、于阗17次、罽宾21次、天竺31次、康国33次、安国17次、米国12次、火寻国4次、史国7次、拔汗那24次、波斯32次、吐火罗32次、狮子国5次、大食国36次、东罗马7次。昭武九姓粟特国朝贡尤为频繁,从高祖武德七年(624

年)到代宗大历七年(772年)100余年,共入贡94次,其中曹国8次①。因此,长安汇聚了各个国家或地区的珍奇异宝、风俗习惯、宗教信仰和人员技术,唐朝的丝绸、瓷器、铜镜、茶叶等器物,以及科技文化、政治制度、饮食风尚等也从长安传播至世界各地。其中包括各国器物和文化在此相互交融之后又返回来源地,或辗转传至周边的日本、朝鲜、缅甸等地。

值得一提的是,除了大量突厥人入居长安外,萨珊波斯王子卑路斯在阿拉伯人入侵后,国破家亡,他率众沿着丝绸之路向东逃亡到长安城,寻求唐王朝的帮助。然而,唐高宗的发展要务尚未涉及如此渺茫的区域。据《旧唐书》记载,卑路斯的父亲萨珊末帝伊嗣侯三世(或称亚兹德格尔德三世)在637年首都泰西封被阿拉伯人占领后,曾于638、639、647、648年向唐太宗请求提供军事协助,但都被拒绝。在阿拉伯军队的围追堵截中,伊嗣侯三世于651年逃往呼罗珊东部,在木鹿城的一座磨房内被杀,宣告这个曾经辉煌427年的庞大帝国终结,其子卑路斯率领残部沿着丝绸之路一路东逃到吐火罗,受到当地部落酋长的保护。654年他遣使向唐朝求援,意欲东山再起,唐高宗也以路途太远为由,拒绝出兵相助。卑路斯联合当地力量对抗阿拉伯军队,试图复国,但阿拉伯军队势如破竹,卑路斯多次尝试无果。661年,卑路斯再次遣使向唐朝求援,唐高宗派特使王名远入西域,在今阿富汗扎兰季(Zaranj)成立波斯都督府,封卑路斯为都督,662年唐又册封卑路斯为波斯王。之后,在阿拉伯军队的不断威逼下,卑路斯无法立足,又沿着丝绸之路东逃,于675年初抵达长安,被唐高宗授予右威卫将军,居于长安醴泉坊一带,他奏请在长安建立波斯胡寺作为波斯人的信仰中心。677年,卑路斯卒于长安,无法再回魂牵梦绕的故国,其子泥涅师及随众继续为复国而努力着,最终失败后逐渐融入唐朝。

此外,遣使众多的还有日本,在630—834年的200余年曾19次派出遣唐使渡海来唐,少者两百余人,多者达五六百人。著名的有阿倍仲麻吕、吉备真备、桔逸势、空海、圆仁等。吐蕃自贞观八年(634年)至会昌六年(846年)通过青海

---

① 杨瑾:《唐代墓葬胡人形象研究》,北京:人民出版社,2020年,第30页。

道与唐互换使者191次,文成公主和金城公主进藏的故事流传至今。而新罗自647年真德女王继位后也开始了频繁对唐遣使的外交活动,依靠唐太宗和唐高宗的外交和军事援助,最终统一新罗。据史载,唐高宗在位的34年中,唐罗往来频繁。新罗善德王、真德王、武烈王、文武王四代国王在33年间派使者入唐35次。最著名的当数新罗王金法敏的弟弟金仁问,他曾六次前往唐朝,为统一朝鲜半岛做出了巨大贡献,他留居长安多年,最后卒于洛阳。

(二) 三秦地区的唐代墓葬

三秦地区的唐代墓葬不仅数量众多,而且等级高,形成了典型的关中模式,出土文物不计其数,对其他地区产生了重大的影响。

1. 唐十八陵及陪葬墓

唐朝共21帝20陵(高宗李治与女皇武则天合葬乾陵),除昭宗李晔的和陵和哀帝李柷的温陵分别在河南渑池和山东菏泽外,其余18座陵墓集中分布于关中六县,陪葬墓多寡不一,多者如昭陵194座(发掘40余座),少者如唐德宗崇陵、唐敬宗庄陵、唐文宗章陵和唐武宗端陵各1座,唐宣宗贞陵和唐懿宗简陵则没有陪葬墓。不管陪葬墓如何,皇帝们的陵墓修造、葬式葬仪、陪葬品及后期维护与长安密不可分。

因为帝陵除了唐僖宗靖陵外,余者均未被挖掘,但很多已发掘的唐帝陵陪葬墓的陪葬品中有很多与丝绸之路密切相关的元素,如来自域外的人物、动物、器具等雕塑(陶、瓷、金属)及其在壁画、石刻等表面绘制或刻画的图像。此外,还有上述器具类中所装饰或描绘的植物、服饰、装饰母题、造型等,以雕塑和图像等多种形式对唐代胡风浸漫的现象进行全方位叙述。

2. 西安周围的唐代墓葬

西安及近郊的唐代墓葬种类丰富,大、中、小型皆有,集中分布于西安南郊,近年来在长安郭杜镇大学城一带已清理出4000余座唐代墓葬,东郊、西郊也清理出大量唐墓,但北郊发现较少。宫女等宫廷人员和平民墓葬多集中在西郊①。有相当一批墓葬的墓主身份清楚,纪年明确,主要有皇室成员、重臣贵戚、三品以上官员、庶人等不同级别。

像墓主人在世时一样,墓葬中也陪葬着各类胡人,他们与汉人或其他民族人士混在一起,各司其职,基本呈现出生活中的自然状态。特别值得一提的是有一部分墓主人本身就是胡人,这类墓葬除了部分帝陵陪葬墓以外,有些分布在今西安北郊北二环一带。这一地区曾经是北周都城长安城东郊,入华粟特人等外来贵族的墓地聚集于此。1999—2004年,西安地区陆续发现了一些粟特人和婆罗门人墓葬。前者如安伽墓、康业墓、史君墓等,后者如李诞墓。有些葬具,如围屏石榻、石棺、石椁等或为外来葬俗;有些纹饰,如门框上的守护神、龛楣式门额、覆莲形座、火坛纹、摩尼宝珠和火焰纹等也包含异域宗教文化因素,尽管他们已经不同程度地被汉化。据李诞墓志载,其祖父和父亲可能是来自天竺的婆罗门。李诞曾于正光年间远游罽宾,回长安后曾受皇帝赏赐,说明他已经成为一名汉式官员。而康业墓的发掘者根据葬俗及屏风被认为其汉化程度远高于安伽、史君和虞弘等。

(三)三秦文物与胡汉交融

在作为唐都的289年历史中,三秦地区创造并见证了丝绸之路的辉煌,大量与之有关的文物讲述着一个个曾经的丝绸之路故事。

1. 胡物胡器

包括壶、碗、杯、盘等生活用具,材质有金属、玻璃、陶瓷等。以1970年西安南郊何家村窖藏出土文物为例,这批文物约1000余件(组),包括271件金银器、8块银铤、22块银饼、60块银板、466枚金银铜钱币、1件玛瑙器、1件琉璃器、1件水晶器、9副玉带板、1副蹀躞带、2副玉镯、13件金饰品,以及金箔、麸金、玉材、宝石、朱砂、石英、琥珀、石乳等药材若干②。

---

① 陕西省考古研究院隋唐考古研究部:《陕西南北朝隋唐及宋元明清考古五十年综述》,《考古与文物》2008年第6期。
② 杨瑾:《跨学科视域下的西安何家村唐代窖藏文物研究综述》,《文博》2019年第3期。

(1) 玻璃器与水晶器。唐代使用的玻璃器与水晶器多为西域进贡,造型古朴,纹饰精美。隋唐之前,中国人还没有掌握制造玻璃的技术,因此这一时期的玻璃制品或为前代遗留(亦为外来品),或为隋唐时期从西域输入(贡奉)之物,弥足珍贵。

(2) 金银器。唐代广泛使用金银器,表现王朝的富足与对外交往之频繁。金银制造技术来自西域,并对中国传统的陶瓷工艺产生了重要的影响。有些器物为舶来品,有些为唐朝工匠模仿西方风格而造。何家村发现的金银器种类丰富,多为贵族生活用具和礼仪性器具,包括碗、杯、壶、盘、盆、熏炉(囊)、盒、罐等,且多为单独定制之物。有的是作为炼丹或盛丹药的器具,像秦始皇和汉武帝一样,唐朝皇帝们也热切地追求长生不老之道,极大地提高了长安道教炼丹术,并发明了影响世界历史发展进程的火药。

(3) 玉器。玉料主要来自于阗、骨朵等国。隋唐墓葬出土大量精美玉器,造型与纹饰及制作既有同代其他器物的共性特征,也有因材质不同而形成的独特风格,其使用者、制作者和传播者可能与胡人有关。据史书记载,隋唐时期曾有不少胡人擅长玉器制作。《隋书·何稠传》载:何稠为西域何国人,字桂林,是国子祭酒何妥兄长之子。他的父亲十分擅长玉器制作。何稠本人则"性绝巧,有智思,用意精微。年十余岁遇江陵陷,随妥入长安,仕周御饰下士。及高祖为丞相,召补参军,兼掌细作署"①。何稠继承了父亲的手艺,成为中央官府手工业作坊的官吏。隋唐玉器中,玉带銙非常独特。从功能上看,它们是三品以上官员才能以使用的玉带的组成部分,在隋唐服制中扮演着重要的角色,带銙块数和纹饰也象征着帝王制度下的等级与权力观念。从渊源来看,可能来自北朝时期的游牧传统。从价值来看,玉带銙作为典型的"等贵贱"礼仪玉器,具有无与伦比的价值,如《唐会要》卷五一《侍中》条记载:"贞元三年正月,上命玉工为带坠。有一銙误堕地坏焉。工者六人。私以钱数万。市玉以补坏者。既与诸銙相埒矣。及

---

① [唐]魏征:《隋书》卷六八《何稠传》,北京:中华书局,1973 年,第 1598 页。

献。上即指其所补者曰。此銙光彩。何不相类。工人叩头伏罪，上震怒。令于京兆府各决重杖处死，责其欺罔。诏至中书，宰相柳浑执奏曰：'陛下若便赐死则已，今事下有司，请存详理。况玉工之罪，或未详审……但罪坏玉者，以误伤乘舆器服。杖一人，余五人并释之。'"①由此可见玉带銙的贵重。

（4）各国钱币。长安作为国际贸易中心，各国货币流通于此，有的也被当作保值的收藏品。主要有东罗马金币、萨珊银币、阿拉伯金币、日本银币、贵霜钱币等。

上述器物从造型上看，主要有碗、盘、壶、杯等生活用具，玉带銙、玉镯、头饰等服饰用具，还有香具、药具，其中包含的西方元素清晰可见。如源自罗马的高足杯经过萨珊波斯改造后向四周流传，造型仍保留原来的主要特征：三层圈足，沿下有一道凸起。但原来萨珊波斯国王与动物直接对抗的狩猎场景已经变成唐朝贵族喜欢的风格，即对自然环境中人、动物、植物、山川、河流、天空、神祇的立体构建，表达一种天人和谐的理念。

从工艺上看，造型、纹饰也体现出外来的制作工艺。如造型上的高圈足、带鋬的把手、多曲口沿等；工艺上的捶揲、纹饰鎏金、徽章纹样、对称装饰、浮雕装饰、堆贴等都可以在中亚、西亚乃至希腊罗马找到渊源。这些纹饰不仅仅出现在金银器中，而且出现在铜镜、石刻、壁画、陶瓷器、纺织品中，甚至还有一些理念的呈现，如犀牛角被认为能解毒，因此，犀牛造型或银盒上的犀牛纹取其解毒之意。

这些器物背后均隐藏着中外文化理念和物质表征所代表的"人"的因素，既有管理者、设计者，也有加工制造者，即工匠。供皇室和贵族使用的奢侈品是由中央政府在京师设置的将作监、少府监等管理部门负责制作。因此，不论机构设置、工匠配备，还是原料供应、生产规模、产品质量等，都有政府不遗余力地保障与支持，这是其他类型的官府手工业无法比拟的，毕竟消费群体具有很强的

---

① ［宋］王溥：《唐会要》卷五一《侍中》，北京：中华书局，1955年，第894页。李文海：《唐代官手工业》，《历史教学与研究》1955年第8、第9期，第48页。

独特性。当然,很多地方也设置专门为宫廷制作贡品的官办作坊,不仅制作贡奉皇室的器用,也为中央作坊提供专业工匠。唐代采用工匠培训制度,具体期限视工种难易程度而定。《新唐书》载:"细镂之工,教以四年;车路、乐器之工,三年;平漫刀稍之工,二年;矢镞竹漆屈柳之工,半年;冠冕牟帻之工,九月。"①可见,成为一名合格的工匠需要长时间的培训。为了保证名工巧匠能够认真传授拿手绝技,有关部门建立了严格的考核与监督制度,对那些没有真正履行义务的人进行处罚。

2. 胡人

唐帝陵陪葬墓中的外国人形象既有大量来自西域的人士,也有来自东北亚和东南亚地区的人,以日本、高句丽、新罗、百济、越南等地为主。他们的形象分布在各个功能区,以图像和雕塑的形式夹杂在群像中,并无刻意突出或强调,说明他们已经融入唐朝社会生活中,也许是前朝留居之人的后代,也许是新加入者。遗憾的是,很多发掘材料尚未公布,胡人在唐墓中的陪葬情况无法全面掌握,但至少可以知道他们是唐代墓葬陪葬俑群与图像中的程式化配置②。由于被盗严重,很多陪葬俑具体数量不明,除了昭陵、定陵、乾陵、桥陵陪葬墓外,目前所知胡人俑数量较多的墓葬主要有:唐裴氏小娘子墓(22件)、俾失十囊墓(20件)、金县公主墓(11件)、中堡村唐墓(8件)、独孤思敬墓(10件)、鲜于庭诲墓(5件)、东郊红旗电机厂唐墓(5件)。此外,陕棉十厂唐壁画墓、唐渤海郡君高夫人墓、西安南郊唐代张夫人墓、西安东郊十里铺337号唐墓各出土3件。在造型上,胡人俑分为胡人文官俑、胡人武官俑、胡人牵马(驼)俑、胡人骑马俑、胡人伎乐俑、胡人驭手俑、胡人侍卫俑、胡人打马球俑、胡人仆从俑、胡人驯兽俑等。在质地上,胡人俑分为陶俑、釉陶俑、彩绘陶俑、三彩俑、瓷俑及木俑等。除了陶俑外,胡人还以图像的形式出现在石刻、壁画及其他器

---

① [北宋]欧阳修、宋祁撰:《新唐书》卷四八《百官志》,北京:中华书局,1975年,第1230页。
② 杨瑾:《唐章怀太子李贤墓〈客使图〉戴鸟羽冠使者之渊源》,《中国国家博物馆馆刊》2018年第5期。杨瑾:《大唐风骨:〈客使图〉人物文化渊源》,《中国社会科学报》2017年2月16日。

物上,多维度地反映了胡汉交融的情景,而且胡人从整体上反映出一种以体貌为主的独特气质,或称胡人风貌。

作为墓主人生前生活的再现,墓葬中的胡人形象反映了唐朝社会多见深目高鼻的西域胡人和穿着、语言各异的其他国家人士,他们活跃在各行各业,包括文武官员、伎乐、驼夫、马夫、马球手、侍卫等。有的入仕作官,地位显赫;有的身怀绝技,衣食无忧;有的传经布道,结交广泛;有的牵驼牵马,风餐露宿;有的流落漂泊,四处为家。

如此多的域外人士聚集长安,原因诸多:政策鼓励、机制体制保障、物质丰富、交通便利、信息灵通、人文环境好等,域外人既可以在这里便利地寻找各种资源,还可以发挥一技之长。唐朝政府设立专门的职能部门进行管理,比如鸿胪寺、中书省等,划拨专门的地方供其落脚,如外宅、礼宾院、国子监等。毫无疑问,这些外来人士、器物等形象都是与丝绸之路有关的视觉表现形式及象征性符号。无论是帝王贵胄们奢华的生前生活,还是地下世界,外来元素都是其"华夷并序"理念中极其自然的构成部分,似乎就应该还是原来的样子。

胡人进入中原后,很快便融入社会生活的各个领域,很多胡人都是前代入华胡人的后代,他们的祖先在北朝时期就进入中原定居了,有的在北魏、北齐、北周时期成为文、武官员,跻身于官僚阶层,至隋唐时期因其政权的胡汉属性而更甚。胡人在王朝建设方面起着重要作用,他们身强体壮、精于骑射,且性格直爽,侍主忠诚,能够舍命为王朝基业征战。因此,唐朝大量选用胡人担任中央和地方的要职。前者如宰相,唐朝369位宰相出身于98个民族。后者如节度使,安禄山、史思明、李光弼、哥舒翰、仆固怀恩就是其中典型代表,他们在政治上享受和汉族官员同样的权利。宫廷神策军中也有不少胡人侍卫,特别是昭武九姓粟特高级将领,如左神策大将军康艺全、左神策军正将康日华、右神策大将军康志睦等。唐玄宗时期为了巩固皇帝专权,防止结党营私,便从胡人中提拔了一些英勇善战的将领替换朝中的将相,这一举措不但没有带来非议,反而成为一种惯例被延用下来。安史之乱后,为了进一步巩固中央军事力量,唐朝廷决定增强神策军的力量,不仅从各地方军队中抽调精英人员,还新招收了很多勇猛忠诚的胡人将士。唐敬宗时期的左神策大将军何文哲曾平定工匠之乱和宦官之乱,唐文宗称赞"有莫大之功,社稷今存是卿之力"①。如此一来,神策军中的胡人将领人数倍增,而且普通侍卫中增加了几千名胡人。除了直接选用胡人将士外,唐朝还在科举考试中特设了"宾贡科",为那些已经深度汉化的胡人进入唐统治机构提供便利。比如,波斯人李珣、中亚胡人白氏子弟等就通过了科举考试。

3. 胡乐胡舞

西域乐舞高手汇聚三秦,胡乐、胡舞盛行。唐朝宫廷十部乐中有天竺伎、高丽伎、龟兹伎、安国伎、疏勒伎、康国伎等。西域传入的乐器主要有琵琶、筚篥、箜篌、胡笳、胡琴、羯鼓、达腊鼓等。伎乐安金藏(安国胡人)对睿宗李旦忠心耿耿,不惜剖腹捍卫主人,被誉为好汉;"琵琶第一手"康昆仑(西域康国人)在西市与段善本竞技的故事被传为佳话。另有从西域传来的胡旋舞、胡腾舞、柘枝舞等。唐代诗人笔下的胡旋舞、胡腾舞、柘枝舞、苏摩遮乐舞、泼寒胡戏(乞寒戏)、杂技、驯兽表演等新奇刺激的场景被定格在唐代墓葬陪葬的陶俑、石刻和壁画中。

4. 外来宗教

除了帝陵陪葬墓出土众多与丝绸之路有关的文物外,三秦地区还有不少与宗教有关的器物与胡僧。前者大多保存在大雁塔、小雁塔、大兴善寺等佛教遗址中,后者也有相关实证材料。这些从事宗教活动的外来人士被统称为胡僧,包括佛教徒、景教徒、摩尼教徒、祆教徒等。长安城内至少有五个坊内有波斯祆教寺,还有专门的管理机构——萨宝府,由波斯人或粟特人担任萨宝一职。周至、长安城内都有景教寺,单《大秦景教流行中国碑》上记载的景教徒就有七八十人。摩尼教于 694 年传入唐朝,安史之乱后由于回鹘人皈依而信众陡增,曾在长安、洛阳、太原等地建寺。

---

① 李鸿宾:《论唐代宫廷内外的胡人侍卫——从何文哲墓志铭谈起》,《中央民族大学学报》1996 年第 6 期。

波斯人在传播景教、祆教和摩尼教方面功不可没。比如阿罗憾（616—710年）在萨珊波斯灭亡后，曾跟随卑路斯在吐火罗、塞斯坦一带活动，被认为救世英雄的瓦赫兰闻名西域，享有很高的威望与权力，主持对唐联盟事宜。显庆年间，唐高宗遣使把他召到长安，授予将军北门右领使，侍卫左右。阿罗憾向唐高宗介绍铁门以南、印度河以北的政治和军事形势，为唐朝设置羁縻府州做好了准备。显庆四年（659年）八月，高宗御撰并行书《唐西域纪圣德碑》，命阿罗憾与王名远率领军队前往西域，在吐火罗立下高宗御书的纪功碑。阿罗憾本人还前往迦布罗斯坦（Kāwulistān，喀布尔河流域的罽宾——犍陀罗王国）设置修鲜都督府，作为波斯都督府的后援。据《波斯国大酋长阿罗憾墓志》记载：延载元年（694年），阿罗憾以蕃王中地位最高者的身份，召集诸蕃王筹集百万资金，为武则天建造天枢，后被授予正二品的上柱国和金城郡开国公，名字被题在麒麟阁，其肖像也被列在云台阁的武将群像之中，这种超高级待遇实属罕见，可能与他"宣传圣教，实称蕃心"的功绩有关①。可见波斯人人数众多，应该是长安城中数量最多的胡人，有的世代留居，如苏谅家族、李素、李元谅等。不少与波斯有关的词汇流传至今，如波斯邸、波斯胡、波罗球（马球）、波斯锦、波斯装、波斯僧等，可见波斯的影响甚大，以及与中国的交往之久。

（四）唐代中外文化交流的影响

唐王朝在政治、经济、文化方面，充满了激情四射的创新精神与创造能力，世界艺术风格汇聚一堂，胡汉工匠对话交流，共同创造出一套符合时代潮流和消费趋势的艺术语汇，成就了影响国内外的"长安模式"②，体现出唐代长安对外开放的国际大都市风貌③，创造了体现大国工匠精神的物质文明。建筑、雕塑、绘画、乐舞、服饰、饮食、装饰等气势非凡，尽显芳华。与文献记载的胡汉并置主格调一致的是，传统艺术表现主题中亦是胡汉互动，显现出"华夷并序"思

---

① 林梅村：《碎叶川裴罗将军城出土唐碑考》，《中原文物》2016年第5期。
② 罗世平：《四川唐代佛教造像与长安样式》，《文物》2000年第4期。
③ 王建平：《唐代长安的对外开放及其意义》，《华南师范大学学报》（社会科学版）2006年第6期。

想观念下胡汉交融的动态发展脉络。如雕塑(各类材质的俑像类)、绘画(壁画、石刻线刻画、卷轴画等)、铜镜、陶瓷器、金银玉器及宝石等,皆在大时代背景下从不同角度阐释胡汉互动这一主题。绘画方面,据《唐朝名画录》《历代名画记》记载:驰誉于画坛的阎立本、尉迟乙僧、齐皎、李渐、靳智异等人皆善长画域外图,尤其是阎立本绘制了一些以域外人物为题材的佳作。尉迟乙僧的人物花鸟画皆是描绘域外之物,他画的域外人物形象逼真,特征明显,而李渐所画蕃人蕃马也是"笔迹气调,古今亡俦"①。可见,艺术化地描摹域外人的形象似乎成为包括画家在内的艺术创作者的必备技能,他们创作的艺术形象中的人物精神抖擞、饱满圆润、乐观向上、自信坚定,相貌迥异的胡人形象尤其如此;植物纹样灵动飞扬,律动感强;动物纹栩栩如生,动作夸张。

无论贞观之治,还是开元盛世,都堪称夷歌成章。唐朝政府任命有才干的官员,建立强有力的机构来研究和处理域外事务。唐高宗在西部战场长期与西突厥争斗,最终取得了决定性的胜利,夺取了对西域大部分地区的统治权,设置安西大都护府,守卫安西四镇,将葱岭东西尽入版图,将诸国诸部悉为唐之羁縻州府,将唐朝国界推展至乌浒水域。不仅如此,唐高宗还派遣使者巡行诸国,如康国、吐火罗,安抚诸部,一是设置州县,二是考察西域之山川地理、风俗民情。《新唐书》卷二二一《西域上》载:"西域平。帝遣使者分行诸国风俗物产,诏许敬宗与史官撰《西域图志》六十卷。"②显庆三年,许敬宗将"画图以闻"③的《西域图志》上呈高宗。在高宗的谋略下,西域诸国已然向华,主动表示归附唐王朝,纷纷朝贡方珍以示臣服,康国尤为突出,因此成为高宗遣使的重点地区。高宗永徽时期,以康国所居地为康居都督府,授其王拂呼缦为都督。阿弗拉西卜壁画(撒马尔罕古城大使厅壁画)上唐装伎乐船上演奏的场景也有可能是唐朝政府为了庆祝此次盛大的册封仪式而组织的宴饮演出活动。唐代宗时负责

---

① 杨瑾:《大唐风骨——〈客使图〉人物文化渊源》,《中国社会科学报》2017年2月16日。
② [北宋]欧阳修、宋祁撰:《新唐书》卷二二一《西域上》,北京:中华书局,1975年,第6208页。
③ [北宋]欧阳修、宋祁撰:《新唐书》卷五八《艺文二》,北京:中华书局,1975年,第1507页。

接待入朝使者和出使归臣工作的鸿胪卿兼左右威远营使贾耽在大历十四年（779年）著《海内华夷图》和《古今郡国县道四夷述》，"朝廷为之宝，廊为之重，天下以之信向，蛮夷以之怀来"。他采掇舆议，进行广泛的调查采访，凡四夷之使及使四夷还者，必与之从容，讯其山川土地之终始。收集"绝域之比邻，异蕃之习俗，梯山献琛之路，乘舶来朝之人，咸究竟其源流，访求其居处。之行贾，戎貊之遗老，莫不听其言而掇其要；闾阎之琐语，风瑶之小说，亦收其是而芟其伪"①。西安碑林博物馆收藏的刻于1137年的《华夷图》和《禹迹图》亦与此有关。

西安周围唐代墓葬出土了如此多的胡人形象与外来器物，充分反映了唐长安城胡人云集、胡汉交融的景象，很多胡人经过数代留居，逐渐汉化，多元融合，终归一统。他们与丝绸之路密切相关，这条路承载着他们对故国和家乡的记忆，成为他们心目中那个永存的情感。

至今仍屹立在西安南郊的大雁塔、小雁塔、昆明湖、曲江、大明宫等遗址以及长安塬上的唐代贵族墓葬冢，依稀保留着点滴影像，深目高鼻，但胡音胡风不再，只留下与之有关的语言还能表达他们的特征，比如"胡言乱语""胡搅蛮缠""胡说""胡天胡地""琵琶胡语"等，以及《太平广记》和唐代诗歌中关于胡人的故事与传奇，可以管窥那个特殊群体曾经生活的模样，还有他们给汉唐乃至今天中华民族带来的影响。

五、关于本书的三点解释

在概述三秦文物的历史生成、发展脉络与基本特征外，还需要补充以下三个方面。

---

① ［后晋］刘昫等：《旧唐书》卷一三八《贾耽传》，北京：中华书局1975年，第3785—3786页。

1. 关于书名

上文对三秦与三秦文物已略加介绍,在此对"胡风胡尚"略加解释。"胡"不仅出现在历代官方史书中,也出现在很多非官方文献中(如诗歌、小说、宗教典籍等),成为中国古代历史叙事中一个重要元素,作为华夏文明的"他者",一直是中华民族共同体形成与发展过程中一个重要的"促动力",也是中古华夏思想观念演变脉络中一个重要主题,因此也成为近现代国内外学界关注的热点问题,相关研究成果非常丰富。学者们从多个学科角度对"胡"进行了充分研究,"胡"有广义与狭义之分等已基本达成共识,对胡与"蛮夷""戎狄"等非汉族群的关系也进行了详尽剖析,认为"胡"是一个在地域、种族、象征等方面具有动态演变特征的词汇,并对历史文献和考古资料中的胡人个体的族系渊源与族群迁徙、身份认同、宦仕轨迹、历史影响或贡献等情况进行综合性研究,特别使用大量存世碑志和新考古资料取得了一些全新的认知。

汉语语汇中与"胡"相关的词汇汗牛充栋,俯首即拾,张骞凿空西域带回来的物种使"胡"字或"胡"词大量出现在汉语文献中,魏晋南北朝时期与隋唐时期又是两个"胡"词大增的时期,至宋、明乃至当今依然大量留存,奇怪的是辽、金、元、清文献中"胡"词相对较少,但不可否认的是,与"胡"始终相伴的还有"蛮""夷""戎""狄"等指代非汉族的词汇,动态地诠释了中国历史演变发展过程中始终存在着农耕与游牧、中原华夏与周边民族"冲突与反应"模式下的二元辩证关系,揭示出欧亚互动交流视角下中原华夏一步步迈出国门,走向世界发挥重要作用。

2. 关于作者

笔者1989年从武汉大学历史系世界史专业毕业后,曾先后在秦始皇兵马俑博物馆、陕西历史博物馆从事文物学和博物馆学研究,至今已30余年。其间,曾有3年时间回到武汉大学攻读世界史专业博士学位,所以世界史理论研究方法始终对我产生着重要影响,特别是吴于廑关于世界历史上游牧世界对农耕世界三次大冲击的"冲击与反应"理论为研究文物中的多元文化交流提供了非常重要的学术指导①。最初因工作于秦始皇兵马俑博物馆而对秦代历史所蕴含的域外元素非常好奇,后来机缘巧合进入陕西历史博物馆工作,对周秦汉唐文物藏品中的中外文化交流十分着迷。尽管文献学和考古学专业基础不足,但能够接触大量英文资料也能让自己在恶补短板的基础上有一些开阔眼界的机会。也因此乐此不疲地写一些以世界史理论为引领和指导的小文章,虽然主题比较分散,时段也比较长,有些观点也有待商榷,但凭借着"抛砖引玉""求教于方家"的信念和鼓励,坚持写作,积少成多。此外,笔者也特别关注新社会史、新全球史研究动向,借用形象史学、艺术史学等方法,重新认识三秦文物所处的社会语境,挖掘文物背后的人物故事,特别是像胡人、女性等边缘群体,探讨"华""夷"从概念到对象,从现象到历史的内生动力及其外部影响。

3. 关于本书

2017年9月,我来到陕西师范大学历史文化学院从事文物学和博物馆学教学与科研工作,高校人才济济,学术氛围非常浓厚,让我既新奇又惭愧,唯一可做的便是通过刻苦努力来慢慢积累。在完成教学和科研任务之余,我将自己以前发表的文章按照主题分门别类进行整理,先将2013年国家社科基金项目"唐代墓葬胡人形象"40篇相关文章分为译文和论文两类,以"汉唐文物与中西文化交流"为题,分为上下两册,由陕西人民出版社于2018年出版。博物馆学方面的论文34篇以《博物馆学研究入门》为名于2019年由科学出版社出版。去年承蒙敦煌研究院杨富学教授之邀,又将《汉唐文物与中西文化交流》未收录文章及一些新写文章整理在一起,竟然发现还可以结集出版,这样就弥补了我在《汉唐文化与中西文化交流》一书自序中对以"秦"为主题的文章不能收录入的遗憾。经过杨富学教授的悉心指点,本书名称为《三秦文物与胡汉之风》,分为五章,包括秦代文物中的外来元素、隋代墓葬陶俑中的胡人形象、唐代墓葬壁画中的胡风胡韵、唐代女性与胡风胡化、其他文物中的域外影响。主要以

---

① 吴于廑:《世界历史上的游牧世界与农耕世界》,《云南社会科学》1983年第1期。又吴于廑:《吴于廑文选》,武汉:武汉大学出版社,2007年,第87—118页。

秦代和唐代历史文物为主,少量魏晋南北朝至隋时期的内容。这样难免存在一些碎片化现象,但三秦文物系统过于复杂而厚重,本人研究能力明显不足,本书仅仅汇集截至2020年的主题研究成果,向多年来关心并支持本人的老师朋友作以汇报,也希望能抛砖引玉,引发不同学术背景和治学方法的学人,特别是年轻学者,继续挖掘三秦文物的丰富历史内涵,期待他们采用跨学科的、多元技术的学术视野与研究路径,更加深入地呈现三秦文物的历史价值与当代意义,进一步丰富三秦文物的学术研究体系,助力于三秦大地当今和未来的发展,为三秦人民的福祉做出一些学术性贡献,为共建"一带一路"尽绵薄之力。

杨　瑾

2020年6月19日

第一章　秦代文物中的外来元素

第一节　考古资料反映的周、秦与戎狄关系

吴于廑在"游牧民族对农耕民族发起三次冲击狂潮"的理论中指出：游牧民族与农耕民族从公元前1世纪至公元13世纪长时期的碰撞与冲突，导致了世界格局的明显变化，尤其是由军事冲突带来的在经济、民族、文化、宗教等诸多方面的交流与融合①。他认为，从公元前1世纪开始，来自北方的、以战车为武装的各个游牧部族开始向亚欧大陆整个农耕世界发起了第一次大冲击，商灭夏就发生在这一时期。目前学界对于商人是否游牧尚无定论，但考古资料证实，灭周的戎狄却是地道的游牧民族，而征服戎狄、打败东方诸侯国，最终统一中国的秦人发展初期也的确处于游牧状态，它们都经历了游牧世界与农耕世界的冲击与被冲击、震荡与融合的复杂而曲折的发展过程。这种以武力为主要手段的碰撞、冲突与以贸易或荒服（朝贡）为辅助的交往与融合模式，一直贯穿于秦汉以降的各个王朝。

---

① 吴于廑：《世界历史上的游牧世界与农耕世界》，《云南社会科学》1983年第1期。

一、西周王朝与戎狄的关系

纵观西周王朝,与西北或更远地区的游牧民族——戎狄等始终处于冲突与对抗之中,因此,戎狄对周王朝的历史进程产生了重要影响,并最终以武力消灭了西周王朝。目前学界对西周西北部游牧民族的称谓与活动范围尚有争议,笔者采用多数意见,即所谓西戎指周都丰京、镐京以西的所有以游牧生活为主的戎族[①]。其中猃狁是见诸史料最多的一支[②],活动范围大致为陇山以东、关中以北,可远至今陕北、内蒙古、山西一带的广大地区。历史上曾多次从西北方对西周王朝腹地发起进攻,两者的力量对抗呈现出此消彼长的状态,特别是西周中期以后,猃狁利用盘踞陇上之地理优势,反复冲击西周都城所在的关中平原。结果使最初占据主动权的西周王朝逐渐处于下风,最终亡于戎狄的强烈冲击。这一历史史实已经由青铜器铭文,如兮甲盘、虢季子白盘、不其簋、多友鼎等与《诗经》(《采薇》《出车》《六月》《采芑》)《后汉书·西羌传》相互印证。

(一)史料中的西周与戎狄关系

由于历史久远,史料有限,特别是对于猃狁的记载大多附属于传统的官方史料,所以,学者们只能从现存的与西周王朝有关的史料中大致梳理,证实西周与猃狁的关系经历了从长期的相互攻击(王朝建立以前)→荒服(穆王以前)→猃狁猛烈冲击→西周灭亡的过程。

《史记·周本纪》载:文王时曾征伐犬戎,取胜后派兵驻守,以防犬戎再犯。《诗经·采薇》和《小雅·杕》就记载了这批戍边战士及其家属的愁苦之情。周以

[①] 徐卫民:《西戎所在地域及与秦的关系论》,《秦文化论丛》第七辑,西安:西北大学出版社,1999年,第110页。
[②] "猃狁"同狁。活动于今陕、甘一带,猃、岐之间,一个凶悍的游牧部族,即犬戎,也称西戎、畎戎、昆夷、混夷、太原戎、犬夷、姜氏之戎、陆浑戎、阴戎、允姓戎等。春秋初期,猃狁成为秦国的强敌。直至唐朝,中原民族还把一切西北游牧民族统称为"猃狁"和"戎狄"。在唐代宗年间,太常博士柳伉上疏说:"猃狁犯关度陇,不血刃而入京师。"在唐德宗年间,大臣柳浑对德宗说:"戎狄,豺狼也,非盟誓可结。"后来猃狁的一支北迁到蒙古草原,成为蒙古草原最早的游牧民族之一。

武力灭商给周边戎狄以极大震慑,纷纷以"荒服"形式与周王朝保持相对和平的关系。武王时,"放逐戎夷泾洛之北,以时入贡,命曰荒服"①。为解除北方戎狄之威胁,康王分封周公庶子为邢国诸侯,在东都洛阳以北设置屏障。邢台出土的康王时期臣谏簋铭文记载,戎人大规模南下侵犯周的边境,邢侯率军抵抗戎人的一次次进攻,守卫着周的北部边境。考古出土的铜钺、铜戈、异形器等邢国兵器具有戎人的风格。而在西北的封国矢国控制着通往陇东的交通要道,镇睦陇东诸国与西北羌族,镇守西周王朝西北的门户,使西周晚期陇东、太原一带的犬戎(猃狁)始终无法从汧水入侵周境,每次侵周只能绕道北洛水河谷或泾水河谷南下。

至昭王时,周王室衰落,犬戎屡犯周境,穆王时不再向周王朝纳贡。穆王要求以"宾服"之礼苛责犬戎,并多次兴兵讨伐,并将一部分犬戎迁到周原、平凉、庆阳一带②。但征战让荒服之国不再听命于周朝,造成边患加剧和亡国之灾。日益强大的猃狁部落屡次入侵,北藩的诸侯屏障逐渐被猃狁消灭,宗周的北方直接暴露在猃狁的兵戈之下③。据《汉书·匈奴传》载:"至穆王之孙懿王时,王室遂衰,戎狄交侵,暴虐中国。中国被其苦,诗人始作,疾而歌之,曰:靡室靡家,猃允之故;岂不日戒,猃允孔棘。"④周宣王时,戎狄入侵更加严重,经过多次战争,互有胜败。如宣王三十六年,征伐条戎、奔戎,惨遭败绩。宣王三十九年,周与西戎别支姜氏战于千亩(今山西介休南),惨败。懿王以后国势日衰,出现戎狄交侵的局面,周人深为所苦。

据《后汉书·西羌传》云:"及平王之末,周遂陵迟,戎逼诸夏,自陇山以东及乎伊洛往往有戎。于是渭首有狄、獂、邽、冀之戎,泾北有义渠之戎,洛川有大荔之

---

① 舒振邦:《周与戎狄的杂居及其相互依存关系》,《内蒙古社会科学》1983 年第 5 期。
② 宾服即每年向周朝贡四次,每二年至五年朝见一次,加重了犬戎负担,引起犬戎反抗。舒振邦认为犬戎是猃狁的同名异译,但田静等认为猃狁与犬戎族属、活动区域都不同,但不可否认的是它们共有的游牧性质。周原、宝鸡、沣西、甘肃灵台、宁夏固原等地出土的北方系青铜器显然说明商代鬼方、西周猃狁活动范围之广。但也有学者认为,今陇山北部固原地区的固原、彭阳、西吉、隆德等地(战国秦昭襄王所筑长城内外广大区域)发现的大量东周时期动物纹样的青铜文化,主人为匈奴、或义渠、或乌氏等游牧民族。
③ 田率:《四十二年逑鼎与周伐猃狁问题》,《中原文物》2010 年第 1 期。
④ [汉]班固:《汉书》,北京:中华书局,1973 年,第 3744 页。

戎,渭南有骊戎……"①《后汉书·西羌传》注引《竹书纪年》记载:"厉王无道,戎狄寇掠,乃入犬丘,杀秦仲之族。王命伐戎,不克。"②至周幽王时,暴政加上自然灾害,导致了申侯与缯、西夷、犬戎联合灭周,大大小小的戎人部落如潮水般随犬戎涌入关中平原,周王迁都洛邑。上述文献记载大多得到考古资料的印证。

(二)考古资料中的西周与戎狄关系

中华人民共和国成立以来,西周考古工作硕果累累,其中青铜器铭文(金文)弥补了史料的不足,填补了诸多空白,很多内容涉及周人与戎狄的关系。

1. 小盂鼎

西周早期,相传为清代道光初年于陕西岐山礼村出土。已佚,现存铭文拓本。铭文长四百字左右,为西周早期字数最多的一篇金文,记载了周康王晚期与西北强族鬼方的一次战争。斩首四千八百多人,俘虏一万三千余人。在武力应对鬼方等游牧民族及其他诸侯国冲击的过程中,西周王朝被拖入了长期的经济困境,为昭王时期的衰落埋下了伏笔。

2. 多友鼎

西周晚期,现藏陕西历史博物馆。铭文(二百七十八字)记载了西周厉王时期反击猃狁侵犯的一场战争。周王命武公派遣多友率兵抵御。多友在十几天内,共打四仗,都取得了胜利,杀敌三百五十人,俘获二十三人,缴获战车一百二十七辆,并救回了被俘虏的周人。武公将战绩报告给周王,周王赏赐给多友包括青铜在内的若干财物。为了感谢周王,也为了纪念这次胜利,多友铸造这件圆鼎以记其事。

3. 虢季子白盘

现藏中国国家博物馆。铭文记载了宣王十二年虢季子白与猃狁交战获胜的史实。其实,盘的主人姬白的祖先在夷王时曾奉命征讨不纳贡的戎狄,战败。姬白此次戴罪立功,率军征伐戎狄,大获全胜,共斩首执讯五百人,俘虏五十

---

① [南朝宋]范晔:《后汉书》卷八七,北京:中华书局,1965年,第2782页。
② [南朝宋]范晔:《后汉书》卷八七,北京:中华书局,1965年,第2781页。

人,姬白获得了周王丰厚的赏赐,包括战马、弓箭、矢、旗等征战用品。

4. 四十二年逨鼎

现藏宝鸡青铜器博物院。铭文中的"汝唯克弗乃先祖考辟玁狁,出捷于井阿、于历岩。汝不艮戎,……以追搏戎,乃即宕伐于弓谷,汝执讯获馘,俘器车马",记载了周宣王时期,玁狁发起侵略战争,一直打到畿内,逨率军击退敌军,取得最终胜利的一段珍贵历史。

5. 兮甲盘

也称兮田盘、兮伯盘或兮伯吉父盘,现藏日本书道博物馆。铭文一百三十三字,其中"唯五年三月既死霸庚寅,王初格伐玁狁于彭衙,兮甲从王折首执讯,休亡敃"一句,记载了宣王五年王亲率大军战败玁狁的军事行动,兮甲(即尹吉甫)参加了此役,并凯旋。宣王赏赐兮甲吉甫四匹良马,一辆车。与《诗经·六月》中尹吉甫奉宣王之命北伐玁狁的事迹相印证。

6. 冬戈鼎与簋

西周中期,现藏陕西宝鸡扶风县博物馆。铭文记载了周王命冬戈抵御淮戎的史实。此役杀敌一百,生俘两人,救回了被戎掠去的一百一十四人。似乎此役主要目的在于救回被俘人员,无力解决犬戎与周交恶的根本问题。夷王时,双方战事不断升级,至宣王时,北方少数民族势力日盛,边患严重,玁狁一路攻入泾水北岸。公元前 789 年,周王军队惨败,自此,西周王朝只能面对亡国的命运。

7. 师同鼎

西周中晚期,现藏陕西宝鸡周原博物馆。有学者认为是夷王时器物。铭文较为详细地记载了主人师同曾参加了一次征伐戎人的战争并取得胜利,他勇敢杀敌,并俘获了一批敌军,车马五乘,大车二十辆,羊百余只,青铜器一百二十件,有金胄、戎鼎、铺、剑等精良兵器。这里的戎,学者认为是玁狁。

8. 不其簋

周宣王时期,现藏中国国家博物馆。仅存盖子,内有铭文十五字,被证实属周宣王时期秦庄公"其"的器物,铭文中有"驭方玁狁广伐西俞,王令我羞追于西,余来归献禽。余命汝御追于略"的字样,记述了周秦联军共击玁狁的史实,也从侧面反映出猃狁军事实力之强大,对西周王朝冲击之猛烈。

(三)西周与戎狄关系之新考察

关于西周与戎狄的关系,无论是史料记载,还是学者研究,几乎无一例外地都从"自我"角度出发,以中原王朝泱泱大国为中心,对戎狄一概采取贬损之偏见,对其强大与优势视而不见,强调的只是其破坏性的负面影响。吴于廑将之概括为"一种民族的、种族的、植根于农耕民族文明的偏见",一味地将以战车和骑兵为武装的、屡屡打败农耕民族的游牧部族或半游牧部族看作是历史上的破坏力量。这种偏见不仅妨碍了学界理性地考察游牧民族对农耕民族反复冲击的历史意义,而且其影响一直延续至近代,有些西方学者甚至将他们所厌恨并怀有敌意的人称为"匈奴"①,这是一个带有贬义的词汇。

同样,有关周与戎狄关系的记载多出于中原王朝官方史料,描述角度也是宣扬武力征服的成果或对戎狄的贬损与谴责。因为中原王朝历来对周边部族不屑一顾,附加以戎、狄、夷等称呼,如犬戎(忽略了其从商代晚期至春秋,绵延七百年的发展历史)。而在周人的概念中,凡持兵戈侵入中国者,皆谓之戎,猃狁即如此。但吴于廑认为,与农耕民族相比,游牧民族最为独特的地方在于较高的机动能力。从军事角度看,游牧民族凭借战车和马获取很强的机动性,即便人数较少,凭此也能够战胜人数较多的农耕民族,特别是当后者因内部矛盾而陷于衰落之时。游牧民族形成的快速而强大的冲击力量,往往使农耕民族国家处于难以防御的地位②。他还通过具体例子颇具说服力地分析了游牧民族的冲击力量,以及由战车与骑兵、金属制造(兵器)等优势所表现出来的强大的机动能力。

在金属制造方面,游牧民族已达到较高水平。西周墓葬出土的大量非中原风格的兵器,以及青铜器铭文中记载了很多战利品,如师同鼎记载,在一次战争中曾获得戎人金胄、戎鼎、剑等一百二十件北方少数民族常见的青铜武器,不但反映出北方少数民族骁勇善战的特征,还反映出其精良的金属制造技艺,

---

① 吴于廑:《世界历史上的游牧世界与农耕世界》,《云南社会科学》1983年第1期。
② 吴于廑:《世界历史上的游牧世界与农耕世界》,《云南社会科学》1983年第1期。

足以说明青铜器在当时戎人生活中的普遍性,也反证出戎人并没有所想象的那样原始落后,而是有着较为先进的文化,还说明戎人是以战车和辎重车相互配合而作战的。

正如吴于廑所言,游牧民族的人口数量和发展水平与农耕民族无法比拟,但在主要的、关键性的生产技术方面,二者差距不大,如金属冶炼和制造,特别是金属武器方面,后者甚至远超出前者。世界上最早的铁器是由源出游牧部落,后来进入西亚边缘的赫梯人冶炼并锻造的,善于铸剑的则是活动于亚欧草原上的斯基泰人。一旦农耕民族因内部矛盾而出现衰落时,游牧部族便乘虚而入,完全有可能占据优势①。如师同鼎铭文记载的那次战役就俘获了戎人青武铜器一百二十件②。

李零也认为,过去研究军事史的学者多据《左传》《国语》《战国策》等书,以为戎人都是以步兵或骑兵为主,这种观点恐怕要重新考虑。因为古代的戎人有很多分支,如召犬戎杀周幽王的申和护送周平王东迁的秦,也曾被中原诸夏看作戎,但他们都有较高的文化,并非想象中的那样野蛮。现在考古资料也说明,与戎有关的遗迹、遗物相当复杂,未可一概而论。铭文中的戎人是以战车和辎重车配合作战的,周人俘获的战车动辄上百辆,便是很好的说明(参看表1–1)③。

表 1–1 周人战绩一览表

战争双方	双方兵力	周人的战绩
周/鬼方	2—3万	杀伤4000人;俘虏1400人 战利品:战车约100辆、马匹约100匹、牛羊近400头
周/猃狁	1000人以上	杀伤356人;俘虏28人 战利品:战车127辆、夺回被猃狁掳去的周人
周/淮夷	1000人以上	杀伤100人;俘虏114人 战利品:兵器135件、夺回被俘周人114名

---

① 吴于廑:《吴于廑文选》,武汉:武汉大学出版社,2007年,第50—51页。
② 北京大学文博考古学院、北京大学古代文明研究中心:《吉金铸国史——周原出土西周青铜器精粹》,北京:文物出版社,2002年,第293页。
③ 李零:《"车马"与"大车"——跋师同鼎》,载氏著《李零自选集》,桂林:广西师范大学出版社,1998年,第99—105页。

二、秦霸西戎与周秦关系

秦人早期发迹于西犬丘,在周、戎双方剧烈冲突的夹缝中求生存,最终一路向东,消灭六国,建立了大一统的秦朝。西周晚期,长期用兵,耗尽国力,面对西北戎狄部落的反叛和侵扰,周王室主要采取武力征伐的应对策略,在西北地区与戎族势力展开了一场旷日持久的拉锯战。为对抗戎狄的不断侵扰,周王室还在西北边陲靠近戎狄聚居区的地方扶植亲周势力,作为拱卫宗周王室的屏障,秦人便是这道屏障的有力护卫者,凭借武力逐渐成为左右当时格局的重要势力。

(一)秦霸西戎

秦人早期所在的西犬丘一带及周围分布着多支游牧部族,在地理上属于田亚岐划定的包括宁夏与陇山地区在内的"西戎文化圈"[1]。既包括宁夏南部清水河流域以牛、羊、马头殉葬的乌氏之戎,也包括以庆阳为活动中心的义渠之戎[2]。笔者认为,无论是哪个戎族,都无一例外地融合了多种文化元素。如甘肃张家川马家塬战国时期戎人首领级贵族墓地,考古发掘出奢华的随葬器物和精良的马车(髹漆并饰有铜、金银饰片),反映了战国晚期绵诸戎在文化、经济、畜牧等方面仍有很强的实力,精美的金银器、玻璃器包含着北方草原文化、西方文化、秦文化、西戎文化等众多元素。同时出土的配有箭镞、长铁矛等实战兵器的豪华战车,不仅说明墓主人对军事征战装备的重视,也反映出兵器制造技术的高超[3]。早期秦人与戎狄的关系可以概括为:军事冲突、贸易交流和文化影响。

---

[1] 田亚岐:《秦国早期的逐渐强盛和对戎狄的战争》,《秦文化论丛》第三辑,西安:西北大学出版社,1994年,第336—339页。
[2] 林沄:《关于中国的对匈奴族源的考古学研究》,《内蒙古文物考古》1993年第1、第2期。
[3] 赵吴成:《甘肃马家塬战国墓马车的复原——兼谈族属问题》,《文物》2010年第6期。

1. 军事冲突

田亚岐等学者认为从商晚期至西周晚期,秦人与戎狄为争夺土地、资源一直处于对立状态,首领的重要职责就是抗击戎狄①。即使领地扩展至关中地区,不仅北有北狄,甚至领地上也有戎狄部落,自襄公至穆公时期,首要任务也都是对付戎狄,直到秦穆公时期,才解除了戎狄的威胁,即所谓"益国十二,开地千里,遂霸西戎"。秦与戎之间的第一次战争见于《史记·秦本纪》,即"厉王无道……西戎反王室,灭犬丘之大骆之族"②。此后,双方的拉锯战持续了好几百年。《史记·秦本纪》又载:"周宣王即位,乃以秦仲为大夫,诛西戎。西戎杀秦仲。……周宣王乃召庄公昆弟五人,与兵七千人,使伐西戎,破之。于是复予秦仲后及其先大骆地犬丘并有之,为西垂大夫。"③从此,秦人为获得这片封地与西戎进行了艰苦卓绝的战争,直到秦德公时取得了对戎战争的阶段性胜利,将都城迁至雍(今凤翔县城南),秦穆公时对西戎的战争取得了更大的胜利,遂霸西戎④。周平王东迁以后,王室中心势力东移,秦国大力扩张其疆土,攻逐关中诸戎。猃狁在秦国的不断攻击下,遂由泾渭一带逐渐东移,到达渭乃至伊洛一带,将实力扩展至富庶的关中地区。

2. 秦与戎狄的交流与融合

徐卫民认为,"秦人与西戎在相互交往中,既有矛盾又有融合,既有和睦相处的和平时期,相互影响和渗透,又有相互之间的掠夺与战争,最终秦人终于征服了周围的戎族,实现了民族的融合"⑤。田亚岐认为,"当'戎狄'归顺秦后,他们或完全保留,或间接继承其传统文化,再另外接受一部分秦文化,接受的多少则与他们各自的居住地有关"⑥。

---

① 田亚岐:《秦国早期的逐渐强盛和对戎狄的战争》,《秦文化论丛》第三辑,西安:西北大学出版社,1994年,第336—337页。
② [汉]司马迁:《史记》卷五《秦本纪》,北京:中华书局,1959年,第198页。
③ [汉]《史记》卷五《秦本纪》,北京:中华书局,1959年,第198页。
④ 一般认为,西戎应包括陇西的绵诸戎、绲、翟,泾北的义渠戎,洛川的大荔戎,乌氏、昫衍之戎以及渭南的骊戎等。
⑤ 徐卫民:《西戎所在地域及与秦的关系论》,《秦文化论丛》第七辑,西安:西北大学出版社,1999年,第134页。
⑥ 田亚岐:《东周时期关中秦墓所见"戎狄"文化因素探讨》,《文博》2003年第3期。

在长期与戎狄杂处的过程中,秦人为了壮大自身力量而采取了实用主义策略,对其他民族长的处采用了拿来主义政策,也不企图去改变游牧民族本身的风俗、文化及社会组织,于是,秦人接纳了多种有用的文化元素,出现了史书中所载"秦杂戎狄之俗"的现象。考古发现的这一历史阶段的戎人遗存也证实了这一点。如宝鸡益门秦墓出土的带有戎狄风格的铁剑、兵器、工具、马具、铜簇等,说明墓主人本身为戎狄或戎狄化程度很深。有学者提出墓主人为戎狄族长,是在秦国拥有一定身份地位的"臣邦真戎君长",他在大量吸收秦文化的同时,又顽强地保存着自身的文化传统。

此外,凤翔上郭店春秋晚期墓、陇县店子村秦墓、宝鸡䇳峪东周墓、凤翔秦墓、高陵春秋晚期至战国中期秦墓出土的带有戎狄风格的器物,都反映了墓主人均为在秦人领地上生存并接受秦文化的少数民族。这种现象一直持续到秦统一后,申诩认为秦俑坑中的胡人形象即所谓的戎狄士兵,也说明秦人与戎狄在文化习俗上的融合[①]。戎人与秦人的交融也见于其他遗址中,如秦始皇兵马俑博物馆(现称秦始皇帝陵博物院)正门前约500米处劳工墓中出土了121具带有"欧亚西部特征"的人类遗骸,经过DNA检测,被疑为修建秦始皇陵的劳工[②]。再如秦俑坑中有些兵马俑带有欧罗巴渊源,有些学者认为他们是加入秦军的戎狄。还有学者研究认为戎狄(猃狁)属西方民族。笔者不揣冒昧地认为:戎狄不管以什么形式融合于秦的军队(秦文化),与宝鸡地区发现的具有浓烈戎狄风格的秦时期墓葬主人都有关系。

(二)秦人与周人的交流与融合

秦人最初在西犬丘游牧兼农业生活是从非子为周室养马时开始的,逐渐受到周文化的影响。周厉王时,西犬丘被西戎侵占。秦人进入周原地区,逐渐从以游牧为本的经济走向以农耕为本的经济,吸收了定居地区的社会制度、生产方式、生产技术、思想、学术、文艺及道德规范等,迅速强大起来,开启了进军关

---

① 申诩:《从秦陵俑坑中的胡人形象谈起》,《西北史地》1994年第1期。
② 冯国、李勇:《DNA鉴定秦兵马俑坑旁葬有2200年前洋劳工》,新华网2006年6月28日。

中,歼灭六国的征程。这一时期的考古资料也反映了这种现象。

1. 铜驹尊

陕西眉县李村出土。从铭文可知此器是西周孝王赐给非子和大骆的礼器,对秦人摆脱自身及戎狄习俗、迈向文明至关重要。

2. 不其簋

秦人最早的青铜器(现藏中国国家博物馆),铭文记载了周宣王时猃狁侵犯西北边境,伯氏与不其奉命抗击,将戎人追至西陲,即今天水西南。伯氏遂回到朝廷,向周王献俘,与此同时,他命令不其率领兵车继续追击戎人,与之搏战后,有所斩获[①]。

3. 询簋

1959年出土于陕西蓝田寺坡村。系周厉王时器物。铭文中"成秦人"与各种夷人、成周徒亚、降人服夷等并列,足见当时西周王朝将秦看作是戎狄一类[②]。

4. 秦公簋

铭文歌颂了为周王室在西戎保业的十二位先祖,威震蛮戎各族,继而开拓了秦的版图,记叙了秦襄公奉周宣王之命在西犬丘建立宗庙的过程,与不其簋铭文内容相互印证。

公元前763年,秦文公三年曾率"七百人东猎",打败控制周原一带的戎人后,接受掌握农耕、文化礼仪和城建技术的周遗民,为改变以前没有文字的落后群体提供了人才基础。从西北边陲落后的游牧民族发展为建制完备的诸侯国,秦人成功地诠释了游牧民族对农耕民族的冲击、融合与发展。王学理指出,"秦文公从周王室的'文化输出'状态转变为秦国的'积极进取',从而奠定了秦国发展的基础"[③]。甘肃礼县、宝鸡姜城堡、西高全、户县南关等地的春秋秦墓均表现出明显的周秦文化融合的风格。

---

① 关于此簋的年代学界颇有争论。陈昭容:《从藤县博物馆藏〈不其簋〉说起》,《上海文博论丛》2009年第2期。贾海生:《论不其簋铭中的伯氏即南仲》,《北方论丛》2005年第2期。
② 李学勤:《秦国文物的新认识》,《文物》1980年第9期。
③ 王学理:《周秦文化的交汇带》,《秦文化论丛》第十三辑,西安:三秦出版社,2006年,第146页。

(三)秦人文化中的外来元素

考古资料显示的早期秦文化遗存,不仅包含周边游牧民族的文化元素,而且还有遥远的异域风格,其中就有塞文化元素。据《汉书·西域传》载:塞种,即允姓之戎,也即猃狁。斯维至则指出,塞种本居伊犁楚河,后逐渐由西向东侵入,到达敦煌、酒泉地区,其后又继续东移至甘陕境内,最终与周人构难①。田亚岐和史党社等学者已经对秦文化中的戎狄文化元素做过较为全面的分析。他们认为秦人从一个西北边陲的游牧部族发展为强大的诸侯国,就是因为不断吸取其他文化的先进因素。

史料显示,塞人很早就与中原有贸易往来。殷墟的大量和田玉、周原西周墓的蚌雕胡人像都与塞人或戎狄有关。秦人长期生活的甘青地区很早就与西方有联系。早在1948年,裴文中调查甘肃河西走廊和青海地区史前遗址时提出,张骞之前,东西方就存在着联系。"在古代,我国西北地区和中亚地区曾存在过广泛的文化交流,表现在一些彩陶和粗陶器上两地有着共同性。"②他所说的"中亚地区"应该与塞人有关。易谋远从世界范围观察,认为"在公元前7世纪末发生了一次以吉尔吉斯草原为核心的波及欧亚草原的民族大迁徙浪潮。塞人的直接祖先最初出自西方的安德诺文化系统,后向东曾直达我国的西北边境。而我国北部和西北部地区与中亚地区同属于干燥草原地区,同居于河西昆仑的昆夷族发生接触。部分昆夷被迫南迁四川,就可能与这次世界性的移民大浪潮有关"③。塞人即希罗多德《历史》中迁徙至阿尔泰山的斯基泰人,他们以盛产金子而出名,被希腊人称为守护金子的民族。近年来,甘肃大堡子山秦陵出土的线雕骨片、甘肃省博物馆收藏的天水地区的骨笥,"是秦人和域外文化交流所得,而且极有可能来自塞族。此外,秦人大量使用黄金饰品的现象,也可能是受了塞族的影响。……秦人的喜用黄金,当是从塞族人那里学来

---

① 斯维至:《从周原出土蚌雕人头像谈严允文化的一些问题》,《历史研究》1996年第1期。
② 谢端琚等:《甘青地区史前考古》,北京:文物出版社,2002年,第245页。
③ 韩伟:《论甘肃礼县出土的秦金箔饰件》,《文物》1995年第6期。

的"①。"这些黄金很可能来自黄金产地的河西走廊或阿尔泰地区。"②

1. 秦人早期文化似有更广阔的异域元素

例如秦人的素面铜镜与巴克特里亚(阿富汗)和马尔吉安那(今土库曼斯坦)公元前2100—前1900年青铜文化时期的素面圆镜似有源承关系③。日本学者梅原末治则认为斯基泰式铜镜为中国青铜圆镜的源处,即秦式镜和战国镜的原始形式④。与之有关联的还有1983年新疆北部天山北麓巴里坤县古墓和1983—1984年阿勒泰市克木齐古墓出土的属青铜时期早段的塞人——匈奴遗物的素面铜镜,而俄罗斯阿尔泰山区巴泽雷克公元前3—前4世纪塞王墓中出土两面铜镜,则被认为是秦式镜的变形⑤。

2. 秦人与塞人在艺术上也有联系

梁云认为咸阳空心砖上表现神人胸椎骨和肋骨的三根纵向或斜向上的平行线为典型的萨满艺术⑥,而塞人信仰的正是祭天、祭祖、敬鬼神的萨满教。史党社根据近年雍城、礼县、天水一带的考古发现,提出秦人与塞人有可能是通过周围的戎狄部落实现间接交流的。他指出春秋战国时期秦国具有较为发达的金器制造技术,其中一些具有戎狄风格的金器,无疑反映着秦与戎狄密切的关系⑦。他认为从商晚期至战国中期,秦文化大量接受周文化与戎狄文化,并形成了自己独特的文化传统。战国中期以后,随着秦政治军事势力的壮大与扩张,

---

① 祝中熹:《试论秦先公西陲陵区的发现》,载《秦俑秦文化研究:秦俑学第五届学术讨论会论文集》,西安:陕西人民出版社,2001年,第478—479页。
② 易谋远:《论彝族起源的主源是以黄帝为始祖的早期蜀人》,《民族研究》1998年第2期。
③ 杨瑾:《秦镜与秦人信仰初探》,《秦文化论丛》第六辑,西安:三秦出版社,1998年,第164—165页。
④ [苏联]鲁金科著,潘孟陶译:《论中国与阿尔泰部落的古代文化》,载《草原丝绸之路与中亚文明》,乌鲁木齐:新疆美术摄影出版社,1994年,第325—326页。
⑤ [苏联]鲁金科著,潘孟陶译:《中国与阿尔泰部落的古代文化》,载《草原丝绸之路与中亚文明》,乌鲁木齐:新疆美术摄影出版社,1994年。铜镜直径11.5厘米,质薄脆,镜面光滑,素卷边。小弦钮,方形钮座,羽状地,主纹为4个山字纹,间以成对的心状叶。秦式镜的原始形式是整个镜背为仿动物的羽状地,借用了青铜器如战国壶纹样,梅原末治认为镜的年代为公元前6—前2世纪,而Swallow则认为是公元前897—前206年。当时与北方草原的贸易主要是由秦人与匈奴族进行的,说明秦人与塞人有联系。
⑥ 梁云:《秦咸阳"水神骑凤"空心砖纹内容浅析》,载《秦俑秦文化研究:秦俑学第五届学术讨论会论文集》,西安:陕西人民出版社,2000年,第511—513页。
⑦ 史党社:《考古资料所见秦史中的少数民族及其文化》,载《秦汉文化比较研究:秦汉兵马俑比较暨两汉文化研究论文集》,西安:三秦出版社,2002年,第539页。

戎狄文化很快融入秦文化之中,最终被秦文化同化。戎狄作为秦与塞人交流的中介可能发生在前一阶段。赵化成则指出,秦墓屈肢葬与域外宗教文化的影响,秦国铁器与冶铁技术的传入,早期秦墓出土的铁器,特别是宝鸡益门村春秋晚期秦墓出土的铁器达23件之多,说明秦国大量使用铁器的史实,而益门村M2春秋晚期秦墓出土金器达204件(先秦时期迄今一次性出土金器最多的一批),应与中亚东部草原有关[①]。

三、结 语

像冲击美索不达米亚、埃及、印度、希腊半岛等农耕地区的善于使用战车和骑兵的北方游牧、半游牧民族,如西密里安人、斯基泰人、雅利安人、希腊人等诸游牧部落一样,周、秦都属兴于东方而成于西方的游牧民族,与当时中原王朝的关系有着冲击、冲突、融合的演变过程,都由最初的游牧部族冲击中原农耕民族,自身发展为农耕民族(邦国)后又受到周边其他游牧民族的冲击,未能经受冲击,落入灭亡的宿命。而秦之所以能接受游牧民族的反复冲击,主要原因在于秦人本身就是游牧民族,无论是在冲击农耕民族,还是在应对其他游牧民族的冲击时都似乎有意识地克服固有的游牧特点,广泛汲取农耕文明及其所产生的精华,逐渐发展为诸侯国,最后建立强大的政权。

这一历史循环被吴于廑总结为:每一次冲击浪潮都为生产带来了积极因素,如周人和秦人都向戎狄学习了先进的战车与骑射之术,周人受戎狄影响,创造了便于骑兵使用的剑。由此机动性能大大加强,在军事上变得强大起来。

[①] 赵化成:《试论秦文化与域外文化的交流》,《秦文化论丛》第十二辑,西安:三秦出版社,2005年,第30—39页。

第二节　移风易俗对秦文化变革的影响

向荣认为,马克斯·韦伯在分析资本主义起源时,充分考虑了文化因素,即社会心态的作用。韦伯认为,思想文化因素具有一定的自主性,能够以同等的重要性与经济因素发生交互影响,而历史唯物主义则显然低估了思想文化的地位和作用①。据此,我们在分析秦国强大的原因时,不仅要关注其物质因素,也要考虑其精神文化因素或社会心态的影响。秦人兴起并歼灭六国,除了具有历史唯物主义强调的物质因素外——生产力发展和生产关系变革,还有一种独特的、源于多种文化因素的精神动力在起作用,即秦文化精神②。其以崇尚法律、军功、实用、团结和集体意识为特征。没有秦人的思想观念改造,就不可能有秦的快速发展。秦人的思想观念经历了长期艰苦的改造过程,以大规模移风易俗运动为主要内容。主要有两次,一次是商鞅变法,另一次是秦始皇"匡饬异俗"。这表明秦人自始至终都很重视意识形态的巨大作用。本节讨论这两次移风易俗运动对秦的影响及在秦文化形成过程中的重要作用;强调知识精英的历史使命与作用,动态地、历史地分析秦人文化心理的改造过程,从秦人发展的区域和时代差别来把握文化的冲突、认同与流变。

一、商鞅变法与移风易俗

向荣认为,心态是指一定历史时期整个社会人人皆有的心理、习惯和态度,

---

① 向荣:《文化变革与西方资本主义的兴起——读韦伯〈新教伦理与资本主义精神〉》,《世界历史》2000年第3期。
② 秦文化是学者们关注、争论很多,至今尚无统一定义的话题,但也达成一定共识,如秦文化具有尚武、功利、兼容并蓄、实用等精神,表现出明显的地域性和时代性,以及宽厚广远的内涵和外延;按时间顺序秦文化可划分为秦族、秦和秦朝,按层次可划分为物质、制度、风俗习惯、思想与价值等,笔者主要从在学者们讨论较少的秦国和秦朝时段的风俗习惯改革,及其对秦文化的影响方面进行论述。

这些东西被当时人视为理所当然而未被察觉,因此,有的史学家称之为"集体的无意识"①。心态是人类历史发展过程中变化速度最为缓慢的层次,因此人们通常只有经过数十年,甚至数百年的"长时段"观察才能发现并理解其中的变化②。从长时期看,秦人崛起和壮大的过程伴随着秦文化和秦人风俗的不断变革,以商鞅变法和秦始皇"匡饬异俗"为标志性事件,表现为民众心态的多次改造,可称为"大众心态革命"或"文化革命"。

(一)商鞅变法的文化背景及其动因

商鞅变法是秦人在内外交困形势下进行的自上而下的被动改革运动,基本上完成了从秦人文化到秦国文化的转变。秦一直被东方六国鄙视为戎狄之邦,耻于与之会盟。穆公死后,秦国奴隶制衰落,直至战国初期,封建制姗姗来迟,无力向外扩张。说明秦所继承的周文化日暮穷途,旧的文化精神衰靡,新的大众心态尚未建立起来,而此时的东方各诸侯国为了强国富民,纷纷进行改革,出现了新气象,如魏、韩、齐、赵、楚等国,给秦人以前所未有的压力。为了对抗自恃先进、骄傲自满的东方诸国,秦自简公始,也尝试一些改革,如"初租禾""令吏初带剑""止从死""为户籍相伍"等。但到孝公时,诸侯仍鄙视秦,秦痛感"丑莫大焉"而激发起图强的渴望。臧知非认为,战国时期"东方诸侯特别是三晋、齐、楚、燕等几个主要诸侯国在几经震荡后均完成了新旧社会结构的蜕变,成为东方强国,而秦却丧失其昔日的霸主地位而陷入落后挨打的时候,秦国君臣本能地穷则思变,秦孝公再次大规模地吸收六国的文化主张并使之制度化"③。但笔者以为,与其说孝公改革是大规模地吸收六国文化并使之制度化,不如说这是一次大规模的移风易俗运动,改造已成为羁绊的传统文化,振奋秦人精神,为秦人树立新的追求目标,整合一切力量,奋发图强。为了达到这

---

① 向荣:《移风易俗与英国资本主义的兴起》,《武汉大学学报》2000年第3期。
② 向荣:《移风易俗与英国资本主义的兴起》,《武汉大学学报》2000年第3期。
③ 臧知非:《秦风俗的认同与冲突——秦始皇"匡饬异俗"探论》,《秦文化论丛》第十辑,西安:三秦出版社,2003年,第13页。

个目的,孝公不拘一格搜罗人才,与商鞅"不自知膝之前于席""语数日而不厌"①。可见,知识精英的道德伦理和国家理想、统治者的世界图象相契合,从而促成了具有划时代意义的大规模移风易俗或文化改造运动。

秦人久居西隅,是在长期与周边少数民族的斗争中崛起的,故一直被关东六国视为夷狄。由于"礼仪仁恩"传统风俗和鬼神崇拜影响,人们缺乏远大的经济目标和公利意识,养成了自由散漫、狂野粗鄙、缺乏劳动自觉性和因循守旧的生活习性。以世俗的功利为标准,关心的是自身物质需要的索取,缺乏公德约束。《吕氏春秋·高义》载:"秦之野人以小利之故,弟兄相狱,亲戚相忍。"②秦人不关注对自我以外实际世界的探求,缺乏对与日常生活密切相关的生产、作战等活动的创造热情。这种原始的人生观、生活态度和生活习性构成的文化传统是秦人实现飞跃很难克服的障碍之一。要打破这种障碍,仅有欲望和热情远远不够,还需要一种从个人幸福或功利的角度看完全先验和绝对非理性的精神力量③。

因为只有这样的力量才能使人克服畏惧、短视和苟且偷生的冲动,产生一种将战功和公利当作人生理想和追求的信念——新尚武精神。由于自身条件限制,秦文化内生不出这样的意识形态,只能借用外来文化精英冲破这道障碍。这是一场真正的革命,其意义比物质前提更重大,足以成为秦人扩张的动力,因为能把个人、家族和国家联系起来的文化,可以发挥巨大无比的杠杆作用,创造出无穷的力量,促成君主和民众的心理转变,呈现出全民族全力以赴、斗志昂扬的精神状态。

(二)商鞅变法的实质

这是一场由新兴精英发起的传统习俗改造运动,用伯克的话说,"一些受过教育的人为了改变人口中其他成员的生活态度和价值观念所作的系统努力"④。

---

① [汉]司马迁:《史记》,北京:中华书局,1959年,第2228页。
② 国学整理社:《诸子集成》卷六,北京:中华书局,1954年,第239页。
③ 向荣:《移风易俗与英国资本主义的兴起》,《武汉大学学报》2000年第3期。
④ 向荣:《文化变革与西方资本主义的兴起——读韦伯〈新教伦理与资本主义精神〉》,《世界历史》2000年第3期。

向荣认为,这其实是一种改革,前提是"受过教育的人"的文化先锋作用。以商鞅为代表的法家知识精英 "公利意识""道德共识" 或 "公共知识"(common knowledge)的形成,以及能在秦国引起共鸣至关重要。韦伯认为,中国的封建时代是卡里斯玛从鼎盛走向衰落的时代,来自平民或封建家庭的文人在推进经济政策、行政管理和军事制度等各个领域的理性化过程中发挥了关键性作用。文人游历仕宦,形成一个特殊的知识精英阶层,成为各诸侯国竭力争夺的行政理性主义推动者①。商鞅正是这样一位推行共利主义的思想家。王健认为,法家思想包含天下之利、国家之利的公利公功之说,君主代表全社会的利益,通过倡公废私的立法和刑赏制度调和君民之利,尽可能地把双方之利发展到极致。商鞅成功为秦人塑造了宗法官僚制基础上的责任伦理、"公利"原则、法制理性精神和法术势管理体系,把"贵公"和"大忠"观念普及于民间,这一点血的史实可以证明②。王健提出的"贵公"与西方的"commonwealth"及文艺复兴时期复兴希腊人的美德有相似之处。希腊人认为,人是政治的动物,个人幸福同城邦公共福利息息相关。因此,他们特别重视公益,并"殚精竭虑,用尽个人力量为城邦服务"③,雅典民主派领袖伯里克利称那些不关心公益事业的人为废物。商鞅的"贵公"思想表现在他以法律手段否定个人和小集团的利益,"立法明分,而不以私害公"(《商君书·修权》),"夫立法令者以废私也,法令行而私道废也。私者所以乱法也"(《韩非子·诡使》)。他把追求个人功名最大化与绝对服从国家内化为孕育社会责任和失去自我的过程④。商鞅变法之所以能在秦国推行,得

---

① [德]马克斯·韦伯著,冯钢译:《文明与精神》,杭州:杭州大学出版社,1999年,第199页。卡里斯玛(charisma),即"魅力""魔力",指非凡神秘的力量或超自然力量,分两种:原初型和精灵型。特别是长子以外的儿子们,靠文字学和经籍考据建立、维持社会地位。古文字是神秘的,识文断字的人被认为具有神奇的卡里斯玛。16世纪英语中的新名词,初译为"公共利益",后来表示由全体国民构成的政治共同体或国家,要求个人服从公众和国家的整体利益,为了个人私利损害公益的行为是贪婪,是最大罪孽。向荣多篇文章均讨论了1500—1650年欧洲的习俗改革运动(Reformation of Manners),特别是社会转型时期的英国,知识精英对大众文化的改造,塑造适应资本主义发展的民众心态。
② 王健:《法家事功思想初探——以〈商君书〉、〈韩非子〉为中心》,《秦文化论丛》第九辑,西安:西北大学出版社,2002年,第285页。
③ [英]基托著,徐卫翔、黄韬译:《希腊人》,上海:上海人民出版社,1998年,第151—152页。
④ 国学整理社:《诸子集成》,北京:中华书局,1954年,第24页,第317页。

益于秦文化传统价值观所提供的有利的历史条件和社会环境。从长时段发展观来看,它是多元文化因素长期演进的结果,也是数代"贵公"的社会精英相继努力的果。

从春秋时期的百里奚、蹇叔、由余、丕豹、公孙枝和西乞术等,到战国的商鞅、张仪、公孙衍、司马错和乐池等,再到把"贵公"实践为牺牲精神的大将白起、王翦不封侯,"推贤让位""伸强秦于诸侯"。商鞅顺应并极大推进了历史潮流,尽管习俗改造是一项长期而艰巨的任务,会遇到重重阻碍,会有流血牺牲,但他借用法律的力量,克服阻碍,推行改革。新法行之十年,议论法令者,迁之于边城,一日杀七百人,"渭河水尽赤",号哭之声恸于天地,甚至有人入山为盗。可见来自老百姓的阻力有多大,阻挠者也包括以孝惠王为首的旧奴隶主们。然而,这一切并未动摇商鞅的决心,因为他与孝公都意识到这是秦政治和文化的唯一正确出路①。

(三)商鞅变法的主要内容

商鞅变法的内容重点也在于文化层面。商鞅设计出两个阶段、四个层次的针对不同阶层的改革方案。

1. 治功

改造统治上层思想,树立君主依法治国的统治理念,形成一种独特的政治文化②,即所谓的治功。《商君书·修权》载:"国之所以治者三:一曰法,二曰信,三曰权。法者,君臣之所共操也;信者,君臣之所共立也;权者,君之所独制也。人主失守则危,君臣释法任私必乱。故立法明分而不以私害法则治。"③

2. 废除世卿世禄制度

严格按照军功行赏,树立为国建功立业的集体精神,变法废除旧的世卿。

---

① 秦疆:《秦之军功封爵"未尽行"小议》,《秦文化论丛》第十辑,西安:西北大学出版社,1998年,第466—468页。
② 政治文化是一个宽泛概念,核心是仪式、象征物和大众政治心态,目标是培养民族集体情感和爱国主义精神。
③ 国学整理社:《诸子集成》,北京:中华书局,1954年,第24页。

《史记·商君列传》载:"宗室非有军功论,不得为属籍;明尊卑爵秩等级,名以差次名田宅,臣妾衣服以家次,有功者显荣,无功者虽富无所芬华。"①以此激发上层的社会责任感和模范带头作用。

3. 严肃吏治

重视各级官吏沟通民众的中介力量,以上计制和考课制约束官吏,严肃吏治②。

4. 树立人生目标

为臣民树立明确的人生目标,鼓励普通百姓勤劳敬业,养成勤俭、节约、理财的良好风气。《商君书·算地》载:"民之生,度而取长,称而取重,权而取利。""故曰名利之所凑,则民道之。"③鼓励"力本业,耕织致粟帛多者复其身;事末利及怠而贫者,举以为收孥",即尽农功。此外,以二十级军功爵制鼓励战功,把"战"变成人们提升社会地位的途径。从上而下树立起"全民为公"的责任意识和奋斗精神。对此我们有必要再做更深入的探讨,因为这是我们研讨的重点,也是文化改良的难点。习俗民风具有相当大的文化力,"移""异"的难度极高,必以猛药治之。商鞅为此在全社会树立积极向上的生活和劳动态度,严惩有碍民风、阻挡改革的不良因素。

(1)改变流民生活习性,惩治游侠和异端思想文化。以新的户籍制度和土地所有制形式将民众固定在土地上,政府严格控制人口流动。因为战国时期人口流动对各地文化产生重大影响,如吴王阖闾等招徕喜游弟子来改变吴地民风,孟尝君招徕宾客死士风化薛地等,不利于安定民心,也影响经济、人口和税收等。商鞅在《垦令》中提出主要打击五类有害农战的人:褊急之民,狠刚之民,怠惰之民,费资之民,巧谀、恶心之民。整顿农风,扫除秦人狭隘、酷烈的风气,因为民风急烈会影响到政治心理特质,不利于统治和可持续发展。在《算地》中

---

① [汉]司马迁:《史记》,北京:中华书局,1959年,第2230页。
② 张铭洽:《秦简〈为吏之道〉与秦文化的层次性》,《秦文化论丛》第三辑,西安:西北大学出版社,1994年,第142—151页。张敏:《秦代的官德——读为吏之道》,《秦文化论丛》第九辑,西安:西北大学出版社,2002年,第274—285页。
③ 国学整理社:《诸子集成》,北京:中华书局,1954年,第24页。

提出要打击五类人:《诗》《书》谈说之士、处士、勇士、技艺之士、商贾之士,即儒家学者、道家、游侠及工商之人。在《农战》中把打击对象扩大到十类:诗、书、礼、乐、善、修、仁、廉、辩、慧,其中儒家学者至少占六种。《去强》中把打击对象归纳为"八类"或"十类",诗、书、礼、乐、善、修、仁、廉、辩、孝、弟。《说民》篇说要打击"六虱"。礼、乐、诗、书、修缮、孝悌、诚信、贞廉、非兵、羞战,特别是对游侠和纵横家严厉打击,如《君臣》篇。为什么重点打击儒学?因为法家思想认为,传统的礼仪制度和儒家、墨家等都不适应当时秦国特殊的历史现实,无助于霸王之功。《韩非子·五蠹》载:"故文王行仁义而王天下,偃王行仁义而丧其国,是仁义用于古而不用于今也。"①即商鞅认为用诗书礼乐与孝善治国,会造成国力衰弱,贫瘠不堪,导致亡国。只有法制建立的新社会秩序才能完成民众的思想改造,给国家带来新气象。

(2)以极端手段整肃民风,打击歪风邪气,树立"农战"的人生追求。第一,为老百姓建立新的功利观,树正气,压邪气。《史记·商君列传》载:"令民为什五,而相牧司连坐;不告奸者腰斩,告奸者与斩敌首同赏,匿奸者与降敌同罚。""有军功者,各以率音律,受上爵;为私斗者,各以轻重被刑大小。"②第二,改革混乱的礼俗。秦人长期与少数民族杂居,婚俗保留较多戎狄风尚,"父子同穹庐而卧",儿媳"抱哺其子与公并倨""父没则妻其后母,兄亡则纳嫂"等。商鞅曾说:"始秦戎狄之教,父子无别,同室而居。今我更制其教,反为男女之别,大筑冀阕,营如鲁卫也。"③彻底改变秦人家庭结构,把家庭结构细化到核心家庭,"民有二男不分异者,倍其赋,令民父子兄弟同室内息者为禁"④。以看似分化的方式建立严格的家庭结构,定义新的家庭成员关系。第三,树立全民尚战的社会风气,把"战"变成街头巷议的话题。于是父子兄弟、亲戚朋友见了面,都是以战斗互相勉励。"存战而已矣,民闻战,父遗其子,兄遗其弟,妻遗其夫,皆

---

① 国学整理社:《诸子集成》,北京:中华书局,1954年,第341页。
② [汉]司马迁:《史记》,北京:中华书局,1959年,第2230页。
③ [汉]司马迁:《史记》,北京:中华书局,1959年,第2234页。
④ [汉]司马迁:《史记》,北京:中华书局,1959年,第2234页。

曰：'不得无返。'又曰：'失法离令，若死我死。'"所以有学者说："这实质上是在提倡一种'乐战''重战'文化，具体表现为经济上的利战，制度上的强战，政策上的倡战，风尚观念上的崇战尚战，心态价值上的乐战重战。"①以致"秦人闻战，顿足徒，犯白刃，蹈炉炭，断死于前者，皆是也。夫断死与断生者不同，而民为之者贵奋死也……"②（卷五《韩非子·初见秦》）。这种新的社会风尚，即全民好战，各级官吏不贪财、不泄密、不失言；君明、臣忠、父慈、子孝等无疑是对秦人旧思想旧心态的大洗礼。韩非、商鞅敏锐地意识到群雄逐鹿中，只有调动举国之力才能取胜。"古人能致功名者，众人助之以力"，商鞅"当今争于力"，国家利益与个人利益的结合③。秦全国上下以这种全新的心态投入战斗和生产中，"并心而赴时，犹日蹶六国，兼并天下"④（《贾谊传》）。第四，塑造新的事功精神。商鞅对秦人原有的功利主义、务实主义和尚武主义等文化传统进行渗透式整合，"塑造了秦人强烈的事功精神，成为支撑其崛起强大并最终担当一统华夏的文化内驱力。事功思想不仅对秦人兴亡史产生深巨影响，也为我们观察一种思想观念如何与历史间的互动提供了典型例证。……事功意识的普泛化，使自成为秦社会运作的灵魂和杠杆，升华为秦民精神支柱。……事功精神有效聚合了秦社会的理想意志，充分张扬了秦人的历史能动性和创造性，迸发出极大的历史潜能和社会效率，这无疑是列国间长期实力较量后秦人终操胜券的一大精神优势"⑤事功精神不仅开创了秦国刚健、清新和高效的政局，也锻造了秦军强大的战斗力，这些只有在整肃民风后才可以实施。《荀子·议兵篇》记载了他的感慨："秦人其生民狭，其使民也酷烈，劫之以势，隐之以隘，忸之以庆赏，鳅之以刑罚，使天下之民，所以要利于上者，非斗无由也。隘而用之，得而后功之，功赏相长也；五甲首而隶五家，只最为众强长久，多地以正，故四世有胜。"⑥（《荀子·

---

① 国学整理社：《诸子集成》，北京：中华书局，1954年，第175页。
② 国学整理社：《诸子集成》，北京：中华书局，1954年，第11页。
③ 秦疆：《秦之军功封爵"未尽行"小议》，《秦文化论丛》第十辑，西安：西北大学出版社，1998年，第116页。
④ [汉]司马迁：《史记》，北京：中华书局，1959年，第2244页。
⑤ 王健：《法家事功思想初探——以〈商君书〉、〈韩非子〉为中心》，《史学月刊》2001年第6期。
⑥ 国学整理社：《诸子集成》卷二《荀子·议兵篇》，北京：中华书局，1954年，第181页。

议兵》)也反证了商鞅改造大众心态的成就。商鞅以严厉的赏罚制度(军功爵制和什伍连坐制)驱民归战。王健认为,"秦灭六国正是事功思想对东方伦理精神的胜利,……将秦人事功精神推向颠峰"[①]。第五,崇尚法治精神。商鞅试图把所有人的心灵与行动都严格管束起来,形成一个严格、有效的官僚管理系统,为此,他努力使一切都纳入实际的法治规范。他一方面要求禁止那些不切实用而好高骛远的理想主义;另一方面则提倡要严格按照法律规则制裁和监督官吏和民众,努力形成一整套整齐、规范的社会秩序,用来取代早期的基于血缘亲情的伦理规范,以及基于心理自律的道德自觉。从效果来看,"商鞅变法,确实以法律手段改变了秦民的故俗传统"[②]。在王健看来,商鞅推行的"功爵制度又寓有移风易俗的用意:若夫厚赏者,非独赏功也,又劝一国。受赏者甘利,未赏者慕业,是报一人之功而劝境内之众也。'赏罚分明,可收以耕战劝民之效,激励民众狂热追求事功建树,是境内之民,其言谈者必轨于法,动作者归之于功,为勇者尽之于军,是故无事则国强,有事则兵强,此之谓王资。'"[③]笔者认为,商鞅单纯以法律统一风俗,也并非一帆风顺,的确一开始就遭到了社会各阶层的反对,直到十多年后,秦国民众从新法中获得了实际利益才改变态度而自觉守法。如《史记·商君列传》所载:"行之十年,秦民大说,道不拾遗,山无盗贼,家给人足。民勇于公战,怯于私斗,乡邑大治。"[④]使自上而下的改革变成上下协力的全民移风易俗运动。

(四)商鞅变法的成果

商鞅变法的成果体现为风俗净化,文化进步,并转化为强大的集体力量。荀子对此深有体会。《荀子·疆国》载:荀子进入秦国之后"观其俗,其百姓朴,其声乐不流,其服不佻,甚畏有司而顺,古之民也。及都邑官府,其百吏肃然,莫不

---

① 王健:《法家事功思想初探——以〈商君书〉、〈韩非子〉为中心》,《秦文化论丛》第九辑,西安:西北大学出版社,2002年,第290—291页。
② [汉]班固:《汉书》卷四八《贾谊传》,北京:中华书局,1959年,第18页。
③ 王健:《法家事功思想初探——以〈商君书〉、〈韩非子〉为中心》,《秦文化论丛》第九辑,西安:西北大学出版社,2002年,第286页。
④ [汉]司马迁:《史记》卷二《荀子·疆国》,北京:中华书局,1959年,第2231页。

慕俭、敦敬、忠信而不，古之吏也。入其国，观其士大夫，出于其门，入于公门；出于公门，归于其家，无有私事也，不比周，不朋党，倜然莫不明通而公也，古之士大夫也。观其朝廷，其间听决百事不留，恬然如无治者，古之朝廷也。故四世有胜，非幸也，数也"①，他感觉秦国俨然是无治而治。尽管六国及后世的思想家和政治家无视商鞅变法的积极意义，一味地贬损挞伐，如"慈子耆利不若禽兽耳""刻薄寡恩""严刑峻法""尚首功""以贪狠为俗""趣利无耻"等。然而，这些否定之词不仅不能抹杀其移风易俗之功绩，反而说明商鞅给这些贪利者造成的极大心理震撼和畏惧之感，这些元素正是秦文化的核心部分，并以长时期的、大规模的"习俗改造"措施改变着当时人们日常生活的方方面面。改革这些不符合时代发展的精神面貌和文化心理，也包括秦人曾吸收的六国礼俗，如私斗和男女关系混乱等东方各国普遍存在的问题。商鞅变法在当时历史环境下取得了成功，各项制度与措施给秦国带来新的活力，使其能够集全国之力迅速一路向东扩张②。

二、秦始皇"匡饬风俗"

秦在军事上完成统一后，建设新政权的任务才刚开始。秦始皇和他的官僚们面对的是风俗各异的六国故土和到处抵制的前朝遗民，特别是六国政治家和思想家歧视和贬低秦的政风民俗，对秦始皇欲将秦的文化制度推广到六国，建立统一的新秩序，同样拒绝与排斥。臧知非认为，东方六国风俗从秩序层面进行总体观察的话，其共有的非秩序性和流动性比较明显，如燕赵之地的慷慨豪放、齐鲁大地的怯群斗与好持刺，"楚国的剽轻、易发怒，轻刻、矜已诺以及'通鱼盐之货'，巧辞辩说，游历为官，都反映着崇尚个体自由，而藐视国家秩

---

① 国学整理社：《诸子集成》，北京：中华书局，1954年，第202页。
② 臧知非：《秦风俗的认同与冲突——秦始皇"匡饬异俗"探论》，《秦文化论丛》第十辑，西安：三秦出版社，2003年，第13页。

序,社会力量和国家力量在相当程度上处于二元对立的状态。而秦国则相反,吏民均遵纪守法,谨守秩序,人们追求财富功名必须在法律的范围之内,社会力量处于国家力量的绝对支配下。也正因为如此,秦才能集中全国的人力物力东向争雄,所向披靡,最后统一全国。正因为秦民在国家法律的控制下,'勇于公战而怯于私斗'已成为民风特征,而秦国政府更严格实行军功爵制,鼓励臣民斩首立功"①。因为这种民风差异势必会带来秩序的混乱,促使秦始皇排除重重阻力,在全国整顿六国的旧风俗。

一般认为,风俗形成与自然条件和经济发展有关,也与统治者提倡和推广的道德伦理观念和行为方式相联系。班固认为:"凡民函五常之性,而其刚柔缓急,音声不同,系水土之风气,故谓之风;好恶取舍,动静亡常,随君上之情欲,故谓之俗。孔子曰:'移风易俗,莫善于乐。'言圣王在上,统理人伦,必移其本,而易其末,此混同天下一之中和,然后王教成也。"②商鞅变法以法律手段改变了秦民的故俗,整顿了秦国风俗,而六国未经过这样大规模的风俗改造运动,自然留给秦始皇的是参差不齐的经济和迥异的习俗。《管子·水地》《史记·货殖列传》和《汉书·地理志》对各地异俗都有说明。如《管子·水地》中说:"齐之水遒躁而复,故其民贪粗而好勇。楚之水淖而清,故其民轻果而敢。越之水浊重而洎,故其民遇疾而垢。秦之水泔而稽,淤滞而杂,故其民贪戾罔而好事。齐晋之水枯旱而运,淤滞而杂,故其民谄谀葆诈,巧佞而好利。燕之水萃下而弱,沈滞而杂,故其民愚戆而好贞,轻疾而易死。宋之水轻劲而清,故其民简易而好正。"③

《史记·货殖列传》中说,燕赵之地"人民矜懻,好气,任侠为奸,不事农商……中山地薄人众,犹有纣沙丘淫地余民,民俗怀急,仰机利而食。丈夫相聚游戏,悲歌慷慨,起则相随椎剽,休则掘冢作巧奸冶,多美物,爱倡优。女子则鼓

---

① 臧知非:《秦风俗的认同与冲突——秦始皇"匡饬异俗"探论》,《秦文化论丛》第十辑,西安:三秦出版社,2003年,第8—9页。
② [汉]班固:《汉书》卷四八《贾谊传》,北京:中华书局,1959年,第1640页。
③ 戴望:《管子校正》(诸子集成本)卷五,北京:中华书局,1980年,第237—238页。

鸣瑟,坫跪,游眉富贵,入后宫,遍诸侯"①。

《汉书·地理志》载:"郑国……男女极聚会,故其俗淫。《郑诗》曰:'出其东门,有女如云。'又曰:'溱与洧方灌罐兮,士与女,方秉蕑兮。'恂盱且乐,唯士与女伊其相谑。'此其风也。吴札闻郑之歌,曰:'美哉!其细已甚,民弗堪也。是其先亡乎'。"②

蓟"初太子丹宾养勇士,不爱后宫美女,民化以为俗,至今犹然。宾客相过,以妇侍宿。嫁娶之夕,男女无别,反以为荣。后稍颇止,然终未改。其俗愚悍少虑,轻薄无威,亦有所长,敢急于人,燕丹遗风"③。

卫地"男女亟聚会。声色生焉。故俗称郑卫之音。……其失颇奢靡,嫁取送死过度,而野王好气任侠,有濮上风"④。

齐地"始桓公兄襄公淫乱,姑姐妹不嫁,于是令国中民家长女不得嫁,名曰'巫儿',为家主祠,嫁者不利其家,民至今以为俗"⑤。

魏地"康叔之风既歇,而纣之化犹存,故俗刚强,多豪杰侵夺,薄恩礼,好生分"⑥。

周地"周人之失,巧伪趋利,贵财贱义,高富下贫"⑦。此外,还有楚人"忠而不孝"、鲁人"孝而不忠"等习俗。秦始皇及其幕僚们意识到这些陋习会给民众日常生活和国家安定、统一造成危害,于是大力整治。秦始皇曾多次出巡,任务之一就是整顿风俗,使六国接受秦文化模式,改造一切不合时宜的陋习恶风,即所谓"淫俗",并使"天下承风而治""咸化廉清,大治濯俗,天下承风,蒙被休经"⑧。将此与灭六国并天下之事相比,目的是要达到全国风俗、文化内涵

---

① [汉]司马迁:《史记》,北京:中华书局,1959年,第3262页。
② [汉]班固:《汉书》卷二八,北京:中华书局,1959年,第1652页。
③ [汉]班固:《汉书》卷二八,北京:中华书局,1959年,第1657页。
④ [汉]班固:《汉书》卷二八,北京:中华书局,1959年,第1665页。
⑤ [汉]班固:《汉书》卷二八,北京:中华书局,1959年,第1661页。
⑥ [汉]班固:《汉书》卷二八,北京:中华书局,1959年,第1647页。
⑦ [汉]班固:《汉书》卷二八,北京:中华书局,1959年,第1651页。
⑧ 臧知非、宋仁桃:《秦始皇〈会稽刻石〉与吴地社会新论——林剑鸣先生秦始皇会稽刻石辨析》,《秦文化论丛》第十一辑,西安:三秦出版社,2004年,第202页。

的一致,更好地巩固统治。会稽刻石的"匡饬异俗"就记载了会稽地区及全国的整齐风俗。"因为会稽刻石所述之种种不雅驯现象更多地存在于原燕赵大地、齐楚之邦。"①

陈宁认为会稽刻石是秦始皇整治风俗的宣传,秦始皇本人也充分意识到"风俗的统一对秦统治的重要性,其表现便是会稽刻石上大篇幅的有关风俗民风的刻词"②。他也意识到"整齐人伦、改变风俗是一个长期过程,秦始皇在统一天下之后,就着手这一事业,……通过法律的方式,强制改变旧俗,逐步地建立起新风俗和统一的标准,这个过程直到秦始皇第五次东巡,才真正地见到成效,也是秦始皇这一次出巡最得意之处,故在会稽刻石中重点宣扬其统一风俗的丰功伟绩,标志着秦始皇圣王的新功劳"③。崔向东认为,秦始皇尊奖乌氏倮和巴寡妇清也"与秦国的伦理风俗有关","彰化各地淫邪之风"属于秦在西南地区移风易俗的一部分④。

三、制定法律法规

秦始皇除了以巡行刻石教化外,还制定相关法律条文严厉打击各地的陋习异俗,重点在以下几方面:

(一)男女婚外关系

郑、卫、齐、吴、越等地"好淫",男女关系随便,只要两情相悦就可往来或同居。婚外关系是被默许甚至是被鼓励的。但秦视为非法,并加以禁止,甚至杀之无罪。云梦秦简《法律答问》载:"同母异父相与奸,可(何)论? 弃市。"而按以往

---

① 臧知非、宋仁桃:《秦始皇〈会稽刻石〉与吴地社会新论——林剑鸣先生秦始皇会稽刻石辨析》,《秦文化论丛》第十一辑,西安:三秦出版社,2004年,第202页。
② 陈宁:《秦始皇"圣王"思想心理初探——秦始皇东巡刻石的政治解读》,《秦文化论丛》第十二辑,西安:三秦出版社,2005年,第591页。
③ 陈宁:《秦始皇"圣王"思想心理初探——秦始皇东巡刻石的政治解读》,《秦文化论丛》第十二辑,西安:三秦出版社,2005年,第592页。
④ 崔向东:《秦始皇尊奖马化倮和巴寡好清动因探析》,《秦文化论丛》第九辑,西安:三秦出版社,2003年,第388—395页。

故俗,并不犯法。

(二)士人坐而论道

士人坐而论道,切磋学术,广招门生等,本属文化行为,但秦始皇认为,这很容易产生、传播非正统思想,混淆视听,故秦法禁止。

(三)流民、游侠到处遛逛,扰乱治安

《会稽刻石》云:"闾巷少年,功剽椎埋,劫人作奸,掘冢铸币,任侠并兼,借交报仇,篡逐幽隐,不避法禁,走死地如惊者,其实皆为财用耳。"① 陈宁认为,"秦始皇会稽刻石所述的饰省宣义,有子而嫁,倍死不贞。防隔内外,禁止淫佚,男女洁诚。夫为寄,杀之无罪,男秉义程"②。臧知非注意到一个"寄"群体,"'寄'多指战国时代普遍存在于六国地区靠寄食为生的无业游民,在当时社会上被称为'寄客''寄者''寓人'等。战国时代,社会变动剧烈,国家虽然采取各种手段强化对人口的控制,但社会上始终存在着游民群体,其高者依附政客门下,周旋于权贵之间;其低者则借居于闾里之中,寄居于平民之家。而在战争的年代,丁壮死于战场者甚多,孤寡之家普遍存在,对劳动力的需求为这些游手好闲的寄居者提供了现实基础,他们无须向官府受田地、治产业就可以获得生存条件,甚至乘机霸占所寄之家的田宅财产"③。秦简《日书》是古代根据时日来推断吉凶祸福的占验书,内容包括社会活动和民众日常生活的方方面面,接受寄居者的禁忌规定也是其中一项,如戊辰、己巳、辛酉、己未、庚午等日,不能接受寄居者,否则会出现反客为主的现象,带来厄运,且要在晦日送走寄居者。说明当时流民普遍,关于流民与居民的纠纷司空见惯。商鞅变法后,秦一直通过户籍、授田制严格控制人口流动,打击无业游民。统一后,面对六国,特别是楚地人口管理无序,秦政府依法严格户籍制度,控制人口流动,将人民束缚于土地

---

① [汉]司马迁:《史记》,北京:中华书局,1959年,第3270页。
② 陈宁:《秦始皇"圣王"思想心理初探——秦始皇东巡刻石的政治解读》,《秦文化论丛》第十二辑,西安:三秦出版社,2005年,第592页。
③ 臧知非、宋仁桃:《秦始皇〈会稽刻石〉与吴地社会新论——林剑鸣先生秦始皇会稽刻石辨析》,《秦文化论丛》第十一辑,西安:三秦出版社,2004年,第217页。

上,征税、服徭役。但那些不务正业四处游荡者、借住在别人家里者和靠出卖劳动力为生者的出现,不仅不利于政府人口控制,还会因霸占别人的田产引发社会治安问题,败坏民风民俗,导致家庭关系混乱,影响税收和土地开发。这是秦国这样的专制政府不能容忍的,故坚决予以打击。

(四)严密法网,禁止民间械斗、血亲复仇

云梦秦简《法律答问》对杀人越货者、"相与斗""与人斗"以利器伤人者,用"当磔""交论""当完成旦""斗,当赀二甲;贼,当黥为城旦"等严刑酷法进行惩治,一度"赭衣时趾,囹圄成市"。秦始皇"匡饬异俗"涉及人们生活的各个方面,表明秦按照自己的传统习俗改造东方各国,强迫他们接受秦的文化。但在如此混乱的局势下,这种改革不是一朝一夕能完成的,云梦秦简《语书》记载的南郡就是个典型的例子。这里在秦人改造旧俗半个多世纪后,依然如故。秦始皇二十七年(前220年),郡守腾发布文告要求各地官吏严守法令改变民众旧习,要求以法律制度统一乡俗。臧知非和宋仁桃认为,"以教道(导)民,去其淫避(僻),除其恶俗,而使之之于为善也"。百姓不遵守延续下来的古代君王之法"甚害于邦,不便于民",违背了古今圣王、明主的美意,说明官吏督促不力和对国家不忠以致"今法律令已布,闻吏民犯法为间私者不止,私好、乡俗之心不变,自从令、丞以下智(知)而弗举改,是即明避主之法(也),而养匿邪避(僻)之民。如此则为人臣亦不知矣。若弗智(知),是即不胜任、不(也),智而弗敢论,是即不廉(也),此皆大罪(也)"①。因此必须严格执法,违反法律者,追究县令、丞的责任。由此看来,政治理想和社会现实之间矛盾升级,无法调和。

首先,新统一的国家政局极不稳定,六国从上层到百姓对秦都有根深蒂固的成见,尤其六国政治家、思想家一直把秦视为虎狼之国,诈而无信,杂戎狄之俗。《公羊传》说:"秦者,夷也,匿嫡之名也。其名何?嫡得之也。"②秦孝公时仍被以"夷狄遇之""不与中国诸侯之会盟"。六国合纵时,策士们都对秦

---

① 臧知非、宋仁桃:《秦始皇〈会稽刻石〉与吴地社会新论——林剑鸣先生秦始皇会稽刻石辨析》,《秦文化论丛》第十一辑,西安:三秦出版社,2004年,第210页。
② [清]阮元:《十三经注疏》,北京:中华书局,1980年,第2318页。

以"虎狼"相称。这种鄙夷态度一直到汉代都未曾改变,司马迁、贾谊及《淮南子》等皆是如此。其实这只不过是六国对商鞅变法后秦国军事强大的恐惧和政治、文化上的歧视。正是由于这种狭隘的文化歧视与诋毁,不去了解、认同秦文化,束缚了自己,使国家走向灭亡。但国破家亡后的六国旧贵族在秦统一后绝不会改善对秦人及其文化的看法,反而会因灭国之恨变本加厉地抵触秦的政治与文化。

其次,六国故民希望继续保留其自由的生活方式,包括"乡俗私好",不希望自己的传统习俗被强制抛弃。那些以讲学为业者希望继续思想自由,工商业者希望贸易天下,游侠也不愿意蛰居故里,他们顽固地抵抗着。他们与六国宗室和豪强大姓的抵触情绪与复辟野心碰撞在一起,激起了反秦的浪潮。这种负面影响力巨大,也预示着秦始皇的整风运动面临着巨大的阻力,艰巨而漫长,要靠数代知识精英的艰苦改造才能逐步获得六国的认同。

再次,如臧知非所言,六国百姓对那些秦国故民早已熟悉并自觉服从的法律条文的了解不仅需要一个过程,而且更要有一个改变的过程,尤其是那些完全不同于六国传统生活习俗的、细如蛛网般笼罩在日常生活方方面面的律令条文。"因为文化传统差异,六国百姓视其'故俗'为天经地义,是祖宗之法,对秦法的规定不单纯是个熟悉不熟悉的问题,更重要的是接受与否的问题。如郑卫地区、齐国故地、吴越之地'故俗'之一男女之防较为宽缓,两情相悦即可往来甚至同居,并不视婚外性行为为洪水猛兽;士人之间坐而论道、切磋学术是天经地义;侠士的仗剑行走、商人的周流天下均是其谋生的传统。但秦律禁止这一切,而且轻罪重罚。"①在秦统治南郡的半个世纪后,旧俗仍大行其道,整风运动收效不大,人们依然按故俗生活,对秦的法律制度置若罔闻。可见,传统的惯性和狭隘偏见的顽固与可怕,也反映了秦始皇政策的偏失和客观历史条件的限制。没有或无法充分发挥知识精英的作用,他们的歧视与抵触,及其对普通民

---

① 臧知非:《秦风俗的认同与冲突——秦始皇"匡饬异俗"探论》,《秦文化论丛》第十辑,西安:三秦出版社,2003年,第16页。

众精神的控制与影响是巨大的。文化民风的革新,需要先取得地方精英的支持,才能渗透到普通大众中。尽管秦曾把六国宗室、地方大姓,包括大手工业者、商人调离原籍,以消除他们对各地民众的影响,但世代相传的习俗是不可能因此改变的,他们的遭遇反而引起故民的同情,从而推动了各种反秦力量的联合,增添了反秦力量。

四、结　语

司马迁云:"孝公用商鞅之法,移风易俗,民以殷盛,国以富强,百姓乐用,诸侯亲服,获楚、魏之师,举地千里,至今治疆。"①移风易俗塑造了"民之见战也,如饿狼之见肉"的好战精神。秦统一后,秦始皇仍把它作为政权建设的重要内容。大力宣扬整齐人伦、统一风俗,态度不可谓不积极,制度不可谓不严格,但效果远比不上商鞅变法,因为相对于制度的统一,风俗的统一需要一个较长的渐变过程。"制度统一可以借助政治军事手段强制推进,在短期内实现天下一致;而风俗的统一进程要缓慢得多。……会稽刻石立于秦皇三十七年,是传世秦始皇刻石中时间最晚的一块,距离统一六国已经十一个年头,风俗的统一到了这时才真正地显现出来,而予以大力宣扬。"②

可见,风俗习惯是具有较强历史惯性的行为方式,它以生存环境、生产方式、文化传统为基础,充满了矛盾和反复,其改变非一朝一夕就能见效,即使用行政手段、法律强制予以改变,也要有一个比较长的过程。云梦秦简《语书》就说明了这一过程的艰巨性。但秦始皇整肃风俗还是有一定成效的,如秦始皇二十九年(前218年)刻石"黔首改化",秦始皇三十二年(前215年)刻石说"男乐其畴,女修其业,事各有序",秦始皇三十七年前(210年)刻石说"匡饬异俗"

---

① [汉]司马迁:《史记》,北京:中华书局,1959年,254页。
② 臧知非、宋仁桃:《秦始皇〈会稽刻石〉与吴地社会新论——林剑鸣先生秦始皇会稽刻石辨析》,《秦文化论丛》第十一辑,西安:三秦出版社,2004年,第209—210页。

"大治濯俗,天下承风,蒙被休经。皆遵度轨,和安敦勉,莫不顺令"。在限制、禁止男女交往和道德教化方面的功绩,反映了秦朝政治宣传的新气象,尽管与社会现实之间有差距,但也体现出秦王朝上层对移风易俗理解的进步。从长时期历史流变来看,秦始皇的风俗改革对后世也产生一定影响,"秦代因区域风俗的不同所导致的心理隔阂和歧视已不存在了,所剩下的只是民俗意义上的差别了"①。秦始皇整风运动没有收到预期效果原因是多方面的。

首先,列国争霸时期,百家争鸣,士人阶层各为其主。如韦伯所言,他们"在其文献中创造出'官职'的概念,尤其是'职责'与'公共福利'的伦理精神"②。法家商鞅就是其中的杰出代表。从春秋到战国,这些统治精英把一个西垂小国锻造成统一中国的大本营,但秦始皇禁锢思想,禁止学者四处游学,从前百家争鸣的思想自由不复存在,适合知识精英自由发展的社会环境不存在了,学者成了秦始皇的对立面和打击的对象,逐客令和焚书坑儒就是极端的例子。"它是秦统治者赤裸裸使用权力与暴力强行统一思想统一文化。在其背后,隐藏着的深刻原因在于秦文化与各种被征服文化的矛盾冲突。这一做法,虽可收一时之效,但不能治本。"③此时虽出现了韩非子,但昙花一现,像商鞅那样具有"公利意识"的精英阶层退化为御用工具。一旦天下归一,推进移风易俗合理化的世俗动力(诸侯争霸天下)随即消失,出仕为官的功利性目的变得简单而直接,士人靠政治谋生,原来的自由精神被适应和维护统治的现实传统主义替代。韦伯认为,封建战国时期的士人阶层积极推进政治理性主义,但是当帝国统一之后,诸侯们竞相争取士人的机会不复存在,原有的那种自由竞争的生存土壤和精神活动便停止了。士人及其门徒成了一个相互竞争、追逐俸禄的官僚阶层,他们凭借自己的知识和能力,力图获取更有利的政治权力和经济资源,并据此形成官职等级网,其中人文教育、礼仪和文书形式构成准则的正确性与资格的

---

① 臧知非:《秦风俗的认同与冲突——秦始皇"匡饬异俗"探论》,《秦文化论丛》第十辑,西安:三秦出版社,2003年,第29页。
② 冯钢:《马克斯·韦伯——文明与精神》,杭州:杭州大学出版社,1999年,第132页。
③ 黄留珠:《秦文化概说》,《秦文化论丛选辑》,西安:三秦出版社,2004年,第52页。

证明①。知识精英中介作用的缺失是秦统一后移风易俗不彻底或半途而废的原因之一。

其次,尽管两次改革运动的目标相同:统一思想意识,变消极为积极,变被动为主动,整合、调动全社会力量。但时代变了,移风易俗的内容、对象、主体和结果则各不相同。商鞅变法是法家思想家、部分秦贵族和君王发起的自上而下的改革,并得到了民众自下而上的支持。新风尚和新道德对他们有着特别的吸引力,因为对他们来说,勇敢无畏、誓死杀敌、建立军功可以使他们在当时竞争日益激烈的环境下取得成功。秦统一后,各国瓦解,旧理想和生活环境不存在,面对秦人的统治,各国人民惶然不已,旧生活习惯的坚守与新政府要求之间的矛盾与冲突,出现非理性的经济行为和心态,产生非常态的心理与行为。传统主义的文化与大一统帝国的新蓝图格格不入,它们的泛滥给秦的发展蒙上了一层厚厚的阴影。尽管秦始皇采纳李斯的《谏逐客书》"跨海内而制诸侯之术",改造风俗,措施完善,力度很大,惩罚比商鞅变法时期有过之而无不及,但秦始皇未能及时调整策略,设计出对付更加复杂形势的文化改造蓝图;没有充分意识到并培植发挥知识精英的作用,效果也就大不相同。这反证了意识形态的巨大作用,使我们想起近代早期英国经历的被当时人称为移风易俗的改造传统文化的大运动,其正是知识精英的公共意识与责任使他们数次担负起历史使命,参与到改造与资本主义格格不入的旧习俗的社会运动中,也让我们更理性地反思秦始皇风俗改造的影响与得失。埃德加·埃德加尔(EdgarKiser)和蔡雍(Yong Cai)充分肯定秦发展道路的独特性,与近代早期英国有可比性:成功地官僚化,相互竞争的体制,不利的边缘位置,新教的"纪律革命"和法家依法易俗原因机制的相似性等②。这些启发我们进一步从文化的角度进行比较研究。

---

① 冯钢:《马克斯·韦伯——文明与精神》,杭州:杭州大学出版社,1999年,第209—210页。
② Edgar Kiser, Yong Cai, *War and Bureaucratization in Qin China: Exploring an Anomalous Case*, American Sociological Review, 2004, 68(4):511-539.

最后,严厉的制裁适得其反,没有培植地方势力,统治上层的意识形态与大众心态的脱节,自上而下的改革阻力重重。由于无法实现基层官僚化,在县以下,乡、亭和里不列入政府官员之列,底层很快摆脱中央控制,落入地方豪绅手中。秦疆域辽阔,中央政府没有在意识形态上完全统治疆域内的所有地区,特别是远离都城的新扩张地区。地理条件限制了全面官僚化,且无法实施有效监控,推行改革地区的有限化和表面化等都成为风俗改革失败的原因。

第三节　秦文化的大规模吸收与远距离传播

秦人久居西北边陲之地,在崛起、向东发展、进入关中和建立秦国的过程中,与周边少数民族长期冲突交往,最终凭借军事力量控制了其他部族,并通过不断整合各种优势元素,最终统一中国。其中"吸收与传播"贯穿秦人发展壮大至统一的整个过程。

一、秦的周边民族

当秦人崛起于西陲之地时,在东北辽东半岛和朝鲜半岛上活跃着东胡、濊貊、肃慎和朝鲜等众多部落[①]。而在更北边的蒙古草原一带则分布着诸狄部落,其中匈奴经过长期混战融合发展成一个强大的部族,建立了称雄草原的强大政权,统领着包括今内蒙古、外蒙古大部分的广阔地区,匈奴之名自此频见于史书。与匈奴来往较多的国家主要有秦、赵、燕三国,但秦与匈奴接触的时间明显晚于其他两国。秦在消灭燕赵之后,才与已发展壮大的匈奴接壤,而此时匈奴已经南逾阴山,渡过黄河,侵入今鄂尔多斯一带,成为北方的严重威胁。在广

[①] 黄留珠:《秦文化概说》,《秦文化论丛》第一辑,西安:西北大学出版社,1993年,第71—97页。

大西北地区,主要生活着羌、月氏、氐人等。月氏与匈奴相连并"同俗",长期战和不定。根据《史记·匈奴列传》记载:"匈奴右方五将居西方,直上郡以西,接月氏、氐、羌。"①月氏、氐、羌都是成分复杂、源地与种属争议颇大的游猎民族,月氏尤甚,《逸周书》附《伊尹朝献商书》将之列入"北狄",晋人孔晁注《逸周书·王会解》认为是"西北戎",《魏略·西戎传》称之为"羌"。当秦在关中立国时,月氏也称霸于敦煌和祁连之间,曾"控弦十余万,故强,轻匈奴"②,并与匈奴相抗衡。至秦末汉初,月氏被匈奴击败后,分化为大、小月氏两支,其中大月氏远走中亚,占领大夏(巴卡特立亚),与塞人逐渐融合,小月氏则在河湟地区分别融于诸羌和汉族之中。塞人于公元前7世纪左右从伊塞克湖和巴尔喀什湖之间广大草原进入天山南北,后在今伊犁等地立国,中国史书中称"塞人",波斯文献中称"塞迦"(Sakes),古希腊人则称"斯基泰"(Scythians 或译西徐亚、塞西安)。他们属于操中古伊朗语东部方言的雅利安人的一支,活动区域大致在喀什喀尔湖、和田河及克里雅河流域。《穆天子传》中的西王母被认为是塞人部落首领。沈福伟认为"西"字兼有音义,可以译作"斯基泰"(Scythia,Scyth)民③。苏联学者伯恩施坦认为,曾游牧于天山东部的乌孙族为塞人的一支,塞人与乌孙属于一种文化的两个阶段④。根据大约成书于战国时期的《山海经》记载:北方最西端的国家是新疆北部布伦托海附近的无继国,其东端可能到达中国新疆的伊犁河上游,这个无继国可能就是乌孙国,古希腊人称之为伊塞顿人(Issedonians)。关系密切但错综复杂的是"西戎八国",即绵诸、绲戎、翟戎、貔原戎、义渠之戎、大荔之戎、乌氏之戎和朐衍之戎,其中最为强大的是义渠之戎,因此也成为秦的心腹大患。林梅村发现义渠读音和吐火罗人对马的称谓几乎完全相

---

① 赵世超:《秦国用人得失与秦文化》,《秦文化论丛》第一辑,西安:西北大学出版社,1993年,第245—255页。
② [汉]班固:《汉书》卷九六《西域传》上,北京:中华书局1962年,第2869页。[汉]司马迁:《史记》卷一一〇《匈奴列传》,北京:中华书局,1959年,第2890页。
③ 沈福伟:《中西文化交流史》,上海:上海人民出版社,1985年,第15页。
④ 卢连成:《草原丝绸之路——中国与域外的青铜文化的交流》,载上官鸿南、朱士光编《史念海先生八十寿辰学术论文集》,西安:陕西师范大学出版社,1996年,第719页。

同,他认为义渠也许是吐火罗部落的一支①。秦昭襄王三十五年(前272年),"宣太后诈而诱杀义渠戎王于甘泉,遂起兵伤残义渠。于是秦有陇西、北地、上郡,筑长城以拒胡"②。秦国势力自此深入到河套地区,始与匈奴直接接壤,秦人正是通过周边少数民族与外部世界发生联系,进行经济、军事、文化等方面的多向交流。

(一)北方草原皮毛之路或丝绸之路

这条通道大致起自黑海伏尔加河流域,经中亚北部,直通南西伯利亚,东西横贯欧亚大陆,东至漠北的鄂尔浑流域,穿过匈奴控制的大片地区,向南直达秦国首都咸阳。日本学者白鸟库吉认为,这条路沿途多有皮毛交易,故称为"皮毛之路"③。其实皮毛之路也有丝绸和其他物品,如巴泽雷克古墓葬出土的公元前5世纪的中国丝绸和秦式镜,说明春秋战国时期该地已流行其他地区的丝织物,也证明这条通道是秦人与北方游牧民族进行绢马贸易的主干道。由于匈奴的强大,不管是皮毛、丝绸或是其他物品大多都以匈奴人为媒介,与丝绸及其他物品交换的皮毛大多来自北方、西北及东北游牧部落。《禹贡》载:"岛夷皮服"④"岛夷,北夷国。东方之民,博食鸟兽者也。"⑤就是指东北方向的游猎部族,即上文中的东夷者也。东夷曾对秦人的生活产生了重要影响,东夷与中原的皮毛贸易及文化接触与交流,皆由匈奴人传递。《史记·匈奴列传》载匈奴"疆最大,尽服从北夷,而南与中国为敌国"⑥。史书记载了很多关于匈奴屡次侵犯秦境的事迹,甚至曾一度占领秦的北地、上郡等地。

正是由于匈奴控制皮毛之路,秦国也因此成为中国北部地区较早接受皮毛制品的国家之一。《史记·孟尝君列传》记载:秦昭王"狐白裘,直千金"⑦。直到

---

① 林梅村:《开拓丝绸之路的先驱——吐火罗人》,《文物》1989年第1期。
② [汉]司马迁:《史记》卷五《秦本纪》,北京:中华书局,1959年,第173页。
③ 苏北海:《汉唐时期我国北方的草原丝绸之路》,载《草原丝绸之路与中亚文明》,乌鲁木齐:新疆美术摄影出版社,1994年,第31页。
④ [汉]司马迁:《史记》卷二《夏本纪》,北京:中华书局,1959年,第52页。
⑤ [汉]司马迁:《史记》卷二《夏本纪》,北京:中华书局,1959年,第54页。
⑥ [汉]司马迁:《史记》卷一一〇《匈奴传》,北京:中华书局,1959年,第2919页。
⑦ [汉]司马迁:《史记》卷七五《孟尝君列传》,北京:中华书局,1959年,第2351页。

司马迁时期,东夷的皮毛制品在中原地区仍然是十分畅销的重要商品。《史记·货殖列传》记述秦汉基本经济区划时也说,"龙门、碣石北多马、牛、羊、旃、裘、筋角"①。匈奴将北方、东北草原民族的皮毛制品运到秦地的同时,又通过秦将其他地区的丝绸、铜镜等远销中亚地区,这样匈奴就充当了东西方贸易和文化往来的媒介。尽管秦人与塔里木盆地居民也有往来,但丝绸和其他中原物产的西去,不论是通过河西走廊,还是北方草原,都得先通过匈奴与秦接触地带,才能到达塔里木盆地及中亚河中地区。即使到了汉代,河南四郡与西域都护建立之后,汉王朝仍然每年向匈奴输入大量丝绸等物品,匈奴贵族仍然从丝绸转运贸易中获取丰厚利润,此时他们"向西贩运丝绸的道路……即由此草原道直趋天山山间通道,经伊塞克湖一带而中亚河中地区"②。

由此可见,秦人通过匈奴与费尔干纳和伊朗高原的帕提亚保持着间接的丝绸贸易。帕尔米拉、幼发拉底河中游等地考古发现的公元前四五世纪的汉锦,应该就是通过匈奴传至西方的。可以这么说,在当时的历史背景下,匈奴与秦及西亚的贸易范围相当广泛,对中西方文化交流影响颇大。很多学者认为,正是因为秦始皇北逐匈奴,秦人的名声才开始为外界所知。如清代学者薛福成在《出使日记》中说:"欧洲各国,其称中国之名,英曰采依那,法曰细那,德曰赫依那,拉丁之名则曰西奈。问其何义,则皆秦之译音……揆其由来,当由始皇逐匈奴,威震殊俗,匈奴之流徙极远者,往往至今欧洲北土,……彼等称中国为秦,欧洲诸国亦相沿之而不改也。"③其实不然,因为秦逐匈奴发生在秦始皇时期,而匈奴与秦人的贸易则是在更早时候,属于早期中原与外部世界交流网络的一部分,可以说秦始皇打击匈奴进一步加深了秦人在世界各地的影响。

(二)与西域交通的绿洲之路或称玉道

根据《穆天子传》和《山海经》记载,早在商周时期,中原地区就已经与西域

---

① [汉]司马迁:《史记》卷一二九《货殖列传》,北京:中华书局,1959年,第3253页。
② 苏北海:《汉唐时期我国北方的草原丝绸之路》,载《草原丝绸之路与中亚文明》,乌鲁木齐:新疆美术摄影出版社,1994年,第22页。
③ 薛福成:《出使日记》,台北:台湾华文书局,1892年。

有经济文化往来，如陕西关中地区向西经河西走廊到达中亚西亚似乎也存在一条通道，即所谓的"绿洲之路"或"玉帛之路"。这条通道说明，公元前5世纪前后，以斯基泰人为主的西方商道和由月氏控制的东方商道曾在额尔齐斯河上游地区汇合。据西方文献记载：公元前7世纪斯基泰人已经控制了伊塞克湖和巴尔喀什湖之间及天山以北的广大地区，并创造了广布欧亚草原的"库尔干"（Kurgan，"古坟"之意）文化。该文化分布范围从黑海地区一直延伸到北高加索，直至西伯利亚的叶尼塞河流域。特征为：饲养马匹，较早使用战车，墓葬为竖穴式。斯基泰人共分为三支：尖帽斯基泰人，分布于中亚两河流域；牧地斯基泰人，与印度、伊朗相邻；近海斯基泰人，分布在里海或庞特海岸。1980年陕西扶风西周宫殿遗址出土的两件蚌雕胡人头像帽子似为尖顶，被认为是尖帽斯基泰人[①]，但林梅村认为是月氏人[②]。因为月氏人一方面将昆仑山玉石贩运到中原，另一方面又将中原的丝绸等物品通过斯泰人转运到西方，故中国文献称"玉起于禺氏"，而古代西方称月氏为"绢的民族"。古罗马地理学家和历史学家斯特拉波《地理书》引阿波劳斯德的论述：公元前2000年前后，大夏（巴卡特立亚）将其疆域扩张到赛里斯和佛利尼，塞里斯人指将丝绸贩运至西方的月氏及中国西部的早期居民，而佛利尼则被认为是匈奴人。可见，月氏是阿尔泰地区和黄河流域居民贸易的中介，扶风出土的蚌雕月氏人或塞人头像，以及西周墓葬中出土的大量玉制品便是很好的例证。公元前3世纪初，有一封写给赵惠文王的信中说：假如秦国出兵切断山西北部恒山一带的交通线，昆仑山的玉石便无法再运输到赵国[③]。果然，秦灭赵后便控制了这条交通线。除玉以外，关中地区发现的玻璃制品也是月氏人贸易的物品。《禹贡》雍州下云："织皮昆仑，析支、渠搜、西戎即叙。"颜师古曰"西方远戎并次叙也"，《地形训》明白无误地指出关中琳琅干之贡品乃是西域物产。《尔雅》《管子》《淮南子》《拾遗记》均有琳

[①] 尹盛平：《西周蚌雕人头种族探索》，《文物》1986年第1期。
[②] 林梅村：《开拓丝绸之路的先驱——吐火罗人》，《文物》1989年第1期。
[③] 林梅村：《西域文明：考古、民族、语言和宗教新论》，北京：东方出版社，1996年，第8页。

琅玕产于昆仑的记载。《晋书·食货志》载"秦,旎羽,迥带琅玕"①,也是说关中琳琅玕来源于西域。月氏与内地的关系进一步加强,据《左传》记载:公元前638年,秦穆公曾与晋惠文公将河西走廊一带混居的月氏、羌族人——月氏允姓戎和羌族陆浑戎迁到今洛阳附近。月氏与秦人之间本来隔着西戎八国,公元前7世纪后半期,秦穆公得由余,攻伐西戎,西戎八国先后服于秦,成为秦的属国,并受到秦地文化的影响,故秦称其为"秦戎",到汉时改戎为胡,称"秦胡"。到公元前623年,秦穆公统治了西至阿尔泰地区的大片领土,就目前所得的考古资料来看,输往中亚和欧洲的丝织品最早正是从这个时候才开始的,而戎、狄、月氏向西游牧,辗转将秦的文化带到了西方,故西方人最早所知道的中国就是以"秦"为代表。公元前四五世纪,古波斯文献中出现的"塞尼",古希伯莱人《旧约·以赛亚书》的"希尼"皆"秦"的译音②。总之,公元前3世纪以前,中原与中亚及欧洲之间的经济文化交流就是通过秦人和以月氏为主的游牧民族建立起来的。

(三)西南蜀布之路

战国时期,一条由川滇通过缅甸、印度、越南等地的交通线已初步开通,史称西南丝绸之路或南方丝绸之路、滇缅道、蜀布之路等。而民间在很早以前就已通过滇西缅甸的伊洛瓦底江上游与阿萨密、恒河、印度河、喀布尔河流域的各民族进行贸易。张骞通西域时在大夏(今阿富汗北部)曾见到过四川特产邛竹和蜀布等物品,"问之,乃贾人市之身毒(印度)"。可见,巴蜀与印度古来自有商路。考古工作者在四川多次发现战国时期的玻璃珠,如巴县冬笋坝的战国玻璃珠和重庆南岸区的西汉玻璃珠,均有人工蚀花,这种蚀花工艺乃是古印度人的特技,由此推知起码在战国时期,地中海沿岸的玻璃已通过印度输入巴蜀地区,而印度人至少在公元前3世纪就已进入了澜沧江流域。秦与印度的交流是

---

① [唐]房玄龄:《晋书》,北京:中华书局,1974年,第779页。
② 沈福伟:《中西文化交流史》,上海:上海人民出版社,1985年,第28—29页。岑仲勉:《外语称中国的两个名词》,载《中外史地考证》,北京:中华书局,1962年,第282页。

通过在巴蜀地区移植秦文化来进行的。公元前316年,秦惠文王灭巴蜀后,秦文化大量倾入巴蜀,并与当地文化渐渐融合,成为主流文化。秦曾多次移民到巴蜀,"周赧王元年(秦惠文王更元十一年,前314年)……(秦)置巴郡。以张若为蜀国守。戎伯尚强,乃移秦民万家实之"①。按每户5人计算,秦此次迁往蜀地的移民就有5万人,占秦国人口总数的3.33%。在秦始皇统一中国的过程中,还不断将内地富豪、罪犯和平民迁入巴蜀。《史记·秦始皇本纪》载:秦始皇九年,在平定长信侯嫪毐之乱后,迁其舍人4000余家至蜀,把他们安置在彦陵一带。按上述比例算,此次移民也达2万人。从此秦人成为蜀地的主要人口之一,秦风秦俗成为这一带的主流文化。"蜀地娶嫁设太牢之厨善,妇女有百两之(徙)〔从〕车,送葬必高坟瓦椁,祭奠而羊豕夕(牺)牲,赠祥兼加,贝冒赇过礼"风俗,皆"染秦化故也"②。同样,蜀地文化也对秦人或多或少产生过影响,叶小燕认为茧形壶、鍪等器物并非秦人原有的传统文化,而是受巴蜀特别是蜀文化的影响③。正是由于秦人迁入巴蜀,秦政府大兴当地手工业、商业,才使秦文化成为主流,并以此为据点与印度等异域国家进行交流。

二、秦文化对外来纹饰的吸收

纹饰是以抽象的图形及姿势(由身体各部位构成)来表达思想、事实和观念的重要形式,它具有较强的时代感,是人类精神实体的最佳表达方式。秦国器物在以前不管是铜器还是瓦当,花纹都显得凝重而古板,具有殷周的风格。至战国时则有了显著的变化,尤其至战国末,秦国的美术作品则以姿态生动、形象逼真为特点。这与秦国封建制的发展以及广泛地吸收各地艺术风格和艺

---

① [汉]司马迁:《史记》卷七一《樗里子甘茂列传》,北京:中华书局,1959年,第2307页。
② 彭文、米黔林:《秦代人口迁移及秦文化与周边文化的交流》,《秦文化论丛》第二辑,西安:西北大学出版社1993年,第92—102页。
③ 叶小燕:《中原地区战国墓初探》,《考古》1985年第2期。

术人才有密切关系①。

与春秋战国时期羌人或匈奴人的作品相比,秦国器物从细微的表现手法到整体的构图都与之有着相似的特征,使人不能不考虑二者之间的关系。匈奴纹饰与分布在广阔的欧亚草原上的斯基泰人、萨迦人之间流行的"动物纹样"有许多共同之处,这种以动物为母题的装饰艺术对秦影响很大。例如秦瓦当的动物纹皆为单耳双腿的侧面形体轮廓。尤其是秦奔虎逐雁纹瓦当、猎人斗虎瓦当的绘画风格、装饰布局,以及人形特征都与黑山、阴山一带匈奴人的岩画很相似。值得注意的是虎纹颈部的V形纹饰,是北方和西北部许多游牧民族固有的艺术表现手法,属于匈奴文化特征。这种纹饰发源于黑海沿岸的斯基泰,由西向东顺次流传,故又称"斯基泰—西伯利亚文化"。有人认为公元前7世纪,斯基泰人曾远征西亚,在那里受到西亚动物装饰风格的影响,后来便在此基础上,进一步发展和形成了自己的风格②。还有人认为斯基泰人原来居住在北土耳其斯坦,因受邻族侵扰而向南俄罗斯草原迁移。公元前7—前5世纪,斯基泰人在南俄罗斯东部距顿河不远处建立了斯基泰帝国。后因东部游牧民族的逼迫,再折向西流徙,最后在黑海沿岸定居下来③。斯基泰艺术风格不但影响到秦人,而且还深入到中原,向南直至巴蜀一带,在装饰手法上对中国的传统动物纹饰影响很大,如吐舌头的怪兽纹饰。

(一)鹿纹

鹿是古代各民族普遍喜爱的动物。在中国人的观念中,鹿是祥泰的象征,尤其是鹿鸣更被认为是瑞兆而备加赞颂。《诗经·小雅·鹿鸣》云:"呦呦鹿鸣,食野之苹。我有嘉宾,鼓瑟吹笙。"蒙古先祖和塞人均把鹿尊为图腾,认为它在祭天(太阳)、祭祖、敬诸神的祭祀仪式中具有一定的作用。苏联学者阿巴耶夫

---

① 林剑鸣:《秦史稿》,上海:上海人民出版社,1981年,第299—300页。
② [日]林俊雄著,张志尧译:《欧亚草原古代墓葬文化》,《草原丝绸之路与中亚文明》,乌鲁木齐:新疆美术摄影出版社,1994年,第197—198页。
③ [美]W.M.麦高文著,章巽译:《中亚古国史》,中华书局,1958年,第17—18页。

认为萨迦的波斯原义就是鹿。正因为鹿被赋予了这样的意义,所以它与诸神密不可分。鹿是赫梯人信仰的诸神中最重要的一位,赫梯的男守护神便是以鹿为坐骑;希腊神话中的月神塞勒涅的坐骑也是一头公鹿;斯拉夫人常在民间故事或民歌中赞美长着金角的鹿,并将它尊为太阳神;印度早期佛典中也有关于金鹿的故事。在不同地区的同一时期或者不同时期流行相同的鹿图腾,要说它们并无关联,显然不大可能。那么鹿崇拜起源于何处?很多学者如波拉达认为鹿图腾最早起于赫梯,其他民族和地区的类鹿神话是受赫梯文化的影响,如叙利亚长着人的胸部和手的立鹿就是赫梯文化影响的结果,而斯基泰人有关鹿的艺术品也是受该文化的影响[①]。这种影响一直波及到北高加索的晚期科班文化。秦瓦上的鹿纹颈部特别长,角呈树枝状,一上一下,通常头部扭向后面,四蹄呈奔跑状,与科班文化中的鹿纹风格颇似。

(二)鸟纹

秦镜上的鸟纹与萨迈拉的卐字形纹饰。秦镜上常见的鸟纹是由代表太阳之精的三足鸟演化而来。三足鸟的传说很早就见于中国古籍,《论衡·说日篇》《淮南子·精神训》和王逸注《楚辞·天问》都把三足鸟与太阳联系在一起。秦镜中的长尾鸟仅现一足,可能是三足鸟传说的演变。鸟的颈部细长而曲折,伸向镜之边缘,四鸟以钮部为中心,按顺时针对称排列。有人认为四只鸟钮部的这种排列,恰恰构成了卐字形的四臂。这种布局形式与美索不达米亚史前碗上的卐字形纹饰的基本母题类似,似乎反映了二者之间的早期文化交流。公元前4000年,阿尔乌贝德人已经定居在底格里斯河和幼发拉底河流域,他们创造了风格独特的陶器,典型代表是出土于底格里斯河东岸古萨迈拉城址(今伊拉克中部)的一只史前鸟纹碗,鸟是以顺时针方向排列的,整个构图呈现出美索不达米亚史前艺术的典型风格。鸟纹碗中的四只长尾、长颈鸟呈十字形相向而立,尖喙均衔一条鱼,其对称排列及略呈弧形的长尾构成了一个大字形,中心

[①] 芮传明、佘太山:《中西纹饰比较》,上海:上海古籍出版社,1994年,第304—310页。

则饰左折形。这只碗与秦镜的结构十分相似,就连细节也惊人的类似。如萨迈拉碗纹饰四鸟之间用双鱼衬托,而秦镜上用作四臂的四鸟之间则填以菱形装饰。它们之间似乎有着某种文化交流的痕迹,但这种跨地区、超越时间的纹饰迁移或纹饰影响是何时开始的,由谁来进行的,则有待于进一步探讨。另外,与萨迈拉碗构图母题类似的还有秦时期的双凤朝阳瓦当,两鸟之间的涡纹显然也体现了与太阳的关系[①]。

(三)莲纹

莲花作为一种纹饰,遍见于各个地区,而且它们所表达的信仰和纹饰母题也多有雷同之处,因此有的学者便认为各地间曾经存在过莲花纹饰的传播过程。达尔维拉相当肯定地描绘了莲花纹饰从埃及向东传播至腓尼基、亚述、波斯、印度、中国、日本等地的过程。他认为莲花从埃及进入腓尼基的石刻之中,并在公元前8世纪进入亚述的石刻中,此后再传至波斯[②]。在古代印度、埃及和美索不达米亚平原,莲花被认为是具有宗教含义的象征符号。由于莲花生长在水中,花瓣在清晨随着太阳的升起而绽放,傍晚则随着日落而收拢,如此循环,日复一日,年复一年。于是,莲花便被认为与水和太阳息息相关,莲花与太阳或太阳神结合在一起的纹饰普遍见于古代世界各地。如腓尼基手持莲花的女神、古代埃及的太阳神霍鲁斯、印度的太阳神毗湿奴,以及波斯的太阳神密特拉都是或站或坐在莲花之上。在印度神话中,创造了人、神及世界万物的创造神梵天就诞生于一枝金色莲花之上。虽然不能肯定秦人器物上的莲纹与埃及、印度有着某种借鉴的可能,但并不能排除有间接影响的可能。

(四)龙纹

《淮南子·要略》载:"操舍开塞,各有龙忌。"高诱注:"中国以鬼神之事曰忌,北胡、南越皆谓'请龙'。""请龙"是各少数民族神圣的宗教活动。《史记索

[①] 芮传明、余太山:《中西纹饰比较》,上海:上海古籍出版社,1994年,第61—66页。
[②] Count Goblet D'Alviella. *Symbols*: *Their Migration and Universality*. London: Constable and Co., 1894: 8-10.

隐》引崔浩注:"西方胡皆事龙神,故名大会处为龙城。"月氏、匈奴皆以此俗为重。月氏人被称为"龙部落"的传说屡见于文献,其中小月氏被称作"龙家"或"龙族"。中国古代的龙象征着人间帝王,即人君龙种的信仰,至迟是从秦代开始的。《史记集解》引苏林之语释"祖龙"一词道:"祖,始也;龙,人君像。谓始皇也。"可见皇帝称龙,自始皇始也。始皇所处之宫室,以龙为装饰,甚至建筑用砖也饰以龙纹。而在遥远的印度,龙是释迦牟尼的变身和保护神,称"那伽"。像中国古代神话流传的那样,"那伽"起初也是由蛇演变而来,身份神秘,具有无边之威力,最后成了至尊的象征;龙的来历、演变、职能在中国和印度两个古老文明中不谋而合。

三、秦文化对佛教的吸收

秦人与印度因为地缘交往甚早。莫克基认为中印交通始于上古时期,印度商人在支那海岸有成家立业的,他认为10世纪(五代宋初)克什弥尔国诗人克夏猛德拉的《菩提萨瓦达那喀尔帕拉塔》第七十三章记述的那迦人(Nagas 译作"龙种人")就是中国人①。前秦释道安、东晋朱士行等认为,咸阳城有印度佛僧,云"秦始皇之时,西域沙门室利房等十八贤者,赍持佛经来咸阳化始皇,始皇弗从,遂囚禁之"。念常《佛祖历代通载》又说:"帝恶其异俗,以付狱。俄有金刚神六人来,碎狱破门而出之。帝惧,稽首谢焉,即厚礼遣之。"张星烺认为,室利房或释利房是印度人名 Sribandhu 的译音,这是印度人在秦代来到咸阳的证据。马非百说秦始皇所铸金人称"金刚神"②。《汉书·五行志下之上》载:"秦始皇二十六年,有大人长五丈,足履六尺,皆狄服,凡十二人,见于临洮""是岁始皇初并六国,反喜以为瑞,销天下兵器,作金人十二以象之。"③匈奴中的祭天金人即

---

① 张星烺:《古代中外交通史料》(一),北京:中华书局1977年,第555页。
② 张星烺:《古代中外交通史料》(一),北京:中华书局,1977年,第556—557页。
③ [汉]班固:《汉书》卷二七,北京:中华书局,1962年,第1441页。

佛像,秦人很容易获取,因为秦之临洮与匈奴及氐羌毗邻。《史记》卷一一〇《匈奴传》、卷一一一《卫将军骠骑列传》,《汉书》卷五五《金日磾传》、卷九四《匈奴传》都有关于"匈奴祭天金人"的记载。上述记载表明佛教已传至匈奴,而秦始皇所铸金人是吸收匈奴和西域佛教圣像,并将其融入中国佛教系统。

四、秦文化的远距离传播

秦人与外部世界的接触是双向的,既有对外来文化元素的吸收,又有对外部的文化传播,有些甚至影响深远。

(一)秦文化向朝鲜、日本的传播

秦人与朝鲜、日本很早就有文化联系,秦始皇统一中国时与朝鲜有过接触。由于连年战乱,燕齐移民及其他地区难民便从海上逃到朝鲜南部,被当地的马韩国政府安置在东部沿海一带居住,因其语言与秦人相似而被称作辰韩。此次移民浪潮一直持续到秦末。

秦与日本的往来较早且较多,最著名的是徐福东渡日本的故事。公元前219年,秦始皇东巡到山东琅琊(今诸城东南)时,齐国人徐福上书始皇帝,要求带领一群人下海求仙。结果求仙未成,徐福害怕治罪,便率众到达今日本本州和歌山,并建立政权,如今,和歌山新宫町东南还有秦徐福墓。"在春天的海里,像徐福的船那样航行"这句成语在日本仍妇孺皆知。日本学者对徐福做过很多研究,如徐福墓、徐福后代等[①]。虽然也有人认为徐福的故事不过是一种将中国和日本联系起来的臆测,但秦代确有中国人东渡日本且秦文化已远播日本的事实。"今熊野附近有地曰秦住,土人相传为徐福居住之旧地。由此七八里有徐福祠,其间古迹参差,相传为其家臣之冢。如斯旧迹,今有相传,且又有秦姓诸氏,则秦人之往来乃必然之事也。"[②]据日本平安初期(814年)朝廷所集诸氏系

---

① 王金林:《从西汉前中日文化交流看徐福东渡的可能性》,《天津社会科学》1988年。
② 戴禾、张英莉:《中国古代生产技术在日本的传播和影响》,《历史研究》1984年第5期。

谱《新撰姓氏录》记载,中国、朝鲜族有三二六氏,其中左京的太秦公宿弥就出自秦始皇三世孙孝武王。又据日本古籍《应神记》《古语拾遗》记载,秦始皇五世孙弓月君(融通王)率 120 个县的民众移居日本"各以万计"。再据日本古籍《雄略纪》和《姓氏录》记载,日本雄略天皇时,曾给秦人等 92 部 18670 人赐姓秦酒公。《钦明纪》载,钦明天皇元年(540 年),日本的秦人户数已达 7035 户,日本有很多叫太秦公宿、秦连、秦忌寸和秦造的家族①。

(二)秦文化向波斯传播

古代波斯人主要居于波斯湾东岸,自称伊朗人,而将其本土地区称为波斯,今波斯人称之为法斯和法斯斯坦。早在公元前四五世纪,秦人就开始与波斯间接交往,中介是分布在俄罗斯南部和伊朗东北部直到中国西部的草原牧民——斯基泰—塞迦民族,这个游牧民族曾对东、西邻近游牧或农耕民族进行过相同的文化渗透,使秦人和波斯人同样成为中亚传统文化的继承者,并且互相影响。秦始皇即位前后,秦与波斯开始直接接触。据唐玄奘《大唐西域记》卷一二《去曷陀国》记载:秦始皇即位前后,即阿育王在位期间,波斯国王曾遣使臣来中国迎娶公主。当迎亲队伍行至今新疆塔什库尔干一带时遭遇兵乱,东西交通阻断,不能继续前行。波斯使臣便将公主安置在一座只能由悬梯攀上的孤峰上,由卫兵们昼夜严守,三个月后,兵乱平息,当迎亲队伍准备启程时,却吃惊地发现公主已有身孕。使臣恐惧万分,害怕惹怒国王。但手下有人说,这可是神意,是从日轮上骑马而至的伟丈夫使公主受孕。于是众人建议在石峰上建宫室,立公主为王,建立了曷陀国。多年后,由公主生下的儿子继承王位,"故其自称汉曰天种,然其王族,貌同中国,首饰方冠,身衣胡服"②。今新疆塔什库尔干城南约 70 公里处山峰上的古城址,俗称"公主堡",被认为是该国宫殿遗址,山下就有一条由红其拉甫山口到达巴基斯坦的通道。这则故事从侧面反映了秦或秦之前的确与波斯有过交往,秦人最早使用波斯长颈琵琶或许就是其中一例。

---

① [日]木宫泰彦著,胡锡年译:《日中文化交流史》,北京:商务印书馆,1980 年,第 40—45 页。
② [唐]玄奘述,辩机撰文,章巽点校:《大唐西域记》,上海:上海人民出版社,1977 年,第 301—302 页。

(三) China 的西传

在西南地区,很早就存在一条蜀布之路,秦对巴蜀地区的治理自然能够利用这条通道与遥远的印度进行贸易来往,尽管我们清楚秦人对印度输出的不仅仅是蜀布。沈福伟认为,当今世界各国称中国为 China,最早应来自印度梵文 China、Chinas,后来进入阿拉伯语系,被称为 CyaSina,再进入拉丁语系,称 Thin、Thinae。公元前 4 世纪,印度史书《国事论》记载:"脂那(Cina)物产,有丝及织皮二种。"Cina 就是"秦"的对音。印度文献中称蜀产之布为秦布即 Cina-patta,称中国为"震旦",即秦的译音[①]。

从线性历史观来看,秦人在建立统一王朝之前主要是大规模吸收外来文化,统一六国及建立大秦帝国之后继续对外传播文化。秦人与戎狄接触甚久,秦文化中自然会有较多的"戎狄"成分,但"戎狄"并非只指中国北部、西北部的游牧民族,而是融合了周围其他草原民族文化成分之后形成的多元文化体系。笔者认为,秦的"戎狄"之俗同样是综合了周边乃至更远地区游牧民族的文化因素,结合自身发展需要不断进行扬弃、改造与吸纳,变成自身文化体系的一部分,赋予了秦文化明显的异域特征。这些外来因素也可以被称为秦人原有的文化传统,在秦人文化形成过程中不断融合后变成必不可缺的滋养元素。秦人在不断吸收外来文化元素的过程中,逐渐被外界所知,影响逐渐波及遥远的地区,虽然不能肯定这种影响到底有多大,但直到今日,秦人所创造的辉煌成就及其重要影响仍让我们引以为傲。

第四节　西安邮电学院秦墓出土铜盉的文化渊源

1997 年西安茅坡邮电学院秦墓(M34)出土 1 件铜盉(图 1-1),高 25.5 厘

[①] 沈福伟:《中西文化交流史》,上海:上海人民出版社,1985 年,第 26—27 页。

米、口径 10.3 厘米、腹径 21.1 厘米。整体为虎骑凤造型,由提梁、盖、盉身、三足组成,提梁为一个身体向上拱起、短尾虎头(龙头)状的怪兽,怪兽前后腿撑直于两肩,下腹后端有三环相套。盖为圆形,盖钮为一蹲坐执环的猴子。流为凤鸟形,鸟首伏卧一小虎。三足为站立的怪兽,人面鸟咀,额上有双角,身侧有两翼,前爪左右各抓一蛇,形象古怪。錾为凤尾状,凸起的宽带纹将器身分为肩、上腹、下腹三区。三区与盖面皆饰镂空蟠螭纹,腹下三足的肩部为向上攀爬的半身老虎(龙)形状。纹饰中还有鱼鳞纹、S 形大鸟纹(罕见,垂冠和卷尾 C 形)、勾连云纹和羽纹①。墓葬的时间大体上为战国晚期,而铜盉的时期被认为是"春秋末至战国早期",且为"伴出的陶器与其他墓所出的陶器没有明显区别,这件铜器应为祖上留传器物,墓主身份应与其他墓主相同"②,即平民阶层,但贫富略有差别。该铜盉无论在数量,还是造型纹饰或制作技术上与同期秦墓出土的器物有明显差别,就数量而言,它仅此一件,因此也是非常规性随葬器物,它的造型和纹饰异常精美,足见制作技术之高,被认为是"该批墓葬出土文物中最珍贵的"③。

笔者认为,邮电学院秦墓提梁铜盉整体为"禽鸟与兽"复合体造型,可称为"鸟兽形提梁铜盉"。类似器物亦

图 1-1 铜盉

---

① 西安市文物保护考古所编著:《西安南郊秦墓》,西安:陕西人民出版社,2004 年,第 326 页。
② 西安市文物保护考古所编著:《西安南郊秦墓》,西安:陕西人民出版社,2004 年,第 371 页。
③ 西安市文物保护考古所编著:《西安南郊秦墓》,西安:陕西人民出版社,2004 年,第 371 页。

见于甘肃、陕西、河南、河北、山西、河北、安徽、湖南、江苏、广西、广东等地春秋战国至汉代墓葬或遗址中，说明这些鸟兽形提梁铜盉在时空分别、文化渊源、设计理念等方面存在某种关联，反映了春秋战国至秦汉时期物质文化有别于两周时期。

一、考古资料所见鸟兽形提梁铜盉的基本特征

各地春秋战国至秦汉墓出土的鸟兽形提梁铜盉主要分为"兽与兽"结合型和"兽与禽鸟"结合型两大类。两类又细分为若干型与式。

（一）"兽与兽"结合型

1. 四足兽形（表1-2）

（1）甘肃省博物馆藏春秋时期翼兽形提梁铜盉。盉体为一四足怪兽。兽首微昂，张嘴为流，翘尾为鋬，深圆的兽体为器腹，粗短四腿的趾爪向前成为盉的四足。提梁呈龙形，盖钮形似一个小翼兽，一个小环将盖子与器身连接起来。器腹两侧各装饰一浮雕状飞龙，龙体遍饰鳞纹。龙呈回首状，两侧五条羽翼向上飞扬，巧妙地构成兽的双翼。

（2）北京故宫博物院藏春秋时期铜盉。整体亦作立鸟形。虎形提梁，四兽足，盖与提梁间有活环相连，鸟首上喙与鼻间以活环相连接，倒水时可以自动张开。两翼饰大凤尾纹。足、流尾均为分铸后再与器身拼合为一体。这些器物都以鸷鸟为原型，器首的造型为鸷首，器身两侧各雕刻有翅膀，后端有鸟尾；器足似老虎的四足，但同时四足有后距，即鸟足的特征。该器物被命名为"翼兽"，甚至有讨论称其与中亚"格里芬"（gryphon，狮鹫）的形象接近。

（3）上海博物馆藏战国早期错金银鸟兽形盉。器作凤头兽身的异兽形，体健硕，两侧有翼，似细长的蛇形，羽毛细长。后部为翘起的鸟尾，下有四只粗壮的兽足。提梁为四足兽，首尾似虎，身似蛇，有细鳞。梁下有三环链系于盖上，盖面饰云纹一周。

（4）广东省博物馆藏兽形提梁盉。兽首流，流顶有龟背形活动盖。蛇形提

表 1-2　四足兽形铜盉

名称	时代与尺寸	收藏地	图片
翼兽形提梁铜盉	春秋时期 高 30.2 厘米	甘肃省博物馆藏	
鸟形铜盉	春秋时期 高 26.3 厘米	北京故宫博物院藏	
错金银鸟兽形盉	战国早期 高 26.6 厘米	上海博物馆藏	
兽形提梁盉	战国早期 高 27 厘米	广东省博物馆藏	

梁,有三环链连着圆盖。高圈口,小方唇。腹部圆突,两侧有羽翼,后有翘起的鸟尾,兽足粗壮,四趾突起。圆盖饰交龙纹,尾部饰如意纹。

2. 三足兽形(表 1-3)

(1)山西省博物馆藏春秋中期兽形弦纹盉。1972 年山西长治分水岭出土。

表 1-3　三足兽形盉

名称	时代与尺寸	收藏地	图片
兽形弦纹盉	春秋中期 通高 23.4 厘米	山西博物院藏	
铜提梁盉	春秋时期 高 31 厘米	河南省文物考古研究所藏	
螭纹提梁三足铜盉	战国时期 高 27 厘米	浙江省博物馆藏	
蟠虺纹提梁盉	春秋时期 通高 27.2 厘米	河南博物院藏	
吴王夫差盉	春秋晚期 高 27.8 厘米	上海博物馆藏	

续表

名称	时代与尺寸	收藏地	图片
龙首虺纹提梁盉	春秋时期 高 26 厘米	湖南省博物馆藏	
蟠螭三足提梁盉	战国时期 高 28.7 厘米	苏州博物馆藏	
蟠虺纹螭提梁铜盉	战国时期 高 29 厘米	北京故宫博物院藏	
夔龙纹提梁盉	春秋时期 高 28.8 厘米	安庆博物馆藏[①]	

---

① 夔龙形提梁,兽首形短曲流,饰蟠螭纹、云雷纹等。鋬部饰以镂空蟠虺纹。腹部遍饰"S"形纹,间隔以三道绳纹。三兽面蹄形足。

续表

名称	时代与尺寸	收藏地	图片
蟠龙纹提梁铜盉	战国时期 通高 17 厘米	凤翔县博物馆藏①	
夔龙纹铜虎钮提梁铜盉	战国时期 高 32 厘米	陕西历史博物馆藏	
蟠螭纹盉	战国时期 高 24.8 厘米	台北故宫博物院藏	

盉腹扁圆,平盖正中设环钮,用链与提梁相连,三个蹄足作龙形,流作兽形,器腹部饰两道凸弦纹,足根饰有兽面。

(2)河南省文物考古研究所藏春秋时期铜提梁盉。提梁为一龙形拱形,梁身为八边形截面,龙头为圆雕状,后仰双角凸出梁身。平顶盖中心饰一周浅浮雕蟠龙纹,外围饰一周阴线方形云雷纹。腹部饰三周细索状凸弦纹,将纹饰区分为四层,上层、底层为变形祥云和蟠虺纹,中间两层为简化小蟠虺纹、三蹄足②。

(3)浙江省博物馆藏螭纹提梁三足铜盉。盉饰凸弦纹、三角形蝉纹、蟠螭纹。盉嘴为立体的螭首,螭首两侧及后顶加塑四组小型圆雕蟠螭。盖顶以菱形几何

---

① 附龙形提梁,两端为龙爪,龙形流,三蹄足。肩腹部有三道纹饰带,间饰夔纹。盖有两圈带状纹,间饰蟠螭纹。
② 秦始皇帝陵博物院编:《南国楚宝 惊彩绝艳:楚文物珍品展》,西安:三秦出版社,2013 年,第 15 页。

图案为底纹,堆塑十一螭、十六兽。提梁背部有透剔的扉棱状背鳍。三足蹄,每足上段饰蟠螭十二条,外侧立塑一小虎。与该器非常相似的是北京故宫博物院藏战国时期蟠虺纹螭提梁铜盉。

(4)河南博物院藏春秋时期蟠虺纹提梁盉。1978年固始县侯古堆出土。龙身布满"S"形纹,背部有对称的双鳍,饰蟠螭纹。

(5)上海博物馆藏春秋晚期吴王夫差盉①。浅平盖顶有环钮,套铸短链,另一端与提梁内侧小系相连。肩上有镂空龙形弧形提梁,上饰卷龙棱脊,流为曲颈龙首,圆底下置兽蹄足,上端饰兽面纹,盖面及腹部饰细密的变形卷龙纹。肩上近口沿之处有"吴王夫差吴金铸女子之器吉"十二字。

(6)湖南博物馆藏春秋时期龙首虺纹提梁铜盉。整体为兽形。肩上有双兽首形提梁,兽有双角,凸目,张口。盖钮饰双兽纹,钮外饰蟠虺纹,腹部饰蟠虺纹。流为兽首状,饰鱼鳞纹,兽首曲颈,凸目张口,与兽首相对的另一侧有龙形扉棱,龙顾首,弓身卷尾,三足上部饰浮雕状兽面。类似造型和纹饰见于河南博物院藏春秋时期蟠虺纹提梁盉。

这种风格的蟠螭三足提梁盉流传至战国时期的例子见于苏州博物馆。该盉1975年12月出土于苏州虎丘"千墩坟"东周墓。提梁为简化版夔龙。錾手为蟠螭交相衔接状。圆腹中部满饰云雷纹,其上下饰三角云雷纹。兽面流,流身饰回纹,三蹄形足。北京故宫博物院藏1933年安徽寿县朱家集出土的铸客盉,体圆鼓腹,兽首形流,三短足,提梁两端各饰一兽首,提梁与盖之间由二铁环相连接。盖面和腹上部装饰细细的羽状纹饰。盖外侧、器口旁边各刻画对称状铭文,各1行7字,大意是:外方冶铸匠人为供王之饮食酒馔的机构做此盉。

(二)"禽鸟与兽"结合型(表1-4)

(1)陕西历史博物馆藏战国时期夔龙纹铜虎钮提梁铜盉。虎形提梁,鸟形流,球腹,圆底,足为兽面人身,上托展翅欲翔的三鹰,肩腹部饰规整的弦纹、蟠螭纹带,表现龙、禽鸟、兽面人身、雄鹰等多种母题及其意义。

---

① 秦始皇帝陵博物院编:《水乡泽国:东周时期吴越两国历史文化展》,西安:西北大学出版社,2016年,第18页。

表 1-4　禽鸟与兽组合型铜盉

名称	时代与尺寸	收藏地	图片
夔龙纹铜虎钮提梁铜盉	战国时期 高 23.2 厘米	陕西历史博物馆藏	
凤首提梁铜盉	战国中期 高 21.9 厘米	河北省文物研究所藏	
嵌金银凤首盉	战国时期 高 23.3 厘米	台北故宫博物院藏	
鸟流盉	战国时期 高 23.8 厘米	上海博物馆藏	

（2）河北省文物研究所藏战国中期凤首提梁铜盉(3件)。提梁两端为龙头形，龙吻连接两肩。提梁上套铜环，与钮盖连接。流为凤首形，凤伸颈仰头，口部微张。腹部弦纹下方自右向左横刻"十一祀"等字，弦纹上方刻"右䈪者"二十字①。

（3）台北故宫博物院藏嵌金银凤首盉。鸟首形流，三人形足，人首上饰展翅

---

① 秦始皇帝陵博物院编：《神秘王国：古中山国历史文化展》，西安：西北大学出版社，2017年，第62页。

鸟形,兽形提梁,盖顶中央一环钮,腹、盖皆饰蟠虺纹,全器云雷纹以金银镶嵌。

(三)禽鸟与禽鸟结合型

主要有陕西历史博物馆藏战国时期蟠虺纹提梁铜盉(图1-2)。盉盖有环形钮,钮内有套环与提梁连接。器腹一侧有一半身蹲姿鸟形流与器腹相通,器盖四周及颈部饰以变形云纹和叶纹,腹部饰蟠螭纹,连接盖链的两大铜环上均饰云雷纹。整体纹饰纤细密集。三足为立鹰形状。

(四)一些变体(表1-5)

不同地区、不同时期的变化主要表现在流部、梁部、足部造型和纹饰母题。信阳市文管会藏春秋时期执把兽头盉为变形蟠螭纹四足,肩部无提梁,与兽首相对的是兽形把手,流部兽头顶部为长方形装饰,盖子有半圆形钮,盉身有三个半圆形把手。浙江省博物馆藏绍兴坡塘狮子山306号墓出土的

图1-2 蟠虺纹提梁铜盉

战国时期青铜盉,拱形提梁基本看不出兽状,唯有兽头状流、椭圆腹部可见造型上的演变。而西汉墓葬出土的铜盉却发生了根本性变化,如甘肃省博物馆藏汉代鸟首流方柄铜盉,其腹部更圆,腹中部有方管状折曲长柄,流为鸟首,冠作开启状,三兽足亦呈半圆状。西安博物馆藏西汉鐎盉,其流为鸟身状,羽毛、翅和兽首状足皆为浮雕状。北京故宫博物院类似造型的铜盉,流作龟首状。

(五)陶瓷仿制品(表1-6)

铜器与陶瓷器之间相互模仿之现象古来有之。春秋战国时期出现了陶瓷器模仿器物。

(1)江西省博物馆藏东周时期云纹兽首提梁黑陶盉。1979年鹰潭贵溪渔塘公社崖墓出土。弓形提梁顶部两端饰锯齿扉棱脊,一端为乳突双角,另一端为S形卷尾。腹上塑兽首为流,梁后腹上有突出卷尾。圆饼形盖上有环形

表 1–5　一些变体例子

名称	时代与尺寸	收藏地	图片
执把兽头盉	春秋时期 高 17.7 厘米	信阳市文物管理委员会藏	
汉代鸟首流方柄铜盉	汉代 通高 16.9 厘米、 柄长 11.3 厘米	甘肃省博物馆藏	
镳盉	汉代	甘肃省博物馆藏	
龟首盉	汉代	北京故宫博物院藏	
铸客盉	战国前期 通高 21.9 厘米	北京故宫博物院藏	
樛大盉	秦代 高 17 厘米	咸阳博物院藏	

续表

名称	时代与尺寸	收藏地	图片
铜盉	战国时期 高 15.3 厘米	咸阳博物院藏	
龙首虺纹提梁盉	春秋 高 23 厘米	湖南省博物馆藏	
镰盉	汉代 高 14.7 厘米、柄长 6.3 厘米	陕西历史博物馆藏	

钮,钮座饰"S"纹,腹与盖面纹区内刻有云雷纹,中腹刻一周变体 S 纹,腹下有兽蹄形三足。

(2)北京故宫博物院藏春秋战国时期原始瓷提梁盉。直口,圆腹,下承以三兽形足,流为兽头状,壶体另一侧饰一卷曲短尾。提梁为弓形,顶部两端饰有锯齿形棱脊,肩、腹部饰以四道连续的水波纹①。

(3)上海博物馆藏战国时期青釉印花龙首提梁壶模仿同期的青铜盉。在壶身外表采取戳印装饰来模仿青铜纹饰。

(4)浙江省博物馆也藏有类似的战国原始瓷提梁壶。与用作实用器兼礼器的青铜盉不同的是,原始瓷提梁盉是专门用作殉葬的明器。

---

① 2016 年 1 月 30 日西汉南越王墓博物馆举办的"美成在久——中国原始青瓷展"(广东省富中古陶研究院主办,广州市普公古陶瓷博物馆承办的)中有一件战国时期原始青瓷提梁盉与之相似度很高,因未见实物,不敢妄加推断。

表 1-6　陶瓷仿制品例子

名称	时代与尺寸	收藏地	图片
云纹兽首提梁黑陶盉	东周时期 通高 19.8 厘米	江西省博物馆藏	
原始瓷提梁盉	战国时期 高 17.7 厘米	北京故宫博物院藏	
青釉印花龙首提梁壶	战国时期 高 17.5 厘米	上海博物馆藏	
原始瓷提梁壶	战国时期 高 17 厘米	浙江省博物馆藏	

二、鸟兽形提梁铜盉文化渊源探析

青铜盉作为一种酒（水）器出现在商朝早期，盛行于商朝晚期至西周时期，春秋晚期至战国时期出现的鸟兽形提梁盉在造型和纹饰上有很大转变。尽管《说文解字》解释为"调味之器"，但作为器名最早见于宋代。南宋董逌认为盉

"煮荐体之器也"①。说明"煮"的功能使其成为商周时期贵族祭祀或宴饮时温或调酒(水)之器,其器型多为圆口,腹部较大,有鋬或提梁便于倾注。

各地考古发现的春秋战国至秦汉时期的鸟兽形提梁铜盉在流、足、提梁、盖等部分出现了非常复杂的变化,并在不断跨时空传播,新造型的青铜盉分布范围较广,包括秦文化、晋文化、楚文化、吴越文化等,作为某种象征符号或载体在不同区域被接受,体现了造型和纹饰风格在不同时期的演变形态。在同一时期也表现出统一风格下制作技术的地域性差异。在文化渊源上表现出异域性与不同文化交融之特征,也反映出春秋战国至秦汉时期文化交流的时代特色。

(一)兽与兽、兽与禽鸟、禽鸟与禽鸟结合的复合型造型

这种类型与欧亚草原流行的广义上的格里芬有可比较之处②。有学者提出春秋中期或晚期突然出现了这种复合体造型或纹饰③,至于其传播动力和传播路线则相对复杂④。

传播动力既有人员的因素,也有军事、政治、宗教、贸易等因素。西周至春秋战国时期,秦人生活在游牧与农耕民族交错的西北地区,长期与戎人、匈奴及月氏等北方草原游牧民族交往,充当着中西方交流的中介⑤。

传播路线大致分为两个方向:一是从新疆通过陆上丝绸之路接受中亚和西亚的影响,二是从内蒙古和东北通过草原丝绸之路接受来自欧亚草原的影响。甘肃省博物馆藏鸟兽形提梁铜盉出自丝绸之路东段北线的必经之地——泾川。这一带在春秋时期处于华夏文明与西北戎狄文化的接合地带,也是秦国

---

① [宋]董逌撰:《广川书跋》,北京:中华书局,1985年,第18页。
② 有翼神兽是古希腊艺术的典型器,通称"格里芬"(Griffin)。传说此神兽可口喷烈焰毒水,相当凶猛。关于这一艺术主题的起源很早,早在公元前3000年,就已经出现于两河流域,并向世界各地广泛传播,是古代世界最有国际性的艺术主题。公元前7世纪,斯基泰人在欧亚草原崛起,西征希腊,南侵波斯,并将希腊艺术传入阿尔泰山。20世纪30年代,俄罗斯阿尔泰共和国巴泽雷克墓地出土了大批有翼神兽毛织物和木雕,年代在公元前6—前3世纪。中国境内出土春秋战国有翼神兽青铜器,当即黄河流域古代居民与阿尔泰山斯基泰人文化交流的产物。有翼神兽青铜提梁盉的发现,将中国与欧洲的文化交流提前到公元前6世纪。郭物:《欧亚草原东部的考古发现与斯基泰的早期历史文化》,《考古》2012年第4期。
③ 沈琍:《中国有翼神兽渊源问题探讨》,《美术研究》2007年第4期。
④ 郭静云、王鸿洋:《从西亚到东亚:翼兽形象之原义及本土化》,《民族艺术》2019年第3期。
⑤ 王辉:《甘肃发现的两周时期"胡人"形象》,《考古与文物》2013年第6期。

腹地,故而有学者认为此提梁盉为融合了多种文化元素的秦人器物。四足怪兽与龙(飞龙或翼龙)、禽鸟构成一种复合型格里芬形象,反映了夏、商、周三代的东西方文化在青铜器造型和纹饰方面的交流与融合。也有学者认为,该盉出土于西王母之圣地——泾川,其历史背景是以西王母为代表的游牧文化虎图腾与中原以周为代表的农耕文化的交流与融合①。但李零认为这件器物是战国早期,应为三晋制作。他认为"春秋战国时期,三晋境内多戎狄,北部(代地)并与草原地区邻近,所出器物或杂草原风格,侯马铸铜遗址出土的陶范是其集中体现"②。而西安南郊邮电学院秦墓出土鸟兽形提梁铜盉则有可能是秦文化与其他地区多元文化交流之产物,反映了作为母题与文化符号在欧亚草原大范围迁移与传播过程中的变形。

(二)秦文化与戎文化、西域文化的关系③

秦人在霸西戎的过程中通过西戎与西方、北部游牧民族交往。在统一以后,秦人由原来通过农耕与游牧之间的"接触地带"与域外交往发展为直接面向游牧地带,乃至西域地区。考古资料中的秦文化外来元素似乎非常复杂,分为广义的欧亚草原系统和狭义的匈奴及斯基泰—西伯利亚系统、西戎及希腊—斯基泰系统、希腊罗马系统等。后者包括阿尔泰至南俄草原广大的斯基泰人地区、黑海沿岸的希腊城邦、波斯及中亚各族。斯基泰人墓葬中有三种标配——"兵器、马具、动物纹饰",这些在秦文化中都能找到线索。马家塬发现的大角羊与哈密、伊吾、伊犁、新源等地伊塞克湖塞人遗物相似,也与俄罗斯米努辛斯克、中西伯利亚有关。西安南郊秦墓出土的西亚玻璃珠饰——"玻璃蜻蜓眼"、凤翔雍城马家庄宗庙遗址出土的春秋晚期金异兽饰(长 3.7 厘米,宽 2.4 厘米,重 25.9 克,陕西省考古研究院藏)和宝鸡陈仓区千河魏家崖出土的战国

---

① 徐丽娟:《春秋翼兽提梁盉历史背景新考》,《丝绸之路》2011 年第 16 期。
② 李零:《论中国的有翼神兽》,《中国学术》2001 年第 1 期,第 68 页。
③ 史党社:《秦关北望——秦与"戎狄"文化的关系研究》,复旦大学 2008 年博士学位论文。赵化成:《试论秦文化与域外文化的交流》,《秦文化论丛》第十二辑,西安:三秦出版社 2005 年,第 30—38 页。王志友:《早期秦文化与域外文化、北方草原文化的交流》,《西安电子科技大学学报》(社会科学版)2013 年第 6 期。雍际春:《近百年来关于秦文化研究的回顾》,《西安财经学院学报》2017 年第 8 期。

时期金虎(长4.5厘米,厚0.5厘米,重30克,宝鸡市陈仓区博物馆藏)等也是秦与广义上的欧亚草原文化接触与交往的产物。

(三)鸟兽形提梁盉的造型

通过兽与兽、兽与禽鸟、禽鸟与禽鸟等不同组合,表达较为复杂而综合的意义。从制作技艺看,多为精良之作,纹饰布局合理,图案华丽,是各地青铜器的代表作。较典型的有两个方面:一是提梁、盉身、足的组合方式,如提梁看似为一单独兽形,实与前兽首、后卷尾构成完整的蟠曲神兽;二是纹饰是这一时期的流行装饰母题——蟠螭纹,其中"蟠"屈曲,"螭"为没有角的龙,其特征为张口,卷尾,或两龙相交,或群龙交缠。一般交龙个体较大,这是有别于蟠虺纹之处。

(四)鸟兽形提梁铜盉存在同一时期原始瓷模仿现象

形成了陶—铜—陶瓷器物模仿圈,但多见于江西、浙江等南方文化区域。从造型与纹饰看,也是选取了最适合原始瓷模仿的元素,如雕塑。

(五)造型上呈现出动态演变的轨迹

如雕塑状兽或凤形流、动物形盖钮、提梁、鋬等部位的兽状或禽鸟造型不断简化乃至消失,至汉代变成极其简化的版本。汉代墓葬中发现的铜盉、陶盉的分布范围很广。

(六)鸟兽形提梁铜盉少见于秦汉之后的墓葬中

也许笔者孤陋寡闻,未发现一些关键性的材料,但意外地发现该造型出现在明清时期,如湖南省博物馆藏明代鸡首提梁盉(通高31.7厘米,口径15.4厘米,造型与陕西历史博物馆藏夔龙纹铜虎钮提梁铜盉相似,但老虎形钮与众不同,鸡首应模仿凤首),北京故宫博物院藏明代错金凤首壶和凤首盉,以及清代错金凤首壶,似为复古之风下的产物,也反映出此类铜盉在文化审美上独特而持久的魅力。

总的来说,西安茅坡邮电学院秦墓出土的鸟兽形提梁铜盉与其他地区同类器物相比较,发现它在时间上应该早于墓葬本身,带有春秋战国时期秦、楚及域外复合型文化风格。毫无疑问,该类器物对于身份不明的墓主人的重要性,也说明其与多个区域文化的潜在关系。至于该件器物是否能承担起连接东西文化的交流还需进一步研究。

第五节　秦镜所反映的外来文化内涵

熊铁基、王桂军、王晖、吴小强、张卫星等学者认为秦人的神权信仰特点是对自然的多神崇拜,自然神指山水、日月、动植物和一些自然现象。阎国文进一步提出,秦人在向东发展过程中,逐渐形成了以白帝为首的多神教崇拜,他们修建了鄜畤、上畤和下畤,"分别祭祀白帝、青帝、黄帝、炎帝,并对牛神、树神、蛇神以及各种山川土地之神施以隆重的祭祀"[①]。秦人的多神崇拜反映在云梦和放马滩出土的秦简《日书》、秦人葬俗及出土器物上,也反映在秦人铜镜的造型、纹饰和渊源上。

一、秦人铜镜

目前,除了已被发现属于秦国王室的秦公大墓和秦国宗室贵族墓地以外,还发现了千余座秦国国人墓地[②],出土了大量金属器、陶器和陶俑等,但铜镜数量相对较少,发现铜镜的墓葬不到一百座。在咸阳、陇县、凤翔、西安、洛

[①] 熊铁基:《秦人早期历史的两个问题》,《社会科学战线》1980 年第 2 期。他认为"秦人祭祀对象繁杂,兼及草木、山川、禽兽,风俗与戎狄同"。王晖在《西周春秋周秦礼制文化比较简论》(《秦俑秦文化研究》,西安:三秦出版社,2000 年)中认为"秦人神权崇拜的特点是自然的、多神崇拜。上帝天神、祖先鬼神和山川鬼神都崇拜。但秦人神权崇拜中所祭祀的鬼神主要不是祖先神,而是山水、动植物等自然鬼神"。吴小强在《论秦人多神崇拜特点——云梦秦简(日书)的宗教学研究》(《文博》1992 年第 4 期)中认为"自然神崇拜在秦人神权体系中占有核心的位置,这是秦人多神崇拜的最显著的特点之一"。张卫星在《试论秦人信仰》(《秦文化论丛》第六辑,西安:西北大学出版社 1998 年)中提出"春秋战国时期,秦人中上层的宗教信仰总体上符合了这一时期宗教发展的大趋势,以天神崇拜和祖先崇拜为核心,辅以社稷、日月、山川等的自然多神崇拜"。类似观点参见阎国文《从秦代建筑工艺看秦文化的基本精神》,《文博》1990 年第 5 期。

[②] 田亚岐、赵士祯:《东周时期关中地区国人秦墓棺椁的演变》,《考古与文物》2003 年第 4 期。

阳等地，秦人墓地中往往有一百座或数百座墓葬，而出土铜镜也不过数枚。如塔尔坡381座墓出土铜镜25枚、陇县店子224座秦墓仅出土了3枚铜镜、西安半坡112座战国秦墓出土铜镜5枚、凤翔高庄46座秦墓只有4枚铜镜，其他数十座墓葬甚至无一枚铜镜出土①。有人认为秦人不重视用镜，铸镜规模不大；还有人认为秦国辖地范围局限于关中地区，铜料来源有限，加上连年战争，秦国只能拥有小规模的青铜制造业，以满足少量需要，不可能投入更多力量充实青铜制造业。翦伯赞则认为，战国中期出现了冶铁业高度发展的盛景，导致铁制品普及，而铜器渐渐居次。"秦墓出土的铜镜都是随葬明器，铜质低劣，形体较小……秦代并无铜官，足见冶铜业在当时的社会生产部门中，并不占重要的地位。"②有人认为秦代历史短暂，难以形成固定风格。其实这是一种误解，秦镜不仅仅指秦代铜镜，而是指秦人铜镜。秦人历史悠久，既与发现我国最早铜镜的甘青地区有联系，又与传说中铜镜的最早发明者和使用者黄帝有渊源关系，故秦人铜镜应该有自身的发展脉络，造型纹饰特点和象征意义。笔者认为秦人葬镜少并不能说明秦人不重视铸镜，可能与风俗习惯有关。

陕西是发现秦镜数量最多的地区，有百余枚，加上地县博物馆收藏和传世品有二百余枚。其他发现秦镜较多的地区主要有洛阳（22枚）、湖南（8枚）、四川（3枚）和广东（7枚）。秦镜在春秋晚期、战国中期、秦至西汉初期墓葬中都有发现。早期秦墓中发现的铜镜较少，随葬品主要是青铜礼器及仿青铜礼器的陶器组合，到了战国中晚期，墓葬随葬品主要以陶礼器、实用器为主，如甗、蒜头壶、铜镜等。原因是"商鞅变法推行的社会大变革使人们把周礼那一套价值观

---

① 陕西文管会、陕西省博物馆编：《陕西出土铜镜》，北京：文物出版社，1959年。刘一曼：《试论战国铜镜的分区》，《考古》1985年第11期。高至喜：《试论秦镜与楚镜的关系》，湖南省博物馆资料，1988年。高至喜《论楚镜》，《文物》1991年第5期。程林泉、韩国河：《长安汉镜》，陕西人民出版社，2002年。马利清：《秦镜的分布、特征与文化交流》，《内蒙古大学学报》（人文社会科学版）2003年第1期。
② 马利清：《出土秦镜与秦人毁镜习俗》，《郑州大学学报》2009年第6期。马利清、宋元茹：《西安尤家庄秦墓出土铜镜的初步研究》，《考古与文物》2010年第2期。

及其符号系统彻底抛弃,表现了重功利、重实用的丧葬观念"①。现存秦镜多出于这一时期,出土位置多在尸骨头部、肘部、腰部、腿部周围,有的用丝绸包裹,放在盒或奁内,取照幽冥之意。秦镜按纹饰可分为素面镜、弦纹镜和花纹镜。素面镜、弦纹镜和卷云纹镜都是秦人自身文化的产物,其他纹饰镜则借鉴了楚镜风格,经秦人改造,融入自身的审美元素,呈现出简单、大方、自由、不对称的特点。卷云纹镜仅见于陕西秦墓,基本上都是秦代铜镜,是秦人统一过程中出现的创新镜式。

(一)秦镜的特点

纵观出土秦镜,以全素镜、弦纹镜居多,占半数以上,是我国铜镜的原始形态,可以总结出以下几个特点:

1. 全素镜

全素镜以圆形较多,偶见方形,镜身薄脆,形体较小,直径多在 7—10 厘米,厚度 0.1—0.2 厘米,质地较粗,边缘未作处理。钮有方形、菱角形、三弦状,无钮座,镜面中间薄,边缘略厚,镜面大于镜背,是铸造过程中制范、浇注、冷却等多种因素综合作用的结果,也是战国以前已出现的一种原始铜镜。素镜在形制上有独特之处,并不是战国镜在花纹上的省略。从时间上看比楚镜要早,应该也是秦人自身文化的产物。由于"形制简单,易于铸造,成本低廉,所以它在战国时代仍然相当普遍地被制作、使用,特别是被用作墓中随葬品,一直到东周或更晚的时代仍流行"②。

2. 弦纹镜

弦纹镜是在秦镜的基础上发展起来的。孔祥星认为,"一周弦纹的镜子出现较早,时代属于春秋晚期。有三周至五周弦纹的铜镜出现在战国中晚期。无论是单圈或多圈弦纹素镜,在战国晚期及西汉初仍然存在,但数量很少。晚期

---

① 王学理主编:《秦物质文化史》,西安:三秦出版社,1994 年,第 249 页。
② 王仲殊:《论战国及其前后的素镜》,《考古》1963 年第 9 期。

弦纹镜形体比早期大,直径一般都在十几厘米以上,流行于秦至西汉初年"[①]。从制作水平上看,早期多制作不精,质地粗糙,反映出一定的原始性。"大约从战国晚期至秦统一,秦人使用铜镜的种类开始多样化,数量也相对有所增加……随着秦的扩张与战争,秦文化与关东文化接触较多,互相融合,形成了传统的秦式素面镜、弦纹镜与楚式花纹镜为代表的两大流派,在此基础上,创造了独特的卷云纹、狩猎纹等新镜式。"[②]秦花纹镜是在弦纹镜的基础上发展起来的,特点是以水波纹、云纹和勾连雷纹为底纹,布局不讲究对称平衡,内外区无明显区分,图案简约,质朴大方。底纹也偶作主纹,如凤翔高庄水波纹底卷云纹镜和塔尔坡卷云纹铜镜。有些花纹是用双线条勾勒的,如凤翔高庄蟠螭纹镜、陕西历史博物馆藏连弧夔龙镜和连弧峰纹镜等,开启了汉代蟠螭纹镜之先河。单独或组合的环纹、羽毛纹、鳞纹、涡纹、三角雷纹也是秦人特有的纹饰,而蟠螭纹、夔龙纹、凤纹则是秦人借鉴楚镜纹饰,加以改造,呈现出了浓厚的秦文化特征,造型与布局都与楚镜有很多不同。

(二)镜钮造型多样

秦人独有的镜钮有扁细钮、双弦钮和四弦钮,其中扁细钮只见于战国中期,应是对本地秦镜的继承,如陕豫地区的商周铜镜和春秋时期铜镜多为方形钮或橄榄形钮,可以看作最早的秦镜。

(三)演变过程

秦镜的演变过程大致有三个阶段。第一个阶段为春秋晚期至战国早期。以全素镜和弦纹镜为主,数量少,体型小,质地粗糙,比较厚重。弦纹镜以一周或二周弦纹居多,钮以方形和半环为主,偶见蟠螭纹镜,是以秦文化为主的阶段。第二阶段为战国中期。基本保持了前期风格,但纹饰有变化,出现了夔纹镜和连弧纹镜,以双弦钮镜、扁细钮镜多见。弦纹由前期的一周或二周发展到三周。质地也变得轻薄较脆,镜面变小,一般为6—8厘米,缘厚不到1厘米。第三阶

[①] 孔祥星、刘一曼:《中国古铜镜》,北京:文物出版社,1984年,第24—26页。
[②] 马利清:《秦镜的分布、特征与文化交流》,《内蒙古大学学报》2003年第1期,第50页。

段是战国晚期至秦末。秦镜发展较快,形制、类型和主题丰富。弦纹镜已不占主导地位,花纹镜增多。到秦代,主要有纹饰镜、素地宽弦纹镜、双细弦纹镜及多圈弦纹镜,并出现以内向连弧作边缘的情况,后成为汉镜的流行纹饰。秦代是秦镜发展的高峰期,改"鉴"为镜,出现了体型巨大的"秦王照胆镜"。故二三十年代的学者对秦镜十分重视,将汉代以前的古镜统称为"秦式镜",这种称呼一直沿用至今。

值得一提的是,素面镜存续时间比较长,即使在战国时期纹饰镜流行的情况下,它仍然存在,一直至西汉中期才基本消失。因此,素面镜多见于陕西、河南一带的战国墓和秦墓,特别是秦人墓葬中。可见,在秦统一之前,秦镜基本保持了本民族的文化特色。秦统一后则融合了其他地区特别是楚镜的特点,但其象征意义和作为独特葬器的性质没有改变。素地弦纹镜一直贯穿于秦人发展的各个阶段,与花纹镜并行,成为秦镜中最具特色的镜类。

二、秦镜源头初探

探讨秦镜源头也是为探究秦文化渊源找出更多线索。关于秦文化的来源,目前学术界主要有甘青文化、商周文化和戎狄文化等说。也有学者认为"秦文化有多个源头:既继承了甘青文化传统,又接受了周文化的影响"[1]。因此,秦镜应该是多种文化影响的产物。

(一)甘青文化

我国年代最早的铜镜发现于甘青地区的齐家文化遗址,"冶铜业的出现是齐家文化的先民在生产上的一项巨大成就,十余处遗址共出土铜器60余件,包括刀、锥、镰、矛、凿、匕、泡、镜、铜饰品和铜渣等"[2]。铜镜有两枚:素镜和七角

---

[1] 梁云:《试论秦文化与戎狄青铜文化的关系》,载《周秦汉唐文明国际学术研讨会论文集》,西安:三秦出版社,2001年,第259—264页。

[2] 谢端琚等:《甘青地区史前考古》,北京:文物出版社,2002年,第125页。

星纹镜。齐家文化出土的铜镜和玉器不尚装饰,多平素无纹,以玉琮、玉璧和铜镜殓尸的丧葬习俗反映了齐家文化先民原始的天地观念。镜上的七星纹有可能是一种太阳纹,用于祭拜太阳。秦人在早期有无可能间接地继承了齐家文化的传统?秦镜与齐家文化铜镜有无关系?这些问题需要进一步探讨。

(二)塞人文化

公元前1000年,无数独立的雅利安部落已经游牧在希腊、波斯和中国周围、东欧和亚洲辽阔的草原、半沙漠和山区地带,他们被希腊人统称为斯基泰人,被波斯人称作萨迦,中国人则把其亚洲部分(天山北麓)称之为塞人,把居于塔里木盆地西部的塞人按地域分别称于阗、莎车、肝弥、疏勒和汉盘陀等,塞文化构成了阿尔泰早期游牧文化的重要组成部分。

史料显示,塞人很早就与中原有贸易往来。公元前7—前4世纪,塞人与中原贸易主要是用阿尔泰的金子、和阗玉换取中原的丝绸和漆器,殷墟出土的大量和阗玉、西周墓的蚌雕胡人像都与塞人有关。秦人长期生活的甘青地区,很早就与西方有联系。早在1948年,裴文中调查甘肃河西走廊和青海地区史前遗址时提出,"我们相信在张骞之前,东西方的联系是必然存在的。……在古代,我国西北地区和中亚地区曾存在过广泛的文化交流,表现在一些彩陶和粗陶器上两地有着共性"[1]。裴先生所说的"中亚地区"应该与塞人相关。易谋远从世界范围进行观察,他发现"在公元前7世纪末发生了一次以吉尔吉斯草原为核心的波及欧亚草原的民族大迁徙浪潮,塞人的直接祖先——西方的安德诺文化系统,向着曾直达我国的西北边境,而我国北部和西北地区与中亚地区同属于干燥草原地区,同居于河西昆仑的昆夷族发生接触。部分昆夷被迫南迁四川,就可能与这次世界性的移民大浪潮有关"[2]。希罗多德的《历史》写道迁徙至遥远东方的斯基泰人,居住在阿尔泰山,以盛产金子而出名。希腊人将这一带的斯基泰人称为守护金子的民族。近年来,甘肃大堡子山秦陵出土的两面线雕

---

[1] 转引自谢端琚等:《甘青地区史前考古》,北京:文物出版社,2002年,第245页。
[2] 易谋远:《论彝族起源的主源是以黄帝为始祖的早期蜀人》,《民族研究》1998年第2期。

骨片、甘肃省博物馆收藏的出土于天水地区的骨筒，"是秦人与域外文化交流所得，而且极有可能来自塞族，此外，秦人大量使用黄金饰品的现象，也可能是受了塞族的影响……秦人的喜用黄金，当是从塞人那里学来的"。"这些黄金很可能来自黄金产地的河西走廊或阿尔泰地区。"①

世界上最早的铜镜出现在西亚。公元前2100—前1900年，巴克特里亚（今阿富汗）的马尔吉安那（今土库曼斯坦）青铜文化时期的典型器物就有素面铜镜，乌兹别克斯坦南部的库楚克遗址也发现了直柄铜镜。日本学者梅原末治认为中国最早的圆镜是在公元前7世纪阿尔泰墓葬中发现的秦式镜和战国镜。素面圆镜是否源于塞人铜镜？"梅原末治从'斯基泰文化'是在中国出现青铜镜之前即已向东方传播了这一前提出发，认定斯基泰镜就是中国青铜镜的原型，也就是上述秦式镜和战国镜的原始形式。梅原末治的这种观点引起了许多学者的争论。"②梅氏的结论值得我们深思，因为1983年新疆北部天山北麓巴里坤古墓和1983—1984年阿勒泰市克木齐古墓出土的素面铜镜（直径仅3.5厘米，背部有铜座）是青铜时期早段的塞人——匈奴的遗物，而俄罗斯阿尔泰山区巴泽雷克公元前3—前4世纪塞王墓中出土的两枚铜镜，则被认为是秦式镜的变形③。

秦人与塞人在艺术上也有联系。咸阳空心砖上的神人胸部有三根纵向的平行线，两侧又有斜向上的平行线。梁云认为这无疑表现的是胸椎骨和肋骨，这是一种典型的与萨满巫师有关的艺术传统④，而塞人信仰的正是萨满教。塞

---

① 韩伟：《论甘肃礼县出土的秦金箔饰件》，《文物》1995年第6期。
② ［俄］鲁金科著，潘孟陶译：《论中国与阿尔泰部落的古代文化》，载《草原丝绸之路与中亚文明》，乌鲁木齐：新疆美术摄影出版社，1994年，第316—317页。
③ ［俄］鲁金科著，潘孟陶译：《中国与阿尔泰部落的古代文化》，载张志尧主编《草原丝绸之路与中亚文明》，乌鲁木齐：新疆美术摄影出版社，1994年，第315—326页。该镜直径11.5厘米，质地薄脆，镜面光滑，素卷边。小弦钮，方形钮座，羽毛状地纹，主纹为4个山字纹，间以成对的心状叶。秦式镜的原始形式是整个镜背为仿动物的羽毛状底纹，借用了青铜器，如战国壶纹样。梅原末治认为镜的年代为公元前6—前2世纪，而Swallow则认为是公元前897—前206年之间。当时与北方草原的贸易主要由斯基泰人与匈奴族进行的，说明秦人与塞人有联系。
④ 梁云：《秦咸阳"水神骑凤"空心砖纹内容浅析》，载《秦俑秦文化研究——第五届秦俑秦文化讨论会论文集》，西安：陕西人民出版社，2001年，第511页。

人宗教崇拜的核心是祭天、祭祖、敬鬼神,在日月星辰中,塞人最崇拜太阳,那么,秦人的太阳崇拜也与塞人有关?

秦人与塞人有可能是通过周围戎狄部落间接交流的。史党社根据近年雍城、礼县、天水一带的考古发现,提出"春秋战国时期秦国具有较为发达的金器制造,其中一些具有戎狄风格的金器,无疑反映着秦与戎狄的密切关系"。他还认为从商晚期至战国中期,秦文化大量接受周文化与戎狄文化的影响,并形成了自己独特的文化。战国中期以后,随着秦政治、军事势力的壮大与扩张,戎狄文化很快融入秦文化中,最终被秦文化同化①。戎狄作为秦与塞人交流的中介可能发生在前一阶段。

(三)商周文化

学者们一致认为秦文化是在吸收西周文化的基础上发展起来的。张天恩认为"在西周中晚期之际,大堡子山类型的嬴秦民族在周王室的支持和扶植下,在与周围戎族的抗争中发展壮大,逐步融合了陇山以西另外两支周文化类型,形成了初期的秦文化,从西周晚期后段开始,走上了与关中及东方列国不同的发展道路"②。秦人吸收的周遗民中极有可能包括各种工匠,青铜铸造业得到迅速发展,并逐渐形成自己的特点,创造出风格独特的秦式青铜器,包括铜镜。据不完全统计,陕西西周墓共出土铜镜14枚,其中12枚为素面镜,素面镜所占比例较大,这一点与秦镜颇为相似。

周人除了素面镜外还有纹饰镜,如陕西淳化县、河南三门峡和山西长治等地春秋墓中均有动物纹铜镜,年代为西周末或春秋早期。有学者认为"虢国墓中所出的素镜与战国及其前后的素镜是否有渊源和继承关系,答案应该还是肯定的"③。这也说明了秦素镜与西周素镜的承袭关系。但也有人认为商周时期

---

① 史党社:《考古资料所见秦史中的少数民族及其文化》,载《秦汉文化比较研究》,西安:三秦出版社,2002年,第539—540页。
② 张天恩:《早期秦文化特征形成的初步考察》,《秦文化论丛》第十辑,西安:三秦出版社,2003年,第276页。
③ 张天恩:《早期秦文化特点形成的初步考察》,《秦文化论丛》第十辑,西安:三秦出版社2003年,第276页。

的中原与西北游牧民族已有交往,塞人素镜是这种交流的产物。

(四)秦人风俗

据传铜镜是秦人始祖黄帝发明的,这样秦人就有了制作、使用铜镜的先天优势。张天恩认为,"秦文化是一个复杂庞大的体系,秦人因早期活动在西汉水上游和渭水上游地区,存在着渊数不同的多种文化类型,在秦人崛起后,虽使用了同类文化,但不可避免地保留了一些固有的元素"①。秦镜就是其中之一,贯穿各个时期的主流秦镜是素地细凸弦纹镜,只见于秦墓中,应属典型的秦镜之一。有人认为花纹镜虽然受到了楚镜的影响,但表现出浓厚的秦文化特征,如秦地独有的卷云纹地纹,与瓦当上的卷云纹风格一致,是秦地固有的纹饰。另外,水波纹、羽毛纹、鳞纹、涡纹、三角雷纹等地纹也与楚地无关,为秦人独特的纹饰。总的看来,战国时期的秦镜受楚镜影响较小,大概到了秦统一后所铸造铜镜才大量吸收楚镜纹饰②。

面对甘青文化、塞文化、商周文化和秦人固有传统,笔者莫衷一是,很难简单地说是或不是,每个似乎都有些道理,但理由又不充分。也不能完全否定了事,只能含糊地说是多种源处。

三、秦镜与秦人信仰

秦镜不仅是秦人的照容用具、陪伴死者灵魂的冥器,而且在某种程度上也反映了秦人的宗教信仰。秦人崇拜鸟和蛇,分别代表太阳和水。素镜、弦纹镜、鸟纹镜、蛇纹镜极有可能反映了秦人的太阳和水崇拜。

(一)太阳崇拜

秦人的多神崇拜与戎狄相同。在早期的游牧生活中,秦人观察到天空中最

---

① 张天恩:《早期秦文化特点形成的初步考察》,《秦文化论丛》第十辑,西安:三秦出版社2003年,第276页。
② 高至喜:《论楚镜》,《文物》1991年第5期,第58页。

引人瞩目、对人类生活影响最大的是太阳。太阳每天东出西落，光芒四射，给人带来温暖和生命。但炽热的太阳使河流干枯，植物枯萎，人畜受害。太阳的神奇魔力让秦人敬畏。王桂均认为秦人崇拜的至上神赤帝即日神。《日书·行》中赤帝之赤为"南方色也，从大火"，意为大红火球，帝之本义是太阳①。《史记·封禅书》载秦人设畤祭祀太阳神赤帝即炎帝。《史记·天官书》《索隐》引《文耀驹》载"南官赤帝，其精为朱鸟。"秦人崇拜赤帝是继承了商周"帝"的观念，殷商的日神崇拜一直延续到西周，甲骨文"巫"字也与西亚的太阳崇拜符号"万字纹"含义相同②。商周青铜器上常见的涡纹由三个向心的涡形组成，在战国铜器、漆器上称日纹，本义为"光""明"，原意之一是太阳或发光的太阳，是天火。涡纹与鸟一起也是太阳与鸟组合的一种形式。"春秋晚期，火龙纹钟鼓部的圆涡形是由两只鸟组成的，这与古代骏鸟为'日之精'（即太阳神）的神话相吻合。"《古小说钩沉》载"日中有阳鸟"，凤乃其变形，故双凤朝阳图案也是一种鸟与太阳的母题③。

秦人先祖颛顼为黄帝的后代，黄帝是中国民间供养的日神，颛顼本人也被说成"太阳神"，号为高阳，阳乃日神之光，高阳即高明的太阳，通常在冬天复活。《山海经》中就有"颛顼死即复苏"的神话。秦景公大墓出土的石磬上刻有"高阳有灵"的铭文。秦人的本族神少昊即颛顼之子，既是鸟神，也是日神。《山海经·西山经》载少昊居西方，是主司落日的神祇，即专门管理夕阳的神灵，也可能是象征太阳的众多神祇之一。于是，秦始皇变成了太阳神的后代。《郑学丛著》曰："皇，煌也，谓日出光芒四射也，皇之本义为日，犹帝之本义为日也。……始皇帝即'秦人乃太阳神之后也，以此说明其高倨万物而又阳光普照的必然性'。"④

---

① 王桂均：《〈日书〉所见早期秦俗发微——信仰、习俗、婚俗及贞节观》，《文博》1988年第4期。窦连荣、王桂均：《秦代宗教的历程——原始帝神在秦代的复原》，《宁夏社会科学》1989年第3期。
② 林梅村：《帝辛甲骨所见宫殿秘史》，载《汉唐西域与中国文明》，北京：文物出版社1996年，第36页。
③ 芮传明、佘太山：《中西纹饰比较》，上海：上海古籍出版社，1995年，第137—143页。
④ 王桂均：《〈日书〉所见早期秦俗发微——信仰、习俗、婚俗及贞节观》，《文博》1988年第4期。

常智奇认为"商朝的素面镜是一日普照九州、万物皆归于光的写照。这是日神崇拜达到一种炽烈和狂迷程度的艺术化。……弦纹镜之弦纹是太阳的光环,向内连弧纹也是太阳照射的一种形式。……蟠螭纹图案是华夏民族浓郁的崇日意识的体现。秦人的日神崇拜在铜镜上直接的反映形式是方连凤纹镜"[①]。冉传明认为洛阳秦镜上的四只凤鸟曲颈伸向镜之边缘,构成了万字纹的四臂。万字纹之义源于太阳,是太阳光芒四射的象征性表现,蕴含着崇高、伟大、威力无比等意义,凤鸟与太阳的关系不言而喻。三鸟环日镜也是太阳鸟的演变,反映了禽鸟与太阳的主题[②]。秦代凤鸟纹瓦当上的鸟纹和涡纹也被看作是"丹凤朝阳"母题,半坡战国墓铜镜放在一块太阳纹陶饼上,代表了光芒四射的太阳,似乎与祭祀太阳的活动有关。

从葬式葬仪来看,秦人独有的屈肢葬"象征日落归西,生命如太阳般周而复始"[③]。1974—1975年秦都咸阳一号宫殿遗址出土了非常罕见的太阳纹铺地砖,秦兵马俑坑出土的秦俑服饰上也饰有太阳纹,如5号百戏俑裙边发现由太阳纹和卷草纹组成的两方连续图案,但以太阳纹为主纹。1号陶俑裙下左侧堆绘太阳纹和云纹,太阳纹内侧有圆点纹,外缘有凹圆弧和圆点纹,圆弧、圆点也是太阳照射的一种形式。

秦人认为东方是太阳升起的方向,象征万物出生,西方是日落的地方,象征万物成熟,开创基业在东方,收获成果在西北方。素镜、弦纹镜和鸟纹镜与西首葬一样具有引领灵魂的作用。秦镜出土时多放置在身体特别是头部周围,充分说明其引领灵魂的作用。秦人不仅期望太阳的东起西落给他们带来农业丰收、牲畜繁盛、人丁兴旺,也祈求肉体消失后,灵魂也能像太阳一样得到重生。这也许就是秦人用镜、葬镜的意义所在。

---

① 常智奇:《中国铜镜美学发展史》,西安:陕西师范大学出版社,2000年,第94页。
② 冉传明、余太山:《中西纹样比较》,上海:上海古籍出版社,1994年,第86—89页。
③ 赵化成:《寻找秦文化渊源的新线索》,《文博》1987年第1期。

(二)秦人的蛇崇拜

秦人的蛇崇拜源于长期的游猎生活。据考证,大约在商末西周初期,原本游牧在东部沿海地区东夷部落的一支嬴秦先后分批迁往甘肃东部和陕西关中地区。这一时期秦人的活动区域大体上以陇山为界,往返于陕西西部的宝鸡地区和甘肃东南部的渭水及西汉水山区之间。在古代,天水、宝鸡一带土地肥沃、水草丰盛、气候适宜、卤水遍地,为畜牧业创造了得天独厚的条件。秦人由游牧转向定居,有了正式的名称,也奠定了发展壮大的基础。这种以畜牧业为主的社会经济模式势必会形成秦人独有的信仰和价值观念。

在长期的游牧生活中,水至关重要,过多或过少都会严重影响生产与生活。秦人便祈求有一种超自然的力量能够控制水。通过长期观察,秦人发现水多处蛇迹频繁,水少时蛇影罕见。秦人祖先伯益所撰《山海经》载,见到大蛇、鸣蛇、化蛇则"其邑大旱",见到肥遗蛇则"天下大旱""其国大旱"。可见,蛇与水的联系紧密。据传尧、汤和皇帝都与蛇有关。黄帝被传为人面蛇身,他曾派专人饲养大蛇,称作龙,逢旱即祭。秦人的始祖神少昊也常变身为蛇。其实,崇拜蛇的本质是求水。

秦人与蛇的联系颇多。据王晖考证,秦为嬴姓,意为水名,即"盈"水。秦人高祖颛顼为玄冥族,与蛇关系紧密。《史记·封禅书》载:"文公梦黄蛇自天下属地,其曰:'至于鄜衍。'文公问史敦。敦曰:'此上帝之征,君其祠之。'"①《山海经·大荒西经》载:"有鱼偏枯,名曰鱼妇。颛顼死即复苏。风道北来,天乃大水泉,蛇乃化身为鱼,是为鱼妇。"可见,颛顼即鱼妇,是从蛇幻化而来的,生为蛇化身,死由蛇护卫。《山海经·海内东经》载:"帝颛顼葬于阳,九嫔葬于阴,九蛇卫之。"《山海经·海外北经》中的北方水神禺强被认为是玄冥,"人面鸟身,珥两青蛇,践两青蛇",职责是控制雨水,为水师或雨师。秦咸阳宫殿遗址出土的空心砖上刻有骑凤水神的图案。梁云认为"珥蛇水神骑着驮壁的凤鸟,具有一定的

---

① 王晖:《秦人崇尚水德与不立黑帝畤之谜》,《秦文化论丛》第三辑,西安:西北大学出版社,1994年,第255页。

宗教意义，反映了秦人的蛇崇拜。……凤和龙蛇一样都是神人遨游云天的坐骑"①。黄盛璋认为《山海经》中禺强本是古代巴蜀人创造出来的，流传到中原后变成了水神，所珥之蛇表明水神与蛇联系在一起②。其实秦人对凤鸟的崇拜隐含着对雨水的需求。

秦人的种族神白帝也是蛇的化身，这位蛇神后来演化成秦族诸神的至尊上帝。《史记》和《汉书》载刘邦是母亲与赤龙所生，其母死后化为蛇，刘邦酒后斩白蛇的传说被后世演化成赤帝子杀秦代最高天神白帝子的故事。帝子是龙，但本相是蛇。秦始皇被称作祖龙，而秦代的龙大多为蟒蛇形。

蟠虺纹饰也是秦镜中常见的装饰题材，在凤翔县南指挥村秦公一号大墓、咸阳黄家沟、凤翔高家庄及西安附近的秦墓中均有发现。蟠虺是纠结在一起的小蛇或类蛇爬虫。因蛇与龙同属，故蟠虺纹实为小型蟠龙纹。秦镜蟠虺纹与楚镜风格大不相同，与其他以蛇为装饰的器物一起反映了秦人的文化特色。

四、结　语

综上所述，笔者得出如下结论。第一，秦镜属于单独的镜类，特征鲜明，时间序列清楚，自成体系。它上承商周，下启汉唐，是中国古代铜镜体系中不可或缺的一部分，起着非常重要的作用。第二，秦镜源处不是单一的，应该是各种文化元素相结合的产物。看似简单的秦镜可能包含了一种或多种文化成分，如甘青文化、塞人文化、西周文化、自身文化或其他文化因素，从而形成了与楚镜相平行的、特点鲜明的铜镜体系，成为当时两个大的铜镜流派，且对后世铜镜产生了不小的影响。第三，秦镜作为秦文化的一部分，充分反映了秦文化的多样

---

① 梁云：《秦咸阳"水神骑凤"空心砖纹内容浅析》，载《秦俑秦文化研究——第五届秦俑秦文化讨论会论文集》，西安：陕西人民出版社，2001年，第557页。
② 黄盛璋：《论"兵避大岁"戈与"大一避兵图"争论症结、引出问题是非检验与其正解》，《陕西历史博物馆馆刊》第十辑，西安：三秦出版社，2003年，第17—34页。

性、复杂性和独特性。第四，秦镜与其他随葬品一样，代表了一定的宗教信仰和葬俗葬仪，在某种程度上反映了秦人的自然神崇拜，如太阳神和蛇神等。但是由于出土铜镜数量不多，秦镜仍有很多不解之谜，笔者也因自身能力所限在此无法进一步讨论，希望能抛砖引玉，引起更多人对秦镜的研究。笔者相信，随着考古工作的不断推进，在不久的将来能看到更多、更具特色的秦人铜镜，逐渐解开秦镜的诸多谜团。

第二章　隋唐墓葬陶俑中的胡人形象

第一节　隋代墓葬中胡人形象的类型与渊源

　　截至目前，全国已发现600余座隋墓，其中纪年墓百余座，分为关中、关东、河东道、河北道和南方等区域①。关中地区已发掘清理隋墓约120座，包括39座纪年墓，主要分布于隋大兴城郊区，包括南郊少陵原、凤栖原、高阳原，东郊白鹿原，西郊枣园和咸阳洪渎原，潼关税村，凤翔与关中北部。关东地区隋墓主要分布在安阳地区，约276座，其中175座是1949年之前"中央研究院历史语言研究所"在殷墟小屯村发现的②。南方地区发现隋墓数十座，河东道地区10座（纪年墓6座）③。各地隋墓陪葬品数量和类别不同，但都有大量人物形象，其中夹杂着一些深目高鼻的胡人形象（陶俑、石刻和陶瓷图像），尽管数量较少，还有些胡人因相貌特征不明而无法辨识，但它们的出现对了解隋代胡汉并置

---

① 刘呆运：《关中地区隋代墓地分布研究》，《考古与文物》2015年第5期。张全民：《略论关中地区隋墓陶俑的演变》，《文物》2018年第1期。权奎山：《中国南方隋唐墓的分区分期》，《考古学报》1992年第2期。
② 周伟、彭晓丹：《河南安阳地区隋墓的发现与研究简述》，《中国文物报》2013年9月13日。河南省文物考古研究所：《河南安阳固岸墓地考古发掘收获》，《华夏考古》2009年第3期。
③ 石文嘉：《隋代墓葬的考古学研究》，南开大学2014年博士论文。赵海燕：《关中隋墓分期初步研究》，西北大学2013年硕士论文。

现象有着重要意义。学界目前关于隋墓中胡人形象的研究较少。本节尝试梳理隋墓所见胡人形象,并以此为基础,探析其类型、分布、源流及其在长时间中外文化交流下的影响。

一、隋墓胡人的主要类型

考古资料显示,隋墓中胡人主要有陶(瓷)或石俑类和壁画、石刻及陶瓷图像两大类,表现的是武士、侍卫、商贾、伎乐、僧侣、仆从、马夫、驼夫等,主要分布于河南、陕西、甘肃、山西、湖北、湖南、安徽、山东等地。

(一)陶(瓷)胡人俑

1. 镇墓俑

包括武士俑和门吏俑,胡人深目高鼻浓须特征明显,几乎是隋墓的标准配置,区别在于数量为 1 件或 2 件(图 2-1-1、2-1-2)。因学界已有专论①,不再赘述。

图 2-1-1 税村壁画墓武士俑

图 2-1-2 武昌马房山隋墓武士俑

① 朱浒:《魏晋北朝胡俑的图像学研究》,《艺术探索》2017 年第 1 期。刘骏、徐永杰:《隋代甲胄论发凡——基于武士俑的维度》,《岭南师范学院学报》2015 年第 1 期。

2. 仪仗俑

（1）骑马仪卫俑。主要发现于关中地区高等级墓葬中，如李裕墓（图2-2-1）、吕思礼墓（图2-2-2）、郁久闾可婆头墓（图2-2-3）、宋虎墓（图2-2-4）等，多穿袒右肩束带及膝袍服，姿势呈动态，似为敲击乐器的军乐仪仗，而税村壁画墓、洪庆隋墓则分别为甲骑具装俑（图2-2-5）或持扇仪仗骑马俑[①]。

（2）兵卒俑。主要有李和墓、郁久闾可婆头墓（编号CSXM140:58、69、77、98，图

图2-2-1　李裕墓风帽骑马俑38:48

图2-2-2　吕思礼墓风帽骑马俑M2:16　　图2-2-3　郁久闾可婆头墓风帽俑140:20

---

① 陕西省考古研究院：《西安南郊隋李裕墓发掘简报》，《文物》2009年第7期。陕西省考古研究所：《隋吕思礼夫妇合葬墓清理简报》，《考古与文物》2004年第6期。陕西省考古研究院：《长安高阳原隋郁久闾可婆头墓发掘简报》，《文博》2014年第3期。陕西省考古研究院：《陕西潼关税村隋代壁画墓发掘简报》，《文物》2008年第5期。陕西省考古研究所：《西安洪庆北朝、隋家族迁葬墓地》，《文物》2005年第10期。

图 2-2-4　郁久闾可婆头墓风帽俑 140:20　　图 2-2-5　税村壁画墓甲骑具装俑 M183:A-1

(照片由陕西历史博物馆提供)

2-3-1)、李裕墓、机场二期编号 M301:6(图 2-3-2)、巩义隋墓(图2-3-3)和亳州隋墓等。特征为静立状,双手似握杆状物于胸前,应为持各种羽仪的仪仗俑。类似的胡俑还见于西安三民村隋墓 A 型风帽俑(编号 M25:16)和 B 型风帽俑(编号 M25:36,右手与左手上下握于胸前)①以及陕西历史博物馆藏风帽俑(图 2-3-4)。

(3)牵驼俑和牵马俑。主要有姬威墓、安阳隋墓(编号 M103)、韩贵和墓、周家大湾 241 号墓②,也见于河南博物馆和巩义博物馆,这类俑动作幅度较大,似为牵马的马夫或牵驼的驼夫,与北齐范粹墓出土的 3 件胡俑似有某些关联。

---

① 陕西省文物管理委员会:《陕西三原县双盛村隋李和墓清理简报》,《文物》1966 年第 1 期。陕西省考古研究院:《西安西郊三民村隋代墓葬发掘简报》,《考古与文物》2015 年第 5 期。
② 中国社会科学院考古研究所安阳工作队:《安阳隋墓发掘报告》,《考古学报》1981 年第 3 期。

图 2-3-1 郁久闾可婆头墓胡俑　　图 2-3-2 咸阳机场二期 M301∶6 胡俑

（照片由陕西省考古研究院提供）

图 2-3-3 巩义隋墓胡俑　　　　　图 2-3-4 隋墓胡俑

（照片由河南省博物馆提供）　　（照片由陕西历史博物馆提供）

3. 侍仆俑

（1）男吏俑。主要见于武汉周家大湾隋墓（图 2-4-1、2-4-2，高 47 厘米，湖北省博物馆藏)、巩义隋墓和洪庆隋墓等①。巩义隋墓胡俑(高31.5厘米)双手握拳相叠而立,高髻高鼻,双眉紧锁,怒目圆睁,大嘴,身着宽领、宽袖官服,腰束官带,下着长裤,裤自膝部束为一体,脚穿朝靴(图2-4-3)。

图2-4-1　灰陶持剑男吏俑　　图2-4-2　灰陶持剑男吏俑　　图2-4-3　巩义隋墓胡俑
(照片由湖北省博物馆提供)　(照片由湖北省博物馆提供)　(照片由河南省博物馆提供)

(2)役夫俑。包括劳作俑、侍奉俑和乐俑等。主要见于虞弘墓(图2-5-1)、巩义夹津口隋墓(图2-5-2、2-5-3)。图2-5-2头戴胡帽,深目长面,身穿束带翻领袍。图2-5-3头戴毡帽,深目高鼻,八字胡,身穿束带长袍,右手提一单把波斯壶,左手伸于胸前。武汉马房山隋墓、西安洪庆隋墓、安阳梅园庄隋墓、湖南湘阴隋墓亦有发现②。

---

① 湖北省文物管理委员会:《武汉市郊周家大湾241号隋墓清理简报》,《考古通讯》1957年第6期。
② 陕西省考古研究所、太原市考古研究所、太原市晋源区文物旅游局:《太原隋代虞弘墓清理简报》,《文物》2001年第1期。巩义市博物馆:《河南巩义市夹津口隋墓清理简报》,《华夏考古》2005年第4期。武汉市博物馆:《湖北武昌马房山隋墓清理简报》,《考古》1994年第11期。安阳市文物工作队:《河南安阳市两座隋墓发掘报告》,《考古》1992年第1期。熊传新:《湖南湘阴县隋大业六年墓》,《文物》1981年第4期。

图 2-5-1　虞弘墓石持瓶胡俑　　图 2-5-2　巩义夹津口隋墓胡俑　　图 2-5-3　巩义夹津口隋墓胡俑

（照片由山西省博物院提供）　　　（照片由河南省博物馆提供）　　　（照片由河南省博物馆提供）

（3）乐舞俑。包括杂耍百戏俑等。主要见于张盛墓（高 27 厘米，图 2-6-1、2-6-2）、天水石棺床墓（图 2-6-3）和武汉东湖岳家嘴隋墓等①。

4. 其他

包括胡商，如太原斛律彻墓（图 2-7-1），僧侣如安阳张盛墓（图 2-7-2）和合肥西郊隋墓等②。

上述墓葬时间从隋代早期至隋末，多为高级贵族墓葬，最高为正一品，多为三品至五品。关中地区多为一品官员或皇室贵族墓，如陕西三原李和墓（正一品）、西安郭家滩姬威墓和潼关税村壁画墓等。关东地区有少量高等级墓葬，多为中下层官吏、一般士人和普通百姓墓。各地隋墓出土的胡俑数量不一，多者出土 5 件，少者 1 件。姿势各不相同，多为站姿（单手或双手半举），还有骑马、骑驼等姿势，手持不同物件。除了武士俑位置固定外，其余胡俑夹杂在众多

---

① 武汉市文物管理处：《武汉市东湖岳家嘴隋墓发掘简报》，《考古》1983 年第 9 期。
② 山西省考古研究所、太原市文物管理委员会：《太原隋斛律彻墓清理简报》，《文物》1992 年第 10 期。考古研究所安阳发掘队：《安阳隋张盛墓发掘记》，《考古》1959 年第 10 期。安徽省展览、博物馆：《合肥西郊隋墓》，《考古》1976 年第 2 期。

第二章 隋唐墓葬陶俑中的胡人形象 | 111

图 2-6-1　张盛墓胡人俑　　　　图 2-6-2　张盛墓胡人俑
　　　　　　　　　　　　　　（照片由河南省博物馆提供）

图 2-6-3　张盛墓胡人传乐俑

图 2-7-1　斛律彻墓胡人骑驼俑　　　　图 2-7-2　安阳张盛墓胡僧俑
（照片由河南博物院提供）

的陪葬俑中，并未刻意突出或回避。

(二) 胡人图像

隋墓中陶质文物、石刻文物、壁画中也有胡人图像。前者如太原虞弘墓、三原李和墓等，后者如潼关税村壁画墓、山东英山一号墓、宁夏固原史射勿墓等[①]，甚至还有画像砖。

1. 陶俑图像

主要有西安茅坡村隋墓（图 2-8）、长安区隋张綝夫妇合葬墓（图 2-9）、咸阳北杜 M11 及国外博物馆收藏的可能出自西安周边地区的骆驼俑驼囊皆模印胡人图像（一主二从式人物图案），详见葛承雍等人观点[②]。

[①] 山东省博物馆：《山东嘉祥英山一号隋墓清理简报——隋代墓室壁画的首次发现》，《文物》1981 年第 4 期。宁夏考古研究所、固原博物馆：《宁夏固原隋史射勿墓发掘简报》，《文物》1992 年第 10 期。

[②] 西安市文物保护考古研究院：《西安长安区隋张綝夫妇合葬墓发掘简报》，《文物》2018 年第 1 期。葛承雍：《"醉拂菻"：希腊酒神在中国——西安隋墓出土驼囊外来神话造型艺术研究》，《文物》2018 年第 1 期。李雨生、孙武站：《西安茅坡村隋墓出土骆驼俑驮囊模印图像初论》，《考古与文物》2018 年第 3 期。

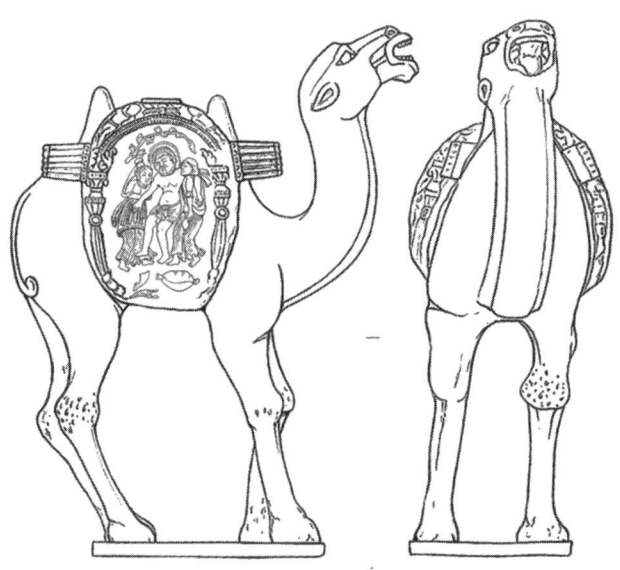

图 2-8　张𬘓墓骆驼驮囊模印胡人图案
（图片来自《文物》2018 年第 1 期，第 38 页）

图 2-9　茅坡村 M21 骆驼驮囊模印胡人图像
（图片来自《考古与文物》2018 年第 1 期，第 11 页）

2. 石刻图像

包括石门、石椁、石棺床等，如虞弘墓石棺床外壁浮雕图像中有各类胡人形象，均为深目高鼻，黑发浓须，身穿圆领系带袍服，脚蹬靴。内容涉及神话、祆教、宴饮、乐舞、狩猎、酿酒、家居、旅行、会见等，因学界多有研究，不再赘述。李和墓石墓门两侧（图2-10）、石椁东西两侧和前挡板两侧皆刻深目高鼻，双手握剑于胸前的胡人武士形象，左、右挡板分别有4位浓须胡人仪卫形象，门柱两侧各有一位深目高鼻，卷发，圆形头光的守护神（戴项圈，耳坠，身披长飘带，站于覆莲座上）。长安高阳原隋郁久闾可婆头墓石墓门门扉各刻高鼻胡人守卫武士图像（图2-11），这类胡人多为身份较高的守卫或护卫。

图 2-10　李和墓石墓门胡人武士　　图 2-11　郁久闾可婆头墓石门扉胡人武士

（图片来自《文博》2018年第4期，第19页）

3. 壁画图像

主要为胡人武士、仪卫和马夫等。如史射勿墓（大业六年，610年）墓道东壁、西壁各有3幅胡人侍卫图像，皆深目高鼻，有须髯，头戴冠，身穿宽袖交领长袍,下穿宽口裤,脚蹬靴,手握或持刀。税村壁画墓仪卫中有深目高鼻的胡人武士形象(图2-12)。山东嘉祥徐敏行墓(开皇四年,584年)壁画中夹杂着胡人或穿翻领胡服者,如仪卫、牵马(驼)人等①。

图 2-12　税村壁画墓东壁胡人武士

二、隋墓胡人形象的主要特征

隋墓胡俑、石刻和壁画中的胡人图像皆为隋代多元文化并置的墓葬系统的构成元素,旨在模拟、再现、纪念和颂扬墓主人的生前生活,继续守卫与服务主人的灵魂,特别是胡人武士形象具有强烈的护卫作用。帕特丽夏认为,"守卫逝者灵魂的武士已由秦汉时期汉人形象变为胡人形象,这种变化意味着给予镇墓俑超凡的防御抵抗力量。隋代墓葬流行胡人形象的镇墓俑也证实了与西方越来越多的交往,及其明显可见的对其他非中国风格装饰母题的借鉴与吸收"②。上述胡人形象具有体貌的差异性、服饰和身份的多样性等特征。

(一)体貌特征

皆为深目高鼻,体型纤瘦,有的有浓须,表现出年龄(老年、青壮年或少

---

① 李卫星:《山东嘉祥英山一号隋墓清理简报——隋代墓室壁画的首次发现》,《文物》1981年第4期。
② Patricia Eichenbaum Karetzky. *The Engraved Designs on the Late Sixth Century Sarcophagus of Li Ho*. *Artibus Asiae*, Vol. 47, No. 2(1986):90—91.

年),基本上手持物件,显示出其功能,似乎与种族并无太大关系,差别在于服饰。

(二)服饰多样

有胡服胡帽、汉服胡帽、胡服汉帽、汉服汉巾等不同组合,每个组合中又有细微差异。

1. 头饰

有束巾、戴冠(小冠、笼冠)、戴风帽、戴幞头(分前后脚打结式与前端隆起式)、无帽或冠。(1)束巾。如安阳5座隋墓13件胡俑、殷墟M201:57和梅元庄隋墓23件胡俑。(2)头冠。尖顶胡帽,如巩义夹津口隋墓0418瓷俑和武汉市郊周家大湾241号隋墓3件胡人俑;平顶帷帽,如安阳梅园庄隋墓39号和44号胡人俑。(3)圆顶形胡帽。如武汉马房山隋墓2件胡俑、岳家嘴隋墓3件胡俑和虞弘墓胡人抱瓶俑。(4)无帽。如安阳张盛墓2件胡俑,满头黄色卷发。

2. 服饰

多穿系带袍服(领式,穿着方式和长短不一),皆与阔口裤子(有的在膝部系带)、靴子(鞋或履)搭配。分为4型:

(1)左衽翻领袍服。主要有:①三角形翻领系带袍服,如李和墓、巩义隋墓和安阳隋墓胡俑穿及膝胡服,而姬威墓和张盛墓胡俑穿短款翻领胡服,武汉周家大湾241号隋墓胡俑既有右肩袒露、左肩穿翻领胡服,又有穿短款左衽翻领胡服。②小立领开襟袍服,分左衽系带式和外披式。前者见李裕墓、鹿善墓M301、张絾墓C型风帽俑(M1:100)、三爻村隋墓A型风帽俑(M25:16)、洪庆隋墓B型风帽俑(M6:51、M7:85)和宋虎墓风帽俑等。后者如税村壁画墓军卒俑和风帽俑。有趣的是巩义夹津口隋墓女侍俑也穿同款服饰,但袒露胸部[①]。③厚立领开襟袍服,如鹿善夫妇墓风帽俑A型(M301:6)、李裕墓风帽俑(M38:65)。武汉岳家嘴胡俑也穿类似服饰,但为系带短款露胸装,应属地

---

① 巩义市博物馆:《河南巩义市夹津口隋墓清理简报》,《华夏考古》2005年第4期。

方变异形式。

（2）圆领袍服。如西安洪庆村隋墓小帽胡俑、梅元庄隋墓胡俑、郁久间可婆头墓胡俑、太原虞弘墓胡俑和斛律彻墓 2 件骑驼胡俑。有的袒露左肩，作牵马或奏乐状。

（3）交领袍服。如吕思礼墓 M15 胡俑（外套窄袖短襦）、安阳小屯村南地 M103 墓胡俑、湘阴隋墓老年胡俑、安阳隋墓 M406 胡俑、安阳 M201∶57 胡俑和梅元庄隋墓胡俑等，有的头戴帷帽形冠，有的软巾束发。此外，还有一些奇特的服饰，如吕思礼墓 M16 胡俑内穿圆领窄袖衫，外套宽袖斜襟露肩及膝长袍，武汉东湖岳家嘴隋墓胡俑左肩搭带、右肩裸露，有的甚至赤裸上身。

（三）位置自然

胡人武士镇墓俑和门吏似为标准配制（多为 2 件，也有 1 件），其他类别胡人皆为功能性陪葬品的一部分，并未刻意突出或隐匿，表现出隋朝胡人真实的生活状态。

（四）身份多样

除了少数入仕隋廷的胡人武士和文职官员外，大多数胡人为仆从、仪卫、驼夫、马夫、伎乐、僧侣等，属于社会中下阶层。

三、隋墓胡人的文化渊源

隋代经营西域，隋炀帝采取"以胡制胡"策略，"竟破吐谷浑，拓地数千里，并遣兵戍之。每岁委输巨亿万计，诸蕃慑惧，朝贡相续"[①]。礼部侍郎裴矩在张掖总揽胡商贸易，遍寻西域和西方各国信息，撰成《西域图记》："皇上应天育物，无隔华夷，率土黔黎，莫不慕化，风行所及，日入以来，职贡皆通，无远不至。"[②] 隋炀帝甚至于焉支山召见西域二十七国使臣，举行"万国博览会""京兆王都所

[①] ［唐］魏征：《隋书》卷一五《志》第十，北京：中华书局，1976 年，第 378 页。
[②] ［唐］魏征：《隋书》卷六七《裴矩传》，北京：中华书局，1976 年，第 1579 页。

在,俗具五方,人物混淆",洛阳"招致商旅,珍奇山积"①。毕波认为,与魏洛阳城将胡人强制性隔离于城外的政策相比,隋代的西域胡人与长安市民错杂而居或聚族而居,进一步促进了胡汉交融②。

从文化渊源上看,隋墓胡人俑像既有统一的风格,也有不同的地域文化特征。"由于大批隋人曾生活于前朝,隋代尤其是隋代前期的墓葬艺术品,其风格在很大程度上仍然受前朝的影响。"③杨泓认为"隋朝初年俑群中这种北周、北齐风格的造型明显地混杂在一起的现象,到大业年间就不多见了,逐渐萌发出隋俑自己的造型风格"④。

(一)北朝渊源

就陶俑而言,关中隋墓胡人形象在造型、服饰和制作方面主要受北周和北齐的影响。张全民以仁寿(601—604年)年间为界,把隋代墓葬陶俑样式和制作工艺分为前后两期,"开皇二年(582年)李和墓中已出现北周样式与北齐样式相掺杂的情况,但总体来说,开皇初年陶俑多为纯粹的北周样式,只是偶有新引进的北齐样式。直至开皇中期,北周和北齐两种样式并行的情况开始多见。进入开皇末期和仁寿年间,北周样式基本淡出,为北齐样式所替代""关中地区隋代俑群迅即效仿东魏、北齐样式,进而取代西魏、北周的传统样式,表现出融汇统一的趋势,并在此基础上发展出一些新样式,同时战国以来传统的木俑工艺得以恢复光大,形成隋朝崭新的风格特征"⑤。可见,河南、河北、山西、山东等地隋墓所出胡俑仍然延续了北齐样式,并在某些方面有所发展。洛阳周围的隋墓胡俑带有北魏遗韵,因为洛阳成为北魏首都后曾出现了一个胡俑随葬的小高潮。

---

① [唐]魏征:《隋书》卷二九《地理志》,北京:中华书局,1976年,第817页。
② 毕波:《隋代大兴城的西域胡人及其聚居区的形成》,《西域研究》2011年第2期。
③ 张庆捷:《北朝隋唐的胡商俑、胡商图与胡商文书》,载《中外关系史:新史料与新问题》,北京:科学出版社,2004年,第173—203页。
④ 杨泓:《北朝陶俑的源流、演变及其影响》,载《中国考古学研究——夏鼐先生考古五十年纪念论文集》,北京:文物出版社,1988年,第274—275页。
⑤ 张全民:《略论关中地区隋墓陶俑的演变》,《文物》2018年第1期。

(二)南方渊源

南方隋墓胡人俑像与北方隋墓胡人俑像并非出自一源,应属不同文化系统,除了部分胡人沿着陆路自北向南流动外,还有一部分沿着海路自南而北迁移。因此,湖北、安徽等地的隋墓胡俑除了受北齐样式影响外,还有明显的地方文化特色,即受东吴至两晋南朝墓葬胡俑影响和加入了海上丝绸之路的元素。南北交界地带具有混合型文化特征,如安徽合肥隋墓北方和南方文化因素并存。

(三)西方渊源

隋代胡人源处复杂,林梅村认为有印欧语系的西胡(月氏、塞人、粟特、羯胡)、波斯、吐火罗、月氏、天竺、拂菻等[1],可谓"胡风国俗,杂相揉乱"[2]。正如陈寅恪所言,北朝汉人与胡人区别在于文化,而非血统,汉化胡人就是汉人,而胡化之人就是胡人,不管其血统如何[3]。因此,隋墓胡人带有明显的复合渊源特征,特别是融合了中亚、西亚和南亚风格,如波斯和佛教等图像元素。科罗威尔指出,"镇墓武士俑也有复杂的西方渊源,希腊神话中卫士或保护者赫拉克勒斯在希腊化时期进入佛教造像中(金刚手菩萨、力士、乾达婆等),并随着佛教东传作为佛或菩萨周围的护卫者出现在新疆(克孜尔、吐鲁番)、甘肃(敦煌莫高石窟、榆林窟、麦积山石窟)等地的雕塑、绘画和壁画中,作为镇墓武士俑出现在隋唐时期墓葬中(赫拉克勒斯的木棒和狮皮帽经过长时段和远距离的传播过程中地方化为虎皮帽和刀剑类兵器)"[4]。此外,山西、河南隋墓还有佛教僧侣的形象[5]。

---

[1] 林梅村:《松漠之间——考古新发现所见中外文化交流》,北京:生活·读书·新知三联书店,2007年,第67页。

[2] [南朝梁]萧子显:《南齐书》卷五七《魏虏传》,北京:中华书局,1972年,第983页。

[3] 陈寅恪:《陈寅恪集·隋唐制度渊源略论稿·唐代政治史述论稿》,北京:生活·读书·新知三联书店,2001年,第200—2001页。

[4] I—Tien Hsing, William G. Crowell. Heracles in the East: The Diffusion and Transformation of His Image in the Arts of Central Asia, India, and Medieval China. *Asia Major*, Vol. 18, No. 2(2005):124-125.

[5] 申文喜:《略论安阳隋墓出土的瓷俑》,《安阳师范学院学报》2011年第3期。

隋墓胡人形象总体上表现出长时期胡汉交融的隋代范式，按照隋朝的政权建设逐渐整合发展为新的墓葬规范。然而，因隋朝短暂，胡汉并序的新特征尚未在隋墓中构建起诠释统一王朝的话语体系和展示标准，但预示着唐代胡汉交融盛世的到来并为之积聚能量。

第二节 唐代墓葬中的胡人俑

从20世纪20年代开始，唐代墓葬的考古发掘与学术研究取得了很多令人瞩目的成果。据不完全统计，陕西地区目前已发现的唐代墓葬地点多达8000处，以关中地区尤其是西安附近分布最为密集，数量也最多，已逾5000座。分为两大区域。一是关中六县区（乾县、礼泉、富平、三原、泾阳、蒲城）。主要是唐十八陵及陪葬墓，分布范围广，数量多，等级高，墓葬有纪年且墓主明确。二是西安及郊区。分布着大中小型唐代墓葬，以西安南郊最为集中。近年来，考古工作者在长安郭杜大学城已清理出唐代墓葬1000余座，西郊也有大量唐代纪年墓葬，墓主包括宫女等宫廷人员，东郊韩森寨、灞桥一带也有一些高等级墓葬，北郊发现较少。

可见，陕西地区的唐代墓葬主要集中在关中地区，特别是唐朝都城长安及其周边区域，东至浐河两岸的龙首原、长乐原、白鹿原、铜人原、洪庆原，西至长安区西北的高阳原和细柳原，南至长安区韦曲镇之南的神禾原和少陵原，北至渭河以北的底张湾。2007—2017年陕西省内共发现唐代墓葬500余座，分布在西安西郊、南郊及西咸新区周围。

值得注意的是，2008年以后，陕西地区大中型唐墓的考古发掘和研究又有了很多新收获。如唐上官婉儿墓、韩休墓、李道坚墓等一批墓志和壁画保存较好的大型唐墓，为研究唐代毁墓习俗、历史史实复原、美术考古，尤其是中国早期山水画研究方面增添了重要材料。学者们一般将陕西地区的唐代墓葬划分为 3 期、4 期①和 4 个以上的等级,分别对应皇室重臣、五品以上(其中三品以上又可分出一级)、五品以下、庶人等不同身份社会等级②。这些墓葬或多或少都与胡人有关。

一、陕西地区发现的唐代胡人墓葬

陕西地区发现的唐代墓葬中有一部分墓主本身就是胡人。这类墓葬包括帝陵陪葬墓和西安周边地区的胡人墓。帝陵陪葬墓主要有唐太宗昭陵的安元寿墓、李思摩墓、阿史那忠墓、阿史那社尔墓、契苾何力墓等。唐高宗乾陵的李谨行墓。西安周边的胡人墓葬主要有波斯人墓、昭武九姓粟特人墓、回鹘人墓、天竺人墓等。波斯人墓葬如苏谅妻马氏墓和李素墓等。昭武九姓粟特人墓葬有些分布在今西安北郊北二环一带。这一区域曾经是北周都城长安城的东郊,也是入华粟特贵族墓葬的主要集中地。1999—2004 年在西安地区陆续发现了一批粟特人墓葬,如安伽墓、康业墓、史君墓、米继芬墓、何文哲墓、康志达墓、米副使墓、康文通墓、康磨伽墓、康买留墓等,墓中围屏、石榻、石棺石椁等葬具或为外来葬俗,造型与纹饰蕴含着多元文化元素,如威猛的守护神、龛楣式门额、覆莲形基座、摩尼宝珠、火坛、火焰纹等反映异域宗教的装饰题材。回鹘人墓葬主要有葛啜王子和回纥琼墓等。天竺人墓葬如婆罗门李诞墓。据墓志记载,李诞祖父和父亲可能是来自天竺的婆罗门人,他本人曾于正光年间远游罽宾,回长安后,曾受皇帝赏赐。发掘者从葬俗及屏风内容推断,康业的汉化程度远高于安伽、史君和虞弘③。此外,还有像鲜于庭海、阿史那家族、契苾家族、突骑施

---

① 陕西省考古研究院隋唐考古研究部:《陕西南北朝隋唐及宋元明清考古五十年综述》,《考古与文物》2008 年第 6 期。
② 程义:《二十世纪关中唐墓研究的回顾与展望》,《唐史论丛》第十辑,西安:三秦出版社,2008 年,第 296—298 页。
③ 程林泉:《西安北周李诞墓的考古发现与研究》,《西部考古》第一辑,北京:科学出版社,2006 年,第 391—400 页。

王子等突厥人墓葬①。

二、陕西地区唐代墓葬中的胡人俑

陕西唐代墓葬出土的陶俑数以万计,居全国之首,在使用数量、规模和种类上远远超过前代,其中夹杂着各类胡人俑,在造型上大致分为胡人文官俑、胡人武官俑、胡人牵马(驼)俑、胡人骑马俑、胡人伎乐俑。在质地上包括陶俑、釉陶俑、彩绘陶俑、三彩俑、瓷俑及木俑等②。造型多样,制作精良,成为研究唐代中外文化交流的珍贵材料,就像葛承雍所说,"胡俑不仅是外来移民生存生活的国家形象,也体现着丝绸之路东西方艺术交流的碰撞与交融"③。

(一)西安及周边地区

已发现的唐代墓葬数量虽然很多,但因多次被盗且很多发掘材料尚未公布,胡人俑具体数字无法统计。墓葬中出土的胡人俑很多,比较典型的有:张士贵墓(显庆三年,658年)出土26件胡人俑(12件立俑,14件骑俑),元师奖墓(垂拱二年,686年)出土10件胡人俑,独孤思敬墓(葬于唐中宗景龙三年,709年)出土10件胡人俑(1件胡人骑驼俑,7件胡人牵马俑,2件文官俑),鲜于庭诲墓(开元十一年,723年)出土4件牵马胡俑和1件胡人男侍俑,金乡县主墓(开元十二年,724年)出土18件胡人俑,俾失十囊墓(开元二十六年,728年)出土20件胡人俑,中堡村唐代墓葬出土8件胡人俑,唐让帝惠陵李宪夫妇合葬(开元二十九年,741年)墓出土34件胡人牵马俑,西安南郊M31(盛唐时期)

---

① 解峰、马先登:《唐契苾明墓发掘记》,《文博》1998年第5期。契苾氏为《魏书》中高车六姓之一,活动于伊吾以西、焉耆以北的阿羯田山一带。606年曾建立契苾汗国,因以为姓。贞观六年(632年),首领契苾何力与其母率众千余诣沙洲内属,被封凉国公,检校九姓契苾部落,"以忠奉国,始终如一"。很快汉化,其母及妻子曾被赐姓武氏,成为贞观、武周显贵,唐末已不含有契苾姓氏。
② 根据陕西省文物信息中心统计数据,陕西31家文博单位收藏典型胡人俑283件组,因检索工具所限,应该有大量胡人俑因定名问题而检索不到。主要有陕西历史博物馆、西安博物院、乾陵博物馆、昭陵博物馆、咸阳市博物馆、陕西省考古研究院、富平县博物馆、蒲城县博物馆、长安区博物馆等。
③ 葛承雍:《序言》,载《西安文物精华·陶俑》,西安:世界图书出版社,2014年,第3页。

出土6件胡人俑,西安东郊红旗电机厂唐代墓葬(盛唐时期)出土5件胡人俑,西安南郊唐渤海郡君高夫人墓(天宝九载,750年)出土3件胡人俑,裴氏小娘子墓(大中四年,850年)出土22件胡人陶俑,陕棉十厂唐代墓葬(盛唐时期)和西安东郊十里铺337号唐代墓葬(盛唐时期)各出土3件胡人俑①。

1. 唐朝散大夫行定王府掾独孤思敬墓(景龙三年,709年)

胡人文官俑(2件),分别高75.5厘米和74.3厘米。一件双手执圭形笏板,头戴帽,帽两侧各饰1只绿釉鸟,身穿圆领对襟绿衣,腰系宽带,下着裳垂地,足穿方头靴。另一件手中无物,帽上只在前面饰一只绿色鸟,鸟作展翅若形状,头下垂,鸟嘴与俑额部相抵。此外还有1件骑驼胡人俑(高41.6厘米)、7件牵马胡人俑和牵驼胡人俑(高79.4—82.4厘米)均握拳举手作牵扯状,其中一件嘴上有髭、面相沧桑者应为老年胡人,其余为青壮年胡人②。

2. 云麾将军右领军卫将军鲜于庭诲墓(开元十一年,723年)

牵马胡俑高42.5厘米,头裹后面卷起的头巾,身穿圆领窄袖黄色及膝半袖袍服,足蹬长筒靴。胡人男侍俑高42.6厘米,戴头巾,身穿蓝色大翻领窄袖淡黄色衣,束带,足穿蓝色长筒靴。骑驼胡俑高39.4厘米,头戴尖帽,身穿圆领窄袖浅黄色半袖袍服,脚蹬长筒靴,两手作牵缰赶驼状。骆驼载乐俑高58.4厘米,有一老年歌舞胡俑站于四位胡人乐手(其中2人弹琵琶、1人拍板、1人吹筚篥)中间。

3. 金乡县主墓(开元十二年,724年)

该墓出土的50多件陶俑中有18件胡人俑,包括:(1)骑马狩猎胡人俑8件,通高63厘米,高鼻、深目、长髯,头戴圆顶翻檐胡帽,穿圆领窄袖袍。(2)骑立驼胡人俑2件、骑卧驼胡俑1件,高41厘米,胡俑头戴尖顶胡帽,穿圆领窄袖袍。(3)表演戏弄的胡人俑2件,高6.3厘米,皆戴幞头,穿长袍,足蹬靴,相对表演,其中1件为长髯胡人。(4)牵马、牵驼胡俑7件,通高38.6—43厘米。这些

---

① 李域铮:《西安西郊唐俾失十囊墓清理简报》,《文博》1985年第6期。
② 马得志、张正岭:《西安郊区三个唐墓的发掘简报》,《考古通讯》1958年第1期。

胡俑均藏于西安博物院①。

4. 西安南郊唐代墓葬(盛唐时期)②

该墓出土胡俑主要有:(1)胡人武官俑1件(M31B9),头戴冠,高鼻深目,满脸络腮胡,着绿色长袍,身体微向前倾,双手执笏于胸前,神态威猛,其他形制同M31B8。(2)牵马胡俑2件,皆圆脸高鼻,双目突起,满脸黑而浓密的络腮胡,头戴幞头,身穿翻领紧袖胡服,长至膝下,腰系带,足蹬高靴,右手略高,左手稍低,双臂前伸,作牵马状,两腿叉开,直立于方形托板上。(3)胡人俑1件(M31、B18),高鼻深目,双眉突出,双耳系耳套,头戴黑色幞头,身着黄色圆领紧袖长袍,腰束带,右臂弯曲至胸前,手残,左臂下垂,足蹬圆口鞋,站立于方形托板上。(4)骑驼胡俑3件,深目高鼻,络腮胡,着蓝白色翻领紧袖胡服,腰系带,足蹬靴,左腿搭在右腿上侧坐在骆驼双峰间,两手作拉缰状,另一右手抬起,左手握拳作持物状,胸前挂一鼓。这些胡人陶俑均藏于西安博物院。

5. 唐孙承嗣夫妇墓(开元二十四年,736年)

该墓出土6件身穿翻领窄袖胡服的胡人牵马、牵驼俑(标本M12:3、M12:81和M12:85),作侧首直立牵缰状。胡人伎乐俑4件,其中标本M12:150络腮胡外翘,双手举于胸前,左手捏一小圆饼状物,似作击钹状。标本M12:152双手于胸前捧持乐器作演奏状,所持乐器已失,推测为笙。标本M12:144头戴尖顶胡帽,身着圆领窄袖袍,作侧首表演状。这些胡人陶俑均藏于西安博物院。

6. 大唐故特进右卫大将军雁门郡开国公俾失十囊墓(开元二十六年,738年)

出土的胡人俑主要有戴风帽胡人俑(高20厘米)、穿交襟短袄胡人立俑(高25.5厘米)、骑马胡人俑(高43.5厘米)及奏乐胡人俑(6件,高7.7—8厘米)。奏乐胡人俑皆头戴黑色软巾,身穿窄袖长袍,坐地演奏乐器(琵琶、排箫、箫、答腊鼓和横笛等)。其中有一位深目虬须,体型健硕的老人。他表情生动,举双手比划,

---

① 西安市文物管理委员会:《西安唐金乡县主墓清理简报》,《文物》1997年第1期。
② 西安市文物保护考古所:《西安南郊唐墓(M31)发掘简报》,《文物》2014年第1期。

似有满腹音艺①。这些胡人陶俑均藏于陕西历史博物馆。

7. 秋官尚书李晦墓(永昌元年,689年)②

该墓出土151件三彩陶俑,包括三彩立俑和三彩骑马俑,其中三彩陶立俑115件,有风帽立俑、幞头立俑、昆仑黑奴三种,高23—36厘米。风帽俑和幞头俑均为胡人形象。三彩骑马俑34件,修复完整26件,均为乐伎俑,高40—45厘米。

此外,2002年西安市绕城高速公路马家沟段唐太州司马阎识微夫妇墓出土的三彩胡人文官俑(1件)、胡人武官俑(1件)、胡人骑马俑(1件)、胡人牵驼俑(6件)③。2009年,陕西省考古研究院在咸阳机场二期建设项目发掘的执失思力墓、窦孝谌墓及其第三子窦希瓘墓也出土了不少异常精美的彩绘胡人俑。2014年,户县兆伦唐墓(从唐初至唐末中、小型墓葬)出土的胡人俑则数量较少④。2014年,西安国家民用航天产业基地唐凉国夫人王氏墓出土胡人男立俑3件(分别高37.1、11.2、8.1厘米)、胡人女立俑1件(高34厘米)和胡人伎乐俑2件(盘腿坐姿,高14.5厘米)⑤。

(二)昭陵陪葬墓

除了大唐右武卫大将军使持节郑仁泰墓(龙朔三年,663年)外,出土胡人较多的还有以下墓葬。

---

① 李域铮:《西安西郊唐俾失十囊墓清理简报》,《文博》1985年第6期。俾失十囊是开元初臣服唐朝的突厥人,加授右卫大将军,封雁门郡开国公,宿卫长安。鲜于庭诲出身军伍,为右卫翊府队正长,因710年参与平定内难(韦后之乱或太平公主之事)而被玄宗提升为"上柱国,北平县开国公",死后追赠右领卫将军,并赐丰厚葬品随葬。1956年西安西郊枣园村出土的开元十二年《唐赠左骁卫大将军左贤王阿史那毗伽特勤墓志铭》载,墓主是"颉利突厥可汗之曾孙,其先夏后民之苗裔",承认其先祖是归化的突厥人,但自己是炎黄子孙。咸阳市渭城区药王洞村发现的突厥将领契苾明墓反映墓主人曾任左鹰扬卫大将军兼贺兰州都督等职。
② 李晦卒于武则天永昌元年(689年),其墓位于高陵县马家湾村,1995年抢救性发掘,这批俑被认为是关中地区最早成组出现的三彩俑,为单色釉,技法尚不成熟。焦南峰:《唐秋官尚书李晦墓三彩俑》,《收藏家》1997年第6期。
③ 西安市文物保护考古研究院:《西安马家沟唐太州司马阎识微夫妇墓发掘简报》,《文物》2014年第10期。墓主阎识微卒于圣历二年(699年)十二月二十一日,夫人裴氏卒于天授二年(691年),两人于神龙二年(706年)合葬在长安万年县崇道乡。
④ 陕西省考古研究院:《户县兆伦遗址隋唐墓葬发掘简报》,《文博》2015年第5期。
⑤ 西安市文物保护考古研究院:《唐凉国夫人王氏墓发掘简报》,《文博》2016年第6期。墓主人为唐肃宗保姆,卒于上元二年(761年)。

1. 大唐故辅国大将军荆州都督虢国公张士贵墓(显庆三年,658年)

该墓主要有4件胡人俑(高23—26厘米)、2件胡人牵马俑(高38厘米)和6件胡人骑马俑(高38厘米),均藏于陕西历史博物馆①。

2. 大唐故太子少保豫州刺史李贞墓(开元六年,718年)

该墓主要有彩绘胡人武官俑、胡人牵马俑(高51厘米)和胡人俑(高27—29厘米)等,亦均藏于陕西历史博物馆。

(三)乾陵陪葬墓

主要有永泰公主墓出土的三彩胡人俑(包括侍从俑、牵马俑)和彩绘陶胡人骑马俑,分为胡人武士俑和胡人狩猎俑两大类。章怀太子墓和懿德太子墓也有不少胡人俑,种类多样,体形硕大,制作尤为精美,分别藏于乾陵博物馆和陕西历史博物馆。

(四)蒲城桥陵陪葬墓

1. 唐惠庄太子李㧑墓(开元十二年,724年)

该墓内第一天井西壁龛专设头戴幞头的胡人俑区,出土胡人俑包括:95HZM:37号胡人俑双目突出圆睁,鼻翼宽大,头戴黑色双圆形软角幞头,身穿圆领窄袖长袍,腰束黑带,足穿乌靴;95HZM:46、95HZM:61、95HZM:59号胡人俑外形和装束类似,胡人特征非常明显。这些胡人陶俑均藏于陕西省考古研究院。

2. 唐惠陵让帝李宪夫妇合葬墓(开元二十九年,741年)

该墓出土了胡人牵马俑(34件,通高51—55厘米)和胡人骑驼俑。方面浓须,深目高鼻,双臂分张,掌心虚握,持缰牵马状。有的头戴黑色幞头,有的戴红色尖顶圆帽,还有的无帽,头生棕红色卷发(宽鼻、阔口、厚唇,与前者非同一人种),甚至还有长发于顶中向两侧分梳,于双鬓处结成掩耳发髻,半圆小帽扣于后脑上②,这些胡人陶俑均藏于陕西省考古研究院。

---

① 陕西省文管会、昭陵文管所:《陕西礼泉唐张士贵墓》,《考古》1978年第3期。昭陵文管所:《唐越王李贞墓发掘简报》,《文物》1977年第1期。陕西省博物馆、礼泉县文教局唐代墓葬发掘组:《唐郑仁泰墓发掘简报》,《文物》1972年第7期。

② 陕西省考古研究所编:《唐李宪墓发掘报告》,北京:科学出版社,2005年,第44—49页。

(五)其他唐代墓葬

1. 长武县枣园乡郭村唐泉州刺史张臣合墓(总章元年,668年)

该墓出土有彩绘昆仑奴俑(高27厘米)、彩绘胡商俑(高25厘米)深目高鼻,虬髯伟岸,头戴卷檐尖顶毡帽,穿翻领袍服,下着白裤子,足穿黑色毡靴。身背行囊,头向左倾,右手抓行囊背带,左手提一只单柄细颈壶,好像一位初次进入唐朝,四下寻找商肆或觅水的胡商。该俑藏于陕西历史博物馆①。

2. 华阴唐沙洲敦煌县令宋素墓(咸亨元年,670年)

该墓发现1件胡人立俑,头戴幞头,身穿翻领胡服;3件胡人立俑及8件胡人骑马俑,均头戴毡帽,身穿翻领胡服。这些胡人陶俑藏于陕西省考古研究院②。河南洛阳博物馆、中国国家博物馆亦收藏有类似的胡人俑。另外,陕西历史博物馆、西安博物院、长安区博物馆、乾陵博物馆、昭陵博物馆、蒲城博物馆、三原博物馆、长武博物馆、宝鸡青铜器博物馆等皆藏数量不等的各类胡人俑。

(六)博物馆与考古研究院藏品

陕西省考古研究院藏韦慎名墓(开元十五年,727年)出土的8件胡人风帽骑马俑似为马上乐手③。陕西历史博物馆藏西安东郊中堡村唐代墓葬(盛唐时期)出土的1件三彩胡人牵马俑(腰上系毛刷、梳子等洗马工具)和1件牵驼俑(高28.5厘米)、韩森寨唐代墓葬出土的1件胡人牵马(驼)俑、裴氏小娘子墓出土的6件身穿交襟单翻领窄袖束带长袍的彩绘胡人牵马俑(高30厘米)和身着圆领紧袖束带长袍的彩绘陶男立俑(14件,通高31厘米)、陕棉十厂唐代墓葬(盛唐时期)出土的4件胡人牵马或驼俑④,西安博物院藏西安近郊出土的1

---

① 晏新志:《张臣合墓唐俑品鉴》,《文博》2004年第3期。长武县博物馆:《陕西长武郭村唐墓》,《文物》2004年第2期。张臣合麟德二年(665年)卒于扬州,其子张智慧于乾封元年(666年)卒于洛阳,总章元年(668年)父子二人归葬故里幽州宜禄之岐原(今长武郭村)。
② 陕西省考古研究院、华阴市文物旅游局:《陕西华阴市唐宋素墓发掘简报》,《考古与文物》2018年第3期。
③ 陕西省考古研究所、西安市文物保护考古所:《唐长安南郊韦慎名墓清理简报》,《考古与文物》2003年第6期。
④ 陕西省考古研究所:《西安西郊陕棉十厂唐墓壁画墓清理简报》,《考古与文物》2002年第1期。

件三彩双髻胡人骑马腾空俑(高38厘米,长52厘米)。此外,陕西历史博物馆还藏裴氏小娘子墓出土的2件彩绘黑人俑(高15厘米),上身裸露,下身穿一短裤,全身涂黑,头发卷曲成螺旋状,是典型的非洲黑人形象,作牵马状①。

三、关于陕西唐代墓葬胡人俑的几点认识

陕西唐代墓葬随葬胡人俑似乎成为标准配置,基本组合是:镇墓俑、文武官俑、墓主专用侍俑、仪卫俑及动物俑。

(一)出土胡人俑墓葬的等级

随葬胡人俑的数量、规格、组合也是考察墓主身份级别的重要线索之一。张蕴以李宪墓为例,通过700多件陶俑来研究自贞观十七年(643年)长乐公主李丽质墓至兴元元年(784年)唐安公主墓等15座大型唐墓随葬陶俑的组合级别、使用数量定额、形体尺寸规范。她认为,初唐时期,随葬俑制度尚未完善,胡人俑体型较大,高度皆在30—40厘米,形象显呆滞,如长乐公主墓、新城公主墓、独孤思敬墓和鲜于庭诲墓。盛唐时期的胡人仪卫俑类未见明显变化,立俑仍在20厘米左右,骑俑也基本保持在30—40厘米。仪卫出行骑马胡人俑200余件,高40—45厘米;胡人仪卫立俑400多件,高35—40厘米。还新出现了胡人文官俑和武官俑②。唐代墓葬胡人俑数量和质量多寡似乎并无定势,但基本上是级别高的墓葬出土的胡人陶俑数量多,制作精美,种类较丰富。这些胡人俑的出土位置多与其他俑混在一起,也见单独成区,比如,惠庄太子李㧑墓第一天井西壁龛为胡俑分布区。胡人俑有年龄、性别区分,如独孤思敬、鲜于庭诲墓、西安南郊唐代墓葬胡人俑中的老年形象,金乡县主墓和永泰公主墓出土的女性胡人陶俑。

正如上文所言,胡人俑的数量、质量与墓主人的官职、地位等有关,独孤思

---

① 李秀兰、卢桂兰:《唐裴氏小娘子墓出土文物》,《文博》1993年第1期。
② 张蕴:《关于李宪墓随葬陶俑的等级讨论》,《考古与文物》2005年第1期。

敬墓制作大而粗糙的胡人俑与鲜于庭诲精致的胡人俑形成了鲜明的对照。前者虽世代身居显官,因附属武攸思而为后人所不齿,乃至史书无传。后者因在(710年)平定内乱中立大功而从统辖五十兵卒的低级军官——右卫翊府队正长直升为右领卫将军,享受着精致华丽的墓葬待遇。孙承嗣没有任何品级,仅仅是兵部常选,但他使用的墓葬形制和随葬品规格较高,与品官不相上下,由此看出,当时官方丧葬制度未有关于庶人明器数量的规定,出现了一些僭越现象,同时也说明时人竞相厚葬的风习盛行①。唐玄宗时期开始对庶民陪葬的陶俑数量进行限制,如《丧葬令诸明器条》载:"诸明器,三品以上九十事,五品以上六十事,九品以上四十事。当圹、当野、祖明、地轴、诞马(复原为革旁加马)、偶人,其高各一尺;其余音声队与童仆之属,威仪服玩,各视生之品秩所有,以瓦木为之,其长率七寸。"②但存在一些模糊的地方,如"其高各一尺"是三品官随葬品的高度呢?还是所有当圹偶人的高度都是一尺?"其长率七寸"也有同样的问题,因此执行起来还是有一些难度,所以存在文献记载与考古发现不合的现象,唐代墓葬出土的胡人俑也反映出这一点。

(二)唐代墓葬出土的胡人俑组合

随葬陶俑是墓主人身份限定下的墓葬建制的一部分,与地上石雕人物相呼应,也属于地下结构的秩序性组成元素,与壁画、石质葬具(石门、墓志、石椁)中的人物一起被按照一定的位序进行排列组合,在以墓主人为中心的整个地下世界中继续各司其职。胡人不仅仅是墓主人生前仆从队伍中的成员,而且还是往生极乐世界的符号象征。胡人俑的分布虽无明显的规律性,但其皆与动物或物件相伴,出现在所有陪葬俑类中,有立姿、坐姿、骑姿(骑马者、骑驼者),有兵卒、武士、文官、武官、马球手、狩猎者、牵马(驼)者、伎乐、负重者等,七世

---

① 陕西省考古研究所、西安市文物保护考古所:《唐孙承嗣夫妇墓发掘简报》,《考古与文物》2005年第2期。
② 中国社会科学院历史研究所天圣令整理课题组、天一阁博物馆:《天一阁藏明钞本天圣令校正》(下册),北京:中华书局,2006年,第690页。程义、郑红利:《〈唐令丧葬令〉诸明器条复原的再探讨》,《中原文物》2012年第5期。

纪之前多为陶俑、彩绘陶俑、釉陶俑、瓷俑,之后增加了三彩类别①。

(三)唐代墓葬出土胡人俑的生产制作

根据陕西地区发现的陶窑作坊和窑炉遗址来看,长安城内有一些陶窑,大多烧制砖瓦建材和日用陶器,如西安市莲湖区小土门村以南唐代陶窑遗址和西郊窑头村陶窑遗址。也有专门烧制陵墓随葬品的陶窑,这种陶窑一旦完成需求后就被毁为平地。为了取用方便,这些陶窑一般建在距离陵墓区较近的地方,如咸阳市渭城区底张镇西郭村陶窑遗址和渭南富平县宫里镇涧头村的桑园窑址,后者就是专门为唐中宗定陵生产开设的官方砖瓦窑场,隶属唐甄官署管辖②。随葬陶俑一般为红陶和灰陶,多采用模制,手工彩绘或施釉。

遗憾的是很多唐代墓葬长期被盗掘,墓内陶俑数量、排列、布局和组合等原况不明。加上考古机构目前仍有大量新发掘的墓葬资料尚未整理发表,为研究唐代胡人俑造成了一定影响。笔者相信,随着多学科方法的介入,一些早期发掘资料中的胡人俑会得到重新整理与研究,也将进一步推动这一主题的综合研究,让我们透过这些形象各异的胡人俑进一步考察唐代胡汉交融的历史生成与文化影响。

第三节　甘肃唐代墓葬中的胡人形象

甘肃唐代墓葬中发现胡人形象的记载应该不晚于清同治年间,此墓即为卒于圣历元年(698年)、葬于圣历二年(699年)的弘化公主墓③。经过1944年、1945年系统的考古发掘,考古工作者发现了一些胡人俑,后来夏鼐在佛爷庙

---

① 陕西省考古研究院:《西安南郊唐代杨贵夫妇墓发掘报告》,《文物》2016年第11期,第38页。
② 桑园陶窑遗址距唐定陵约1000米,是目前发现的最大的一处唐代砖瓦窑址,有个体窑炉545座,分16组分布,整体范围达0.9平方千米,对于研究唐代帝陵的营造具有非常重要的意义。
③ 李占忠:《吐谷浑王后——弘化公主》,《中国土族》2014年第4期。弘化公主墓出土木俑、马俑、驼俑等。

湾墓群的唐代模印塑像砖墓[①]、武威嘴喇嘛湾的金城公主墓和慕容曦墓均发现了胡人俑像[②]。此后，敦煌、秦安、天水、庆城、酒泉、武威、灵台和山丹等地的唐代墓葬中亦有发现，代表性墓葬包括秦安县杨家沟1号唐墓（约景龙三年，709年）、庆城县唐游击将军穆泰墓（开元十八年，730年）、天水隋唐时期石棺床墓、敦煌地区铁家堡盛唐墓、灵台梁原乡唐墓、武威吐谷浑王族慕容氏家族墓、唐上柱国翟舍集墓（圣历三年，700年）、赵家磨唐墓等（参看表2-1、表2-2），主要有陶质（三彩陶）、石质、木质和青铜质官吏俑、牵夫俑、仆从俑、舞乐百戏俑，以及墓砖模印纹饰等。

目前学界关于甘肃唐代墓葬胡人形象的研究多集中于个别墓葬或某一区域，笔者结合最新的考古发现和文献资料，在系统梳理甘肃地区唐代墓葬胡人形象的基础上予以整体性探析，在丝绸之路视角下探讨唐代甘肃地区胡人的分布规律及意义。

一、甘肃唐代墓葬胡人形象的主要类型

甘肃唐代墓葬发现的胡人形象主要有两大类：一类是陶俑、石俑、木俑、铜俑等立体造型；另一类是模印砖和石质葬具上的浅浮雕或线刻图像。尽管大部分墓葬被盗，具体数量和位置无法探知，但组合情况比较明显，即很多墓葬中既有胡人俑，也有胡人图像，反映出胡人形象在唐代墓葬中并无突出或规避的整体分布规律。

（一）陶俑类

除了早年唐墓出土的一些胡人俑外，较为重要的发现有：1965年秦安县杨家沟1号唐代墓出土的20多件三彩武士俑、文吏俑、侍俑和牵驼（马）俑[③]。庆

[①] 夏鼐：《敦煌考古漫记》（二），《考古》1955年第2、第3期。
[②] 阎文儒：《河西考古杂记》（下），《社会科学战线》1987年第1期。
[③] 甘肃省博物馆文物队：《甘肃秦安县唐墓清理简报》，《文物》1975年第4期。此次共发现6座唐墓，除了1号墓外，其余都被盗掘一空。除了胡人俑外，还有穿翻领胡服的陶立俑。

城县穆泰墓出土的 16 件胡人俑，包括文官俑、参军俑、杂戏俑、胡人牵驼俑、胡人牵马俑等①。天水隋唐墓葬出土的 5 件石俑。笔者按照墓中组合情况，大致分为胡人与马或驼的组合形象、伎乐俑、仆从俑等。

1. 胡人与马组合

（1）牵马俑。主要有：①1944 年夏鼐先生在佛爷庙唐墓发掘的 3 件胡人牵马俑。深目高鼻，头顶盘着辫发，身穿大翻领窄袖胡服，脚蹬高腰靴②。②秦安县杨家沟 1 号唐墓出土的三彩胡人牵马俑。高 76 厘米，髡发，前额处留一缕头发，身穿高领窄袖束带袍（图 2-13）。另一牵马俑头发中分，耳后各有一垂髻，身穿大翻领束带袍服。③庆城县穆泰墓出土彩绘胡人牵马俑（图 2-14）。高 59 厘米，头戴黑色翻檐带楞尖顶高帽，身着橘黄色高领窄袖右衽

图 2-13　三彩胡人牵马俑

图 2-14　彩绘胡人牵马俑

束带长袍，足穿黑色长筒靴。④1987 年敦煌县铁家堡盛唐墓出土，敦煌市博物

---

① 庆阳市博物馆、庆城县博物馆：《甘肃庆城唐大游击将军穆泰墓》，《文物》2008 年第 3 期。李鸿宾：《唐故游击将军穆泰墓志考释——兼论唐朝胡人汉化的问题》，《民族研究》2009 年第 1 期。
② 夏鼐：《敦煌考古漫记》（二），《考古通讯》1955 年第 2 期。

馆藏 3 件胡人牵马俑。通高 73 厘米，戴帷帽，穿翻领交襟右衽至膝大衣，腰束带，足蹬尖头中缝长筒靴，双手作挽缰状[①]。此外，灵台唐墓亦出土 4 件彩绘胡人牵驼俑，身穿翻领袍服，有的头戴幞头，有的头发中分，还有的头顶卷发。

（2）骑马俑。主要有秦安县杨家沟 1 号唐墓出土的三彩胡人男骑马俑（图 2-15）。俑高 38 厘米，头戴黑色幞头，鬓须浓重，身穿翻领胡服，双臂弯曲，双手呈扶缰状骑在马鞍上。灵台唐墓也出土 1 件彩绘胡人骑马俑。

2. 胡人与骆驼组合

（1）胡人牵驼俑，敦煌老佛爷庙湾 1 号唐墓出土[②]。

（2）三彩胡人牵驼俑（3 组），秦安县杨家沟 1 号唐墓出土（图 2-16）。俑高 93.4 厘米，头戴黑色幞头，身穿折领窄袖右衽及膝袍服，袍下摆上卷，掖入腰带。

（3）彩绘胡人牵驼俑（图 2-17-1、2-17-2），庆城县穆泰墓出土。图 2-17-1 高 53 厘米，头戴白色尖顶高

图 2-15　三彩胡人骑马俑

图 2-16　三彩胡人牵驼俑

---

① 苏惠萍：《敦煌胡俑与丝绸之路贸易》，《丝绸之路》2010 年第 2 期。
① 夏鼐：《敦煌考古漫记》（二），《考古通讯》1955 年第 2 期。

帽,身穿高领窄袖右衽长袍,前襟两个下摆掖到左右腰际,下穿虎纹小口皮裤,足穿黑履,作奋力牵拉缰绳状。图 2-17-2 高 50 厘米,额扎橘黄色头巾,直发后梳,披至脖颈。身穿浅黄色高领窄袖紧身束带衫,前襟两个下摆掖到腰间。下穿豹纹小口皮裤,足蹬黑履。

图 2-17-1　彩绘胡人牵驼俑

图 2-17-2　彩绘胡人牵驼俑

图 2-18　彩绘胡人牵驼俑

(4)彩绘胡人牵驼俑。主要有:①牵驼辫发男性胡人俑(图 2-18)。1987 年敦煌县铁家堡盛唐墓出土,敦煌市博物馆藏。共 2 件,通高 69 厘米,头发梳成两条辫子,盘结脑后,身穿至膝大翻领长袍,腰束带,足蹬尖头长筒靴,双手作挽缰状。②彩绘胡人牵驼俑(图 2-19-1、2-19-2)。图 2-19-1 头戴黑色幞头,身穿三角大翻领束带袍服,领子、前襟、下摆和袖子皆镶花边。图

2-19-2 头戴黑色幞头,身穿黑色圆领束带袍服,束带较低,双手弯曲举于胸前。

3. 官吏俑

(1)秦安县杨家沟 1 号唐墓出土三彩文官俑和武官俑。高分别为 134 厘米、135 厘米,分别戴梁冠和鹖冠,皆横眉大眼,怒视前方,身着广袖外衣,腰系带,下穿紧腿裤,足蹬尖头靴。其一俑双手拢于胸前,另一俑右手握于胸前,左臂下垂,作持物状。

(2)穆泰墓出土的彩绘胡人文官俑(5 件)和武官俑(7 件)。M2:6 号俑为文官俑,高 59 厘米,头戴方形小冠,身穿束带袍服,双手置于腹下。M2:7 号俑为武官化肥高 38.5 厘米,头戴幞头,身穿束带袍服,双手执笏于胸前。另有 3 件高 11 厘米,身穿翻领袍服的文官俑。

图2-19-1 彩绘胡人牵驼俑

图 2-19-2 彩绘胡人牵驼俑

4. 袒腹胡人俑

庆城穆泰墓出土(图 2-20)。高 50 厘米,疏发谢顶,浓眉怒目,络腮胡须尖儿上卷至鼻头,身着浅褚色团领窄袖开襟长袍,袍下摆扭结于腹下,露出绿色袍里子,袒胸露腹乳,腹胸圆鼓下垂,腹部墨绘疏毛。缩颈耸肩,两臂后屈于臀部。下着窄裤足蹬乌皮翘头靴,直立于长方形台座上。

5. 抱瓶胡人俑

1997 年武威市凉州区高坝镇高坝村翟舍集墓出土(图 2-21)。高 29 厘米,武威市博物馆藏。长卷发中分且披于肩上,右腿跪坐,左腿弯曲立于莲瓣圆形台座上,怀抱一鸭,左臂环抱鸭颈,右臂抱鸭尾,身体前倾,头紧贴鸭的颈部,鸭

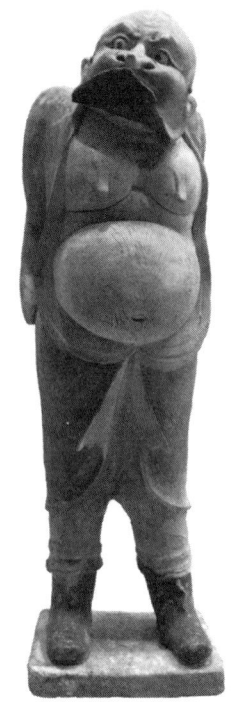 

图 2-20　袒腹胡人俑　　　　图 2-21　抱瓶胡人俑

嘴大张,作为壶的流口。也有人称"抱鸟童子陶俑"①,但结合其他例子,笔者认为应该称为胡人抱瓶俑。该墓还出土 23 件高 25—27 厘米的三彩男立俑,身穿翻领披风,带有明显的胡风特征。

6. 胡人伎乐俑

(1) 参军戏俑。庆城穆泰墓出土,共 3 件,其一高 42 厘米,头戴矛形卷檐毡帽,身穿彩绘束带袍服,挤眉弄眼,身体斜倾。

(2) 石雕跪姿胡人伎乐俑。天水秦州区石棺床墓(隋唐时期)出土。石棺前面的左右两侧摆放着 5 个伎乐俑,高 32—33 厘米,头戴低平角幞头,身着圆领束带袍服,形象分别为吹笛、吹筚篥、吹排箫、执笙、弹琵琶的伎乐俑。据发掘者

---

① 黎大祥:《武威大唐上柱国翟公墓清理简报》,《陇右文博》1998 年第 3 期。武威市文体广电和旅游局编:《武威文物精品图集》,兰州:读者出版社,2019 年,第 146 页。

考证,该墓属于中亚粟特人墓葬①。胡人石俑服饰与梁元帝萧绎《职贡图》所绘的龟兹、邓至和周古柯国使节,以及敦煌莫高窟第 296 窟北周狩猎图中的人物所着服饰类似。

(3)鎏金铜舞蹈胡人俑。山丹县博物馆藏(图 2-22)。高 13.4 厘米,头戴尖帽,身着圆领窄袖长袍,腰系窄带,脚穿皮靴,右手叉腰,左手上扬,右脚踩于莲花台上,左脚抬起,似作舞蹈状。此俑腰间挂酒壶,似为表演饮酒场景或酒后激情表演,类似的服饰也见于李贤墓西壁的外国使者图和甘肃出土的隋唐胡人俑。

7. 仆从俑

(1)胡人铜俑头(图 2-23)。酒泉市博物馆藏。深目高鼻,头戴尖顶帽,帽尖向前弯曲,形象非常生动②。

图 2-22　胡腾舞俑

(2)彩绘陶胡人俑。该馆还藏有 1 件胡人男立俑(图 2-24)。高 29.5 厘米,卷发,上身穿圆领窄袖长袍,下身着长裤,腰系窄带,下着皮靴,双手握于胸前。类似形象见于嘴喇嘛湾唐墓 M3 的 4 件木雕彩绘胡人半身男俑③。通高 13.5 厘米,高发髻,头戴幞头。类似的服饰也见于李贤墓西壁的外国使者图和阎立本的《步辇图》。

此外,青嘴喇嘛湾吐谷浑王族墓葬出土的木雕风帽男立俑头戴风帽,身穿

---

① 天水市博物馆:《天水市发现隋唐屏风石棺床墓》,《考古》1982 年第 1 期。
② 酒泉市博物馆编:《酒泉文物精萃》,北京:中国青年出版社,1998 年,第 122 页。
③ 武威市文体广电和旅游局编:《武威文物精品图集》,兰州:读者出版社,2019 年,第 148 页。

图 2-23　胡人头　　　　图 2-24　胡人俑

束带袍服,外披风衣,被认为具有"少数民族特色",其实此类造型的陶俑在陕西关中隋至唐初墓葬中很常见,应该是小立领胡服的一种变体。合水县魏哲墓出土的大肚陶俑也使人想起穆泰墓袒腹的胡人俑①。

(二)图像类

主要见于模印砖和石质葬具。

1. 胡人牵驼图

(1)1995年敦煌机场佛爷庙湾盛唐时期墓群模印砖墓出土②。该墓墓室西半部(北壁、西壁、南壁)模印塑像砖下排为胡商牵驼、骑士巡行模印砖,与下排同类砖相对应,但方向相反。该墓出土胡商牵驼砖16块,根据人物服饰、姿势

---

① 甘肃省文物考古研究所、甘肃陇东古石刻艺术博物馆:《甘肃合水唐魏哲墓》,《考古与文物》2012年第4期。
② 甘肃省博物馆:《敦煌佛爷庙湾唐代模印砖墓》,《文物》2001年第1期。黎大祥:《武威青嘴喇嘛湾唐代吐谷浑王族墓》,《陇右文博》1996年第1期。共发现7座唐墓。

和骆驼驼囊等可分为 AB 两种类型。A 型 9 块,标本 M123 西壁上 2 砖长 35.5 厘米,宽 23.2 厘米,厚 5 厘米。模印胡商深目高鼻,头戴尖顶高帽,身穿及膝袍衫。左手牵驼缰,右手握杖扛于肩上。骆驼张口作嘶鸣状,双峰间搭长方形驼囊,上有一回首扬尾的小猴。B 型砖 7 块,标本 M123 砖长 35.3 厘米,宽 23.3 厘米,厚 6 厘米。胡商身着 V 形领及膝长袍,腰系带。上半身后转,面部微扬,回顾骆驼。右手执鞭下垂。骆驼驮架上搭十字形捆扎的椭圆形驼囊,上立一小鸟。

(2)彩绘胡人牵驼模印砖。2000 年山丹一中基建工地出土,共 2 块,长 31 厘米,宽 22 厘米,厚 5 厘米[①]。左行胡商头戴前倾的尖毡帽,身穿系带袍服,脚蹬尖角上卷的靴子,右手持缰,左手向上持黑色骨朵并扛于肩,大步向前行走。右行胡商头戴向后弯曲的毡帽,服饰与左向牵驼胡人相同。此类模印砖一直延续至宋代,如庆阳市博物馆藏镇原县庙渠乡北宋宣和五年(1123 年)墓出土胡人牵驼和胡人牵马画像砖(长 31.6 厘米,宽 32 厘米,厚 5.3 厘米)。

2. 饮酒与酿酒胡人

天水隋唐墓石棺床外壁图案[②]。屏风 9 有 7 位胡人,有的手持细颈瓶,有的盛酒,有的运酒,有的饮酒。屏风 1 也有 2 位饮酒胡人和 1 位跪地胡人。卷发齐肩,或头戴毡帽,身穿圆领束带袍服。

综上所述,甘肃唐墓出土的胡人形象呈现出六个明显特征:

第一,构成复杂。既有唐代胡人的普遍特征,也有甘肃地域性的特征。造型主要有驼夫、马夫、伎乐、仆从等下层劳动者,敦煌壁画上多见的胡僧、胡商和文献记载的官员、侍卫等则无法通过形象进行辨识,有可能隐没于随葬俑中,甚至还有的被盗而不知所踪。其他地区胡人俑中的兵卒、猎手、驯兽(禽)师等也不曾出现,驼夫很少见骑驼形象。

第二,才质多样。主要有陶俑、石俑、铜俑、木俑,以及模印砖和石质葬具,

[①] 王延璋:《山丹县一中唐墓清理简报》,《陇右文博》2000 年第 2 期。戴春阳:《敦煌佛爷庙湾唐代模印塑像砖墓——模印塑像砖相关问题考论》(三),《敦煌研究》2018 年第 2 期。

[②] 天水市博物馆:《天水市发现隋唐屏风石棺床墓》,《考古》1992 年第 1 期。李宁民:《天水出土屏风石棺床再探讨》,《中原文物》2013 年第 3 期。宋莉:《甘肃天水石棺床年代考》,《西北美术》2006 年第 1 期。

尤以模印砖为地方特色,很少见到关中地区常见的壁画、玉石器、金银器等,可能与墓葬等级有关(尽管有弘化公主这样的正一品墓葬,也有穆泰那样五品官员,但整体上与关中帝王陵陪葬墓还是有差别的)。

第三,分布广泛。从区域性分布来看,出土胡人形象的唐墓几乎见于甘肃各主要交通枢纽,说明唐代胡人在甘肃的分布范围很广,也反映出丝绸之路沿线胡人辗转行进的流动性、多变性与模糊性。从社会分布来看,胡人分布在隋唐时期的各行各业,大多凭借一技之长谋生。既有安修仁这样的显贵凭借族系、战功、政治才干和知识居于社会上层,又有通过真才实干获得生存机会的普通胡人,如身善马者、善驼者、善商者、能歌善舞的伎乐、掌握宗教知识的传教者等。

第四,服饰多样。有穿胡服戴胡帽者,有卷发穿胡服者,有穿胡服戴幞头者,有穿汉服戴幞头者,形态各异,类型与风格混杂。

第五,特色明显。敦煌地区发现的胡人陶俑或胡人图像多为往来行走的商旅,庆城县胡人牵驼俑和彩绘牵马俑身份应为庶民或杂役等社会下层。

第六,交互性强。与周边地区唐墓所见胡人形象有较强的关联性。首先是服饰,有些胡人俑所戴尖帽也见于陕西西安鲜于庭诲墓出土的三彩骑驼俑、新疆龟兹石窟和克孜尔石窟本生故事壁画中的龟兹供养人、阿斯塔那彩绘胡人驮夫俑、甘肃敦煌佛爷庙牵驼胡人画像砖等。牵夫俑所穿"缺胯"的前襟两个下摆掖至腰际,这是陕西关中、河南洛阳等地唐代中晚期墓葬牵夫俑普遍的特征,融合了萨珊波斯、粟特、龟兹、高昌等诸多服饰元素,呈现出文化交融的结果。其次是时代,如天水石棺床墓出土的石雕伎乐俑,时代明显早于秦安、庆城等地出土的开元时期胡人俑,约当隋唐之际,时间上的延续性不仅说明胡人长期在该地区活动,而且也反映出胡人从西向东或从东向西双向性流动的特征[1]。

---

[1] 林健:《甘肃出土的隋唐胡人俑》,《文物》2009 年第 1 期。甘肃省博物馆文物队:《甘秦安县唐墓清理简报》,《文物》1975 年第 4 期。

二、丝绸之路视角下甘肃唐墓胡人形象的价值与意义

河陇地势险要,宜耕宜牧,可攻可守,自古就是多民族聚居区,也是中西交往的主要通道,在丝绸之路文化交融中占据重要地位。河西、陇右三十三州,在唐代占据极为重要的地位,特别是武威、张掖、酒泉、敦煌、金城等河西五郡。凉州土地肥沃,物产丰富,是丝绸之路沿线的重要枢纽,商旅往来,不绝如缕。汉魏时期,凉州胡人已经形成了很多有势力的集团。敦煌的兴胡泊是胡商的必经之地,而凉州都督府的设立进一步加强了对边防重地的管治与经营,出现了繁荣兴旺的景象,"自安远门西尽唐境万二千里,闾阎相望,桑麻翳野。天下称富庶者无如陇右"①。上述地区长期有胡人活动,特别是粟特胡商,他们以姑臧为中心,分布于敦煌、酒泉、金城一带。这些胡人在唐王朝政权建设过程中具有举足轻重的地位,史念海等对此颇有高见②。此外,庆城也曾是唐代陇东地区政治、经济、军事、文化的中心,胡汉接触频繁,这些地区唐代墓葬中发现的胡人形象正是区域性长时期多元文化融合的生动反映,在丝绸之路文化交流中具有深远的历史意义。

(一)反映甘肃地区多元文化长期交融的传统

甘肃唐代墓葬中的胡人形象并非仅仅反映唐代这一地区胡人活动的现象,更揭示了汉魏以来诸胡汇聚的历史传统。关于甘肃唐以前胡人的论述主要见于《史记》《汉书》《后汉书》《三国志》《魏书》等记载以及王辉、陈国灿、王子今、李鸿宾等学者的研究③,反映了甘肃地区长期作为胡汉接触地带(北为匈奴、南为羌,有秦胡、羌胡、乌桓、鲜卑等)的混合型文化特征及其历史生成过程。如雷台汉墓发现的张掖属国都尉统领的"万余胡骑"、敦煌文书中关于魏晋

---

① [宋]司马光编著,[元]胡三省译注:《资治通鉴》卷二一六《唐记》,北京:中华书局,1982年,第6919页。
② 史念海:《河西与敦煌》(上、下),《中国历史地理论丛》1989年第1期。
③ 王辉:《甘肃发现的两周时期的"胡人"形象》,《考古与文物》2013年第6期。陈国灿:《魏晋至隋唐河西胡人的聚落与火祆教》,载《敦煌学史事新证》,兰州:甘肃教育出版社,2002年,第94页。李鸿宾:《论唐代宫廷内外的胡人侍卫——从何文哲墓志铭谈起》,《中央民族大学学报》1996年第6期。

粟特胡商的诸多记载、靖远县北滩出土6世纪鎏金银盘,以及其他地区发现的波斯银币即是例证,他们广泛参与丝绸之路上的宗教传播、商业贸易和地方基层组织建设。

(二)反映甘肃地区在丝绸之路文化交流中的重要地位

甘肃唐墓所见胡人形象反映了这一地区胡人在魏晋至隋唐历史中的重要作用,尤其是在维系丝绸之路的通衢与发展方面做出了独特的贡献。陈国灿认为,"自魏晋至隋唐,整个河西地区,胡人作为一支社会力量显现于史,其中既有土著的月氏胡人,也有中亚来的粟特胡人,即昭武九姓胡人。两支胡人的结合,使得他们成为河西地区政治、军事上的一支重要力量。九姓胡人的增加和聚居,又使中亚胡人崇信的火祆教在河西地区有所传播。特殊的宗教信仰,使东来的九姓胡人更紧密地团结在一起。依赖火祆祠及其执行的胡律,约束着胡人的行动,维护着聚居胡人的利益。加之他们长期拥有自己的武装兵马,随时捍卫着他们的权益,这就是河西聚居胡人历数百年而不散的原因。……原来的许多特点的逐渐消失,使得昭武九姓胡人,与月氏胡人一样,都走上了民族融合的道路"①。值得一提的是,以武威安氏为代表的胡人部落在大凉争权及唐初顺利平定李轨政权过程中的重要贡献。据《旧唐书》载:"轨令修仁夜率诸胡入内苑城,建旗大呼。""初,轨之起也,硕为谋主,甚有智略,众咸惮之。硕见诸胡种落繁盛,乃阴劝轨宜加防察,与其户部尚书安修仁由是有隙。又轨子仲琰怀恨,形于辞色,修仁因之构成硕罪,更潜毁之,云其欲反,轨令赍鸩就宅杀焉。"②而长安的安兴贵曾言:"臣之弟为轨所信任,职典枢密者数十人。""知轨不可动,乃与修仁等潜谋引诸胡众起兵图轨……于是诸城老幼皆出诣修仁。轨叹曰:'人心去矣,天亡我乎!'携妻子上玉女台,置酒为别,修仁执之以

---

① 陈国灿:《魏晋至隋唐河西胡人的聚落与火祆教》,载《敦煌学史事新证》,兰州:甘肃教育出版社,2002年,第94页。
② [后晋]刘昫等:《旧唐书》卷五五《李轨传》,北京:中华书局1975年,第2248页。

闻。"①《唐会要》载:"武德二年七月,安修仁以其地来降,遂置军焉,军之大者,莫过于此。""授兴贵右武侯大将军、上柱国,封凉国公,食实封六百户,赐帛万段;修仁左武侯大将军,封申国公,并给田宅,食实封六百户。"②像安氏家族一样,翟舍集家族亦是数代居于此的昭武九姓胡人③,而葬于庆阳的穆泰更像是驻守北部边地的胡人将领。李鸿宾认为"穆泰墓葬用胡人陶俑和马、驼等游牧系列产物做随葬,不是一般性的、无意识的举措,而是有意的安排,这个安排证明他的家族出自北方胡人系统"④。

(三)反映甘肃地区胡汉交融的地方特色

甘肃唐墓所见胡人形象具有鲜明的地方特色,反映了丝绸之路甘肃段的区域性风格。从族属上看,主要以土著月氏胡和聚居在凉州的曹、安、康、石、史、何、米、罗等粟特胡为主,李抱玉墓志、《河西节度副大使善州都督安公神道碑铭并序》(安忠敬碑)、洛阳康磨伽墓志、武威康阿达墓志、纥单端墓志,以及关于何摩诃、石崇俊、康洽、康宁、康绚、康植、康秒、康留买、安令节、安同、安屈等人的记载也是有力的证明⑤。从性质上看,这一区域胡人具有明显的聚落性和军事性。汉至隋唐,凉州一带有九姓胡人的武装集团,如《资治通鉴》卷二一九载:"至德二载正月,河西兵马使盖庭伦,与武威九姓胡商安门物等杀节度使周泌,聚众六万。武威大城之中,小城有七,胡据其五,二城坚守。支度判官崔称与中使刘日新以二城兵攻之,旬有七日,平之。"再如广德二年(764 年)吐蕃将领尚乞儿击破凉州九

---

① [后晋]刘昫等:《旧唐书》卷五五《李轨传》,北京:中华书局 1975 年,第 2248 页。吴玉贵:《凉州粟特胡人安氏家族研究》,载《唐研究》(第三卷)北京:北京大学出版社,1997 年。
② [后晋]刘昫等:《旧唐书》卷五五《李轨传》,北京:中华书局 1975 年,第 2248 页。
③ 黎大祥:《武威大唐上柱国翟公墓清理简报》,《陇右文博》1998 年第 3 期。濮仲远:《武威出土的唐代翟舍集夫妇墓志释证》,《社科会纵横》2014 年第 8 期。陈菊霞:《西域、敦煌粟特翟氏及相关问题研究》,《中国边疆史地研究》2008 年第 3 期。
④ 李鸿宾:《唐故游击将军穆泰墓志考释——兼论唐朝胡人汉化的问题》,《民族研究》2009 年第 1 期。
⑤ 周绍良主编:《唐代墓志汇编》,上海:上海古籍出版社,1992 年,第 124 页、695 页。[后晋]刘昫等:《旧唐书》卷一三二《李抱玉传》载:"抱玉上言:'臣贯属凉州,本姓安氏,以禄山构祸,耻与同姓,去至德二年五月,蒙恩赐姓李氏,今请割贯属京兆府长安县。许之,因是举宗并赐国姓。'"(北京:中华书局,1975 年,第 3645 页)

姓胡军①。从职业来看，除了上述武装胡人外，还有敦煌文书记载的沙洲译语部落、胡商、僧侣、杂居胡姓民户和奴婢等群体，最引人注目的是与"凉州词（乐）"密切相关的伎乐群体，墓葬发现的伎乐形象也佐证了唐诗中广为流传的凉州伎乐，如元稹的《西凉伎》、李端的《胡腾儿》、李益的《登夏州城观送行人赋得胡儿歌》、李颀的《听安万善吹觱篥歌》、岑参的《胡笳歌送颜真卿使赴河陇》、王昌龄的《殿前曲二首》、杜牧的《河湟》、欧阳詹的《闻邻舍唱凉州有所思》、刘禹锡的《与歌者米嘉荣》、白居易的《题灵隐寺》《秋夜听高调凉州》《霓裳羽衣舞》《西凉伎》、刘景复的《梦为吴泰伯作胜儿歌》等，凉州伎乐甚至成为唐代胡乐胡舞的象征。

（四）反映甘肃地区胡人多元生活状态

甘肃唐墓所见胡人在墓中的位置、服饰、造型及陪葬物各异，代表着不同的社会角色、身份地位和生存方式，蕴含着丝绸之路上胡人多元而特殊的社会功能。甘肃虽然地处唐代西部边陲之地，但这一地区的墓葬反映出唐代风俗受胡人影响颇深，可见，唐朝政府在保护胡人通商贸易的基础上，采取多种措施为胡人的生存创造条件，如鼓励西域胡人入境居住，允许胡人参政做官，重用胡人将军，通婚自由，胡人和汉人地位平等。

（五）反映甘肃地区胡人的区域特征

甘肃唐墓所见的胡人形象族属与国别源处纷杂，并非局限于某族或某国，反映出丝绸之路的开放性与包容性。冯培红在梳理天水、陇西、兰州、河州、成州、西平、廓州等地的传世史籍、出土墓志、墓葬文物、石窟题记、敦煌文献及其他各种文物时，提出"粟特人及其后裔或定居或经行，或贸易或任官，甚至形成军事武装聚落，也形成了陇西米氏、西平曹氏等郡望，他们成为陇右民众的有机组成部分"。冯培红还从秦安唐墓耳室甬道口发现一块刻有"□（秦）州成纪县安乐乡安乐里"及"石函盖藏金"等字样的砖分析出，"这些胡人从西域来到

---

① [宋]司马光：《资治通鉴》卷二一九，北京：中华书局，1982年，第7015页。

这里是为了经商营利,死后则把赚到的金钱埋藏起来,这与粟特人善于经商、胡人死后藏宝正相符合。他们到了秦州成纪县后,乐不思归,遂在此地定居下来,并被政府编入乡里,成为安乐乡安乐里的编户百姓"①。但笔者认为,甘肃唐代墓葬的胡人形象应该具有多元性,并非全是粟特胡人。

(六)反映甘肃地区胡人的主要生业形态

关于学者对胡人与骆驼组合形象惯用的"胡商"称呼,笔者同样认为如果没有特殊辨识特征的前提下,应该统称为"牵驼胡人"比较妥当,二者均构成丝绸之路的符号化臆想空间。至于唐代墓葬中胡人形象与墓主人族属之间的关系既有唐代葬制的普遍原则,也有墓主人胡人族源的关系,如武威吐谷浑墓群、翟舍集墓、庆阳穆泰墓等。至于何种关系,则有待于进一步研究。

(七)反映甘肃地区胡人俑像制作的丰富性

甘肃唐代墓葬胡人形象的制作地问题同样也反映出丝绸之路交流网络的多维结构。从服饰来看,呈现出多元化现象,有穿胡服戴胡帽者,有穿胡服戴汉帽者,还有穿胡服露发者,穿唐服戴幞头者。无论哪种服饰皆可以在以陕西关中、河南洛阳等地为集中区的唐代墓葬陶俑中找到类比物,如翻领胡服、尖顶胡帽、高顶毡帽等。值得一提的是穆泰墓袒腹胡人俑见于陕西的永泰公主墓、金乡县主墓、咸阳机场二期墓、戴胄墓、河南洛阳唐墓,山西长治王惠墓,河北安国梨园唐墓,辽宁朝阳唐墓等。武威翟舍集墓胡人抱瓶俑也出现在陕西段伯阳墓,河南洛阳、巩义等地唐墓,山东东方合墓和山西李度墓。灵台唐墓出土的彩绘胡人牵马(驼)俑与咸阳机场唐墓出土的彩绘牵马(驼)俑几乎如出一辙,结合甘肃至今仍未发现唐代制作三彩或陶俑的窑址,但模印砖却有本地制造的证据,笔者认为,甘肃唐墓胡人俑的制作地应在陕西、河南一带,与官方丧葬制度有关,而胡人牵驼纹模印砖应该是本地制造。

---

① 冯培红:《丝绸之路陇右段粟特人踪迹钩沉》,《浙江大学学报》(人文社会科学版)2016年第5期。

三、结　语

甘肃唐墓总体来看，发掘的数量与人们的认知和期待尚有差别。笔者之所以有这样浅薄的想法是基于历史文献记载胡人辗转流动的史实及甘肃唐墓早期发现时并非单个墓葬的事实，如 1944 年、1945 年夏鼐发掘的 9 座唐墓、敦煌佛爷庙湾盛唐时期 6 座模印砖墓、青嘴喇嘛湾 7 座唐墓、酒泉西沟 3 座唐墓。夏鼐在敦煌附近考察时已经注意到唐代墓群的存在，还有一些学者的高见，如戴春阳认为，"甘肃地区对于唐代墓葬工作做得较少，对于甘肃唐墓许多问题的了解尚处于空白"①，因此也有理由相信未来考古发现会揭示更多的唐墓。

就胡人形象而言，发掘有限和部分墓葬被盗导致俑的数量、位置不明，因而其中胡人俑也无法窥知。因此，目前甘肃唐墓发现的胡人形象数量较少，种类相对固化。但一些学者的研究让我们认识到甘肃唐墓发现的这些胡人形象的价值与意义，尤其是鲜明的地域特色与统一的时代特征，正如戴春阳所说："自河西走廊东部的武威到西部的酒泉、敦煌等地唐代模印塑像砖墓的分布线索足以表明，整个河西地区都是模印塑像砖墓较为稳定的使用区域。""敦煌模印塑像砖除四神等传统的文化题材，其时以长安、洛阳为中心的中原地区流行的胡商等题材，亦成为敦煌模印塑像砖墓中主要图案题材，一方面表明敦煌地区与中原地区的文化同步现象，也表明这一题材也是敦煌（包括河西）地区墓葬文化的时尚。"②也反映出敦煌作为丝绸之路中转枢纽的内涵与意义，以及胡人与驼、胡人与马在这一带的诠释。此外，胡人与骆驼、胡人与马的组合形象，甚至胡人抱瓶等形象也见于陕西、甘肃、山西、河北、山东等地的唐代墓葬中。由此可见，甘肃唐代墓葬所见胡人形象反映了这一区域文化融合了唐代共性

---

① 戴春阳:《敦煌佛爷湾唐代模印塑像唐墓》,《敦煌研究》2018 年第 2 期。
② 戴春阳:《敦煌佛爷湾唐代模印塑像唐墓》,《敦煌研究》2018 年第 2 期。戴春阳:《敦煌佛爷庙湾唐代模印塑像砖墓（一）：墓葬举要与年代》,《敦煌研究》2015 年第 5 期。骑士巡行模印砖骑士头戴幞头，身着大翻领 V 形口窄袖紧身束带胡服长袍，足穿高勒靴。

风格与地区特色,表现出丝绸之路中转站文化的普遍流动性(线性规律)及特殊的留居性(非线性规律),同时还表现出政治、宗教、文化的中心与边缘的相对性、互动性及融合性。

表 2-1　甘肃唐代墓葬出土胡人俑一览表

序号	名称	数量	尺寸	收藏地	来源
1	胡人牵驼俑	1	不详	不详	1944年佛爷庙湾1号墓出土
2	胡人牵马俑	3	不详	不详	1944年佛爷庙湾1号墓出土
3	彩绘袒胸胡人俑	1	高50厘米	庆阳市博物馆	2001年庆城唐代游击将军穆泰墓出土
4	胡人牵夫俑	9	高33—53厘米	庆阳市博物馆	2001年庆城唐代游击将军穆泰墓出土
5	胡人牵马俑	2	高53厘米	庆阳市博物馆	2001年庆城唐代游击将军穆泰墓出土
6	胡人俑	2	高23厘米	甘肃省博物馆	灵台唐墓出土
7	胡人牵夫俑	1	高19厘米	甘肃省博物馆	灵台唐墓出土
8	彩绘跪姿石雕胡人伎乐俑	5	高32—33厘米	天水市博物馆	1982年天水秦城区隋唐时期石棺床墓出土
9	三彩胡人骑马俑	1	通高38厘米	甘肃省博物馆	1965年秦安县杨家沟1号唐墓出土
10	三彩胡人牵马俑	1	高76厘米	甘肃省博物馆	1965年秦安县杨家沟1号唐墓出土
11	三彩胡人牵驼俑	1	高76厘米	甘肃省博物馆	1965年秦安县杨家沟1号唐墓出土
12	三彩胡人俑	1	高76厘米	甘肃省博物馆	1965年秦安县杨家沟1号唐墓出土
13	鎏金胡腾舞铜胡人俑	1	13.4厘米	山丹县博物馆	酒泉市博物馆编《酒泉文物精萃》,北京:中国青年出版社,1998年
14	女性胡人俑	1		庆阳市博物馆	2001年庆城唐代游击将军穆泰墓出土

续表

序号	名称	数量	尺寸	收藏地	来源
15	彩绘木雕胡人头	4	14厘米	酒泉市博物馆	酒泉市博物馆编《酒泉文物精萃》，北京：中国青年出版社1998年
16	胡人牵驼俑	2	高69厘米 高73厘米	敦煌市博物馆	1987年敦煌铁家堡唐墓出土

表2-2　甘肃唐墓出土胡人图像一览表

序号	名称	数量	尺寸	收藏地	来源
1	胡商牵骆驼图（右行）	9	长35.5厘米 宽23.2厘米 厚5厘米	敦煌市博物馆	敦煌佛爷庙湾盛唐时期模印砖墓M123出土
2	胡商牵骆驼图（左行）	7	长35.3厘米 宽23.3厘米 厚6厘米	敦煌市博物馆	敦煌佛爷庙湾盛唐时期模印砖墓M123出土
3	彩绘胡人牵驼图	1	不详	不详	2000年山丹一中基建工地7世纪前期唐墓出土
4	饮酒与酿酒胡人	9	不详	天水市博物馆	天水隋唐石棺床墓出土
5	胡人牵马俑	2	高53厘米	庆阳市博物馆	2001年庆城唐代游击将军穆泰墓出土
6	胡人俑	2	高23厘米	甘肃省博物馆	灵台唐墓出土
7	胡人牵夫俑	1	高19厘米	甘肃省博物馆	灵台唐墓出土
8	跪姿石雕胡人伎乐俑	5	高32—33厘米	天水市博物馆	1982年天水秦城区隋唐时期石棺床墓出土
9	三彩胡人骑马俑	1	通高38厘米	甘肃省博物馆	1987年敦煌铁家堡唐墓出土

第四节 唐代墓葬中胡汉乐舞组合形象

以乐舞俑或图像陪葬遍见于唐代墓葬,本节主要集中于乐舞俑或乐舞图像组合,从时期上揭示该母题随着意识形态、社会观念和流行元素而呈波浪状的演变轨迹,其功能与象征意义也表现出特定时期的独特性。据贾嫚、梁勉等统计,在百余座有壁画的唐墓中,带乐舞图像者有25座,其中乐队演出形式的图像数量不多。这种小型乐舞团队的流动演出在玉带銙、金银器、壁画和陶瓷器图像中以平面的、立体的、单点的或连续的方式表现,反映了从唐初女乐部、男乐部到开元年间胡汉男女伎乐组合的盛景。

一、唐代墓葬出土的胡汉伎乐形象

(一)陶俑类

1. 兵部常选孙承嗣夫妇墓出土4件乐俑(图2-25)[①]

该墓乐俑皆头戴双瓣幞头,两角巾垂于身后,身穿圆领宽袖束带袍服,盘腿坐地,分别作吹横笛、击钹、吹筚篥(男装女伎乐)、吹笙状。同墓出土一组百戏俑(6件),亦为胡汉组合(5汉人、1胡人形象)。

2. 俾失十囊[②]墓出土乐俑(6件,图2-26)

该墓乐俑头戴黑色软巾,身穿窄袖长袍,坐地(盘腿坐、屈膝交脚坐、跽坐)弹奏乐器,分别为琵琶、排箫、答腊鼓、筚篥、横笛等。一老年胡人歌(说)唱者。不同数量的坐姿说唱俑也见于其他唐墓中,但由于墓葬被盗,陪葬说唱俑数量不明。

[①] 陕西省考古研究所、西安市文物保护考古所:《唐孙承嗣夫妇墓发掘简报》,《考古与文物》2005年第2期。

[②] 开元初臣服唐朝,西突厥贵族,特进右卫大将军雁门郡开国公,开元二十六年卒,二十七年葬。

图 2-25 说唱俑
(照片由西安博物院提供)

图 2-26 伎乐俑
(照片由陕西历史博物馆提供)

3. 天水隋唐墓出土 5 件石伎乐俑

床右侧乐伎一人吹横笛,一人执贝悉,一人吹排箫。左侧乐伎一人执笙,一人弹琵琶。石榻外壁上层壸门为圆底莲瓣形,内刻六个男性乐伎,均头戴束发冠,身着圆领紧袖左衽衣,两肩垂带交叉飘起,从左到右分别为执笙、执铜钹、弹半梨形曲项琵琶、吹洞箫、手击腰鼓、弹奏竖琴。

此外,富平县美原镇索西村出土 12 件白衣彩绘红陶乐舞俑(富平县文物局藏）、1966年西安制药厂唐墓出土乐俑（图2-27）、鲜于庭诲墓出土载乐骆驼俑（包括4个胡人乐俑和1个胡人男舞俑或歌者，图2-28-1）、西安东郊韩森寨唐墓出土三彩骆驼俑背驮6个男子伎乐和1名女子舞者或歌者（图2-28-2）。国外各大博物馆也有类似收藏，如美国底特律博物馆藏5件三彩胡人伎乐俑，头戴幞头，身穿束带长袍。

图 2-27　胡人说唱俑

图 2-28-1　三彩骆驼载乐俑　　　　　图 2-28-2　三彩骆驼载乐俑

(二)壁画类

1. 富平朱道村李道坚墓墓室东壁壁画(图2-29-1)

此组乐舞图不见钟和磬,故所奏非雅乐和清乐,打击乐中也无鼓类,说明也非龟兹乐。从乐器中含有中原乐和胡乐分析,应属燕乐范畴。乐队弹姿自由,其乐曲比较悠扬、抒情,舞者舞姿柔美,当属软舞。这幅乐舞图是盛唐乐舞的再现,也是唐代高级贵族享乐生活的真实写照①。题材相似的壁画亦见于李宪墓中,画面中可见多个胡人伎乐形象(图2-29-2)。

图2-29-1　乐舞图壁画摹本　　　　图2-29-2　乐舞图壁画摹本

(《考古与文物》1997年第4期,第9页)

2. 韩休墓墓室东壁乐舞图壁画(图2-30)

该壁画位于墓室东壁,宽396厘米,高233厘米。共绘16位男女舞者,中间为男女舞者对舞,分站于雕花圆毯上,女伎头梳倭堕髻,身穿袒胸长袖襦裙,披植物花纹帔帛作旋转状;男伎头戴黄巾包裹的幞头,身穿圆领长袖袍衫,腰束革带,右脚抬起,作舞蹈状。左边为女部伎5人,分别为说唱伎、弹筚篥者、吹笙者、拍板者和弹琴者,皆头梳倭堕髻,着低胸襦衫。右边男部伎七人,均为胡人,其中六人正坐于方毯之上,左边第一位男伎长发,八字胡,单腿跪地似作胡腾舞的腾挪姿势。其后男伎头戴黄色幞头,双手演奏筚篥。方毯中间第一人跪坐于方毯之上,双手持排箫。第二人双手弹奏琵琶。前排站立者正前方放一琴,后排第

---

① 井增利、王小蒙:《富平县新发现的唐墓壁画》,《考古与文物》1997年第4期。

图 2-30 男女伎乐壁画
(照片由陕西历史博物馆提供)

二人跪坐于方毯之上,双手持竽篥吹奏,后排第三人双手持钹。此图表现的是室外宴饮的场景,周围有竹子、香蕉树、柳树、柏树等树木,是目前已发现的唐墓壁画《乐舞图》中难得的精品。

3. 苏思勖墓东壁壁画(图 2-31)

该壁画总长 410 厘米,分为三部分:中间为一男性舞蹈者,头戴尖顶蕃帽,身穿圆领束带长衫,足蹬锦制软靴,正旋转起舞。左侧是六人乐队,前排坐着或跪着三人,分别弹琵琶、吹笙、拍铜钹,后排站立二人,其中一人站立吹横笛,一人站立击拍板,一人站立右臂前伸似伴唱或指挥。右侧为五人乐队,前排三人呈坐姿,分别弹箜篌、弹筝、吹竽篥,后排站立二人,其中一人站着吹排箫,一人站立右臂前伸似伴唱或指挥。舞者脚下铺的是绿色椭圆形氍毹,乐队分别铺一张黄色氍毹,边缘皆有流苏。

此外,陕棉十厂唐墓、李宪墓、李邕墓后室均有胡汉组合的乐舞场景。

从墓葬的时间来看,唐代初期墓葬中乐舞形象多为女子组合,如隋张盛墓(8 件女伎乐俑)、唐郑仁泰墓和李寿墓等,与陶俑相对应的是李勣墓(总章二

图 2-31　伎乐与胡腾舞壁画
（照片由陕西历史博物馆提供）

年,669 年）、燕妃墓、新城公主墓、李凤墓、宋氏墓、张去逸墓、高元珪墓等壁画中均有女子伎乐组合形象。李勣墓墓室东壁北段绘有一幅女乐伎图像，共 3 人,中间人物残,右边一人吹笛,左边一人吹排箫。三人均系黑白相间条纹长裙,披白色帔帛。两边乐伎高髻,身穿窄袖圆领红色襦衫。墓室北壁东段,与上述女伎乐图在墓室东北角相接的地方有两位舞女,穿红色长袖衫,系黑白相间条纹长裙,衣带飞扬,舞姿轻盈,左边舞女呈旋转中骤然下蹲状,简报称"或为胡旋舞"[①]。而李寿墓壁画及石椁线刻图像中皆有类似的伎乐组合,壁画中女乐伎分别持竖箜、筝、四弦琵琶、五弦琵琶、笙等乐器。乐伎前有一舞伎,因残缺仅能看到舞裙的一角在飞动。乐伎后立四名侍女,一捧杯,一持竹杖,一持弓,一拱手侍立。根据乐伎所持乐器来看,当属龟兹乐[②]。此外,王家坟唐安公主墓（兴元元年,784 年）墓室东壁中部似为一组奏乐场景,奏乐俑 10 件。

（三）玉器类

西安南郊何家村唐代窖藏出土玉带銙（图 2-32）。共 16 块,包括 10 块半圆形带銙,4 块方形带銙和 2 块一端为弧形的长方形玉銙,各块上均有单个乐舞人物,组成一个完整的演出场景。西安未央区关庙小学基建工地唐墓出土 9 块

[①] 昭陵博物馆:《唐昭陵李勣(徐懋功)墓清理简报》,《考古与文物》2000 年第 3 期。
[②] 陕西省博物馆、文管会:《唐李寿墓发掘简报》,《文物》1974 年第 9 期。

方形玉銙,西安丈八沟唐代窖藏出土13块方形玉銙。上海博物馆、英国巴斯博物馆藏玉带銙(11块,均为长方形)、大英博物馆藏玉带銙(9块,包括8块方銙和2块一端为弧形的长方形銙)亦有乐舞人物。

(四)金银器类

何家村窖藏出土金杯、鎏金银杯外壁各浮雕8个胡人乐伎(图2-33),黑石号沉船也出土过类似金杯。

图 2-32　玉带銙
(照片由陕西历史博物馆提供)

二、唐墓所见胡汉组合乐舞形象的文化渊源

以伎乐形象作为随葬品是古代"事死如事生"丧葬理念下的产物,秦墓中的百戏俑、汉至魏晋南北朝时期墓葬多媒介的表现(陶俑、壁画、石质葬具、陶瓷器等)成为唐墓中胡汉伎乐俑像的渊源。

(一)石质葬具

汉至魏晋南北朝时期墓葬画像石、石榻等葬具中出现胡汉乐舞组合的形象,如虞弘墓、安伽墓、康业墓等石榻,笔者以陕西兴平出土北周石刻佛座为例,讨论浮雕乐舞图的文化含义。此图正中为一圆座细颈香熏,两边为象征佛祖的带枝莲花,以及正在演出的乐舞伎:左边最前面为一男性舞者,后边有四名跌坐或跪坐的男性胡人乐伎,分别执角形箜篌、曲项琵琶、排箫与横笛。乐伎右边站立一名手执莲苞的胡僧。香熏右边为女性乐舞伎,均着汉式服饰。周伟洲认为,香熏边的一名头戴花冠的女舞伎,作长袖舞姿,为汉魏北朝以来所谓

156 | 三秦文物与胡汉之风

图 2-33 鎏金银杯
（照片由陕西历史博物馆提供）

"大垂手""小垂手"之舞姿。女舞伎右边的毯子上有四名跪坐和站立戴花冠的女乐伎,分别执横笛、五弦琵琶和竖箜篌,另一名站立女乐伎正在吹笙。毯子右侧站着一名手执莲苞的汉僧[①]。

另一个例子是西安大唐西市博物馆藏唐王玄德及夫人邰氏合璧墓志(开元十一年,723 年)四侧线刻画上侧有乐舞图。中间方毯上有相对而歌的男女伎乐,左边女歌伎着长袖衫,倭堕髻,右边男歌伎头戴幞头,着圆领束带长衫。他们身后方毯上跪坐着九名女乐伎,分别执曲颈琵琶、筝、箜篌、铜钹、五弦琵琶、横笛,最后一站立者可能为伴唱者。男歌伎右边方毯上有八名坐姿男伎乐,分别执横笛、笙(前排)、排箫、竽篥、琵琶(后排),后面站立一名伴唱者。

类似的乐舞图像还见于云冈石窟。据赵昆雨统计,云冈石窟中共有 22 个洞窟雕刻着乐器形象,总数为 28 种 530 件,乐队组合图像 60 余幅[②],如天宫伎乐、飞天伎乐、故事图伎乐、化生伎乐和幢倒伎乐。飞天舞伎则出现在第 37 窟东壁和北壁"乘象投胎""耶输陀罗入梦",以及第 6 窟南壁"耶输陀罗入梦"佛传故事画面中,还有单腿跪姿演奏乐器的供养人,分别持行鼓、担鼓、束腰鼓、横笛、箫、排箫、五弦琵琶等乐器。

(二)陶俑

雁北师院的北魏墓出土 8 件陶俑[③],均为汉族女性容貌,头戴圆顶垂裙风帽,着左衽交领大衣。分别执横笛、胡笳、竽篥、箜篌、筝、琵琶、鼓、钹等乐器。

三、音乐社会史视角下的胡汉乐舞俑和图像分析

如上文所述,唐墓中胡汉伎乐组合形象源于长时期的胡汉交流,在礼制仪轨下的丧葬观念中起着延续死者生前奢华的宴乐生活、帮助死者灵魂进入

[①] 周伟洲:《唐韩休墓乐舞图探析》,《考古与文物》2015 年第 6 期。
[②] 赵昆雨:《云冈石窟乐舞雕刻研究》,《敦煌研究》2007 年第 2 期。
[③] 古顺芳:《大同北魏墓葬乐舞俑初探》,《文物世界》2004 年第 6 期。

极乐世界的作用。从这一点来看,不同时期的主流乐舞形式无疑起着塑造与构建的功能。

(一)音乐属性

从乐器种类来看,唐代墓葬所见比前代显然要丰富很多,有些具有明显的西域特色,如箜篌、琵琶、羯鼓、筚篥等,呈现出以华夏本土音乐为主,兼以西域和其他地区乐曲的融合性曲目。一方面,因为南北朝时期胡乐胡舞盛行,至唐代国力强盛、文化繁荣,有条件调适胡汉乐舞,创造出符合时代潮流的新型乐舞体系。唐代教坊曲中西域乐曲或具有西域情调的乐曲约占十分之一,主要有《苏幕遮》《婆罗门引》《柘枝引》《伊州令》《赞普子》《沙塞子》《西河》《甘州令》《梁州令》《酒泉子》等。这类乐曲繁音促节,大多中间穿插演唱,但有的因语言不通和审美倾向与中原传统不符的内容就要进行本土化改造。另一方面,盛唐音乐继承了初唐雅乐和宴享燕乐的传统,但有较大变化,歌、舞和器乐结合在一起表演的法曲兴起并流行一时,主要原因在于热衷音乐的唐玄宗。唐玄宗提倡以儒家礼乐教化和道家清静无为为治国理念,将正式的宫廷宴享表演转变为个人私宴的新兴的音乐娱乐形式,带动了音乐表演的小型化、娱乐化和生活化的发展,这种以小型声乐化歌舞曲、声乐曲为主体的表演形式逐渐替代了传统的以舞曲、器乐曲为主的表演形式。内容方面,改变隋至初唐以胡乐为主体的燕乐,形成了一种以江南宫廷清乐为主体,兼以道曲、佛曲及若干外族乐的新乐——法曲①。这是玄宗从即位就开始的音乐改革内容,最终将个人对于法曲的爱好变成整个宫廷的风尚。因此,就其本质而言,法曲是对燕乐的改变,也是对本土清商乐的回归,或者说是在清商乐的基础之上融合里巷胡夷之曲,借鉴外来燕乐对传统清商乐的改造。

(二)女部乐

乐舞图中女性乐队与舞者应属内教坊管理,有明显的等级划分。如搊弹家为选入宫中教坊的平民女儿在学习琵琶、三弦、箜篌等乐器后的称呼。官家为

---

① 木斋:《论唐代乐舞制度变革与曲词起源》,《文学评论》2011年第5期。

一般女艺人的称呼。内人或前头人为最高级别的女艺人,属于宜春院,经常为皇帝表演,演出时常列在舞队的队头队尾,搊弹家则在队伍的中间。女乐受到玄宗重视,尤其是在他设置了内教坊后,十分喜爱新声散乐。如《新唐书·礼乐志》所言:"盖唐自太宗、高宗作三大舞,杂用于燕乐……玄宗为平王,有散乐一部……及即位,命宁王主藩邸乐,以亢太常,分两朋以角优劣。置内教坊于蓬莱宫侧,居新声、散乐、娼优之伎,有谐谑而赐金帛朱紫者,酸枣县尉袁楚客上疏极谏。"①散乐为"非部伍之乐,俳优歌舞杂奏",类似现在的魔术、杂技等表演,其中一些带有戏曲表演的雏形。

(三)散乐

唐太宗、唐高宗时期实行的以舞曲和行曲为主的音乐体制,唐玄宗非常重视散乐,他不仅亲自作散乐,还命宁王主持自己原先的藩邸乐,与太常音乐平分秋色。后来唐玄宗还在蓬莱宫侧设置内教坊,汇聚所谓新声、散乐、娼优之伎。唐玄宗对散乐的爱好对法曲的盛行产生了重要的影响,其非礼仪化、非程式化的音乐特质塑造了唐初至唐末的音乐风尚。

(四)整幅乐舞特性

与李宪墓、陕棉十厂唐墓、苏思勖墓、富平朱道村李道坚墓乐舞图一样,韩休墓乐舞图表现的是盛唐时期唐玄宗改革乐舞的成果,即由传统大型歌舞演出转变为清雅的小型乐队演出形式,实现了从初唐盛行的喧闹胡乐到以清乐吴声为基础的法曲的转型,从传统的以舞为主要表现形式到以歌曲为主要表现形式的转型。这些转型不是对胡乐的抛弃,而是吸纳其中的一些元素,特别是将羯鼓等打击乐器的节奏与清淡素雅的清乐法曲相结合,增强了节奏感和音乐的约束性②。

(五)舞蹈性质

唐代墓葬乐舞组合形象中舞蹈的属性如何?胡舞还是汉舞?笔者结合盛唐

---

① [北宋]欧阳修、宋祁撰:《新唐书》卷二二《礼乐志》,北京:中华书局,1982年,第474页。
② 程旭:《唐韩休墓〈乐舞图〉属性及相关问题研究》,《文博》2015年第6期。

时期社会环境和乐舞风尚,以韩休墓《乐舞图》为例进行合理探析。

1. 从舞者组合来看

韩休墓《乐舞图》与李宪墓乐舞图具有异曲同工之妙。从舞蹈者的动作来看,与《乐府杂录》和唐代诗人笔下描述的"柘枝初出鼓声招,花钿罗衫耸细腰"(章孝标)"翘袖中繁鼓"[①]"鼓催残拍腰身软,汗透罗衣雨点花"(刘禹锡)[②],以及碑林藏西安唐代兴福寺残碑中被普遍认可的柘枝舞差别较大,与敦煌壁画、白居易诗歌中描写的伴着急促鼓声快速旋转为特征的胡旋舞差别也较大,与李端《胡腾儿》、刘言诗《王中丞宅夜观胡腾舞》中的描述也有差异。其他如1970年出土于河南省安阳县北齐墓葬中的"胡腾舞黄釉扁壶"、北周虞弘墓和安伽墓石榻线刻、陕西历史博物馆藏苏思勖墓《乐舞图》和武惠妃石椁线刻,以及甘肃山丹县铜胡腾舞者和宁夏盐池唐墓石门线刻中的胡腾舞形象等差别更大。

2. 从舞者描摹情况来看

他们的面部表情平和,身体扭动程度不大,手部和脚部动作也比较轻缓,与《教坊记》和《乐府杂录》记载的吸收了带有西域元素的《绿腰》《凉州》《春莺啭》《菩萨蛮》等曲也并不完全吻合。如没有女子独舞《绿腰》(又名《六么》)的舞长袖,也无《凉州》(又名《梁州》)的持碗、盅等动作,更无《春莺啭》佤佤软舞的柔软状。如若再将韩休墓《乐舞图》与苏思勖墓《乐舞图》进行比较,二者除男伎的服饰、男女二人对舞略有不同外,其余大致相同。

3. 从人员构成来看

韩休墓《乐舞图》共有人物16个,均为胡汉组合。如果排除掉被覆盖和未完全覆盖的一个小孩和两个胡人,人数应为13人,其中有5名胡人乐工。苏思勖墓《乐舞图》共有人物12个,比韩休墓少1人,9名为汉人乐工,舞者为胡人,歌者(也有人认为是指挥)1人似胡人,1人汉人形象。两幅《乐舞图》的区别在

---

① [清]彭定求编:《全唐诗》卷三五四刘禹锡《观柘枝舞二首》,北京:中华书局,2004年,第2155页。
② [清]彭定求编:《全唐诗》卷五○六章孝标《柘枝》、卷三六○刘禹锡《和乐天柘枝》,北京:中华书局,2004年,第3144、第2206页。

于一为男女双人舞,一为男子独舞。

4. 从乐队的构成来看

二者均由 5 名乐人和 1 名说唱或指挥组成,区别在于韩休墓《乐舞图》左边为女乐部,右边为男乐部,而苏思勖墓《乐舞图》均为男乐。这种男女乐队组合形式与李宪墓壁画中的乐舞图相似。

5. 从乐器组合来看

韩休墓《乐舞图》与苏思勖墓《乐舞图》中的乐器基本相同,皆有琴、拍板、笙、钹、排箫、箜篌(2)、琵琶和筚篥,后者多了 1 个横笛,苏思勖墓乐舞图有 2 个箜篌。周伟洲认为苏思勖墓《乐舞图》演奏的乐曲应是风靡盛唐的"胡部新声"[①],然而《新唐书·礼乐志十二》载:"开元二十四年,升胡部于堂上。"宋沈括《梦溪笔谈·乐律一》载:"外国之声,前世自别为四夷乐。自唐天宝十三载,始诏法曲与胡部合奏。自此乐奏全失古法,以先王之乐为雅乐,前世新声为清乐,合胡部者为宴乐。"[②]可见,胡部新声成于天宝十三载(754 年),与韩休墓(开元二十七年,739 年)、苏思勖墓(天宝四载,745 年)在时间上有前后差异,应该不是纯粹的"胡部新声"。

6. 从演出道具来看

胡舞标配道具之一便是舞筵。韩休墓男女乐队使用的是方毯,中间舞者使用的是椭圆形毯,苏思勖墓乐队使用的也是方毯。这种雕花带絮的方、圆毯多来自西域。唐墓壁画和敦煌壁画中凡出现方、圆毯的地方大多与"胡"有关,有些场景就是用来表演胡腾舞、胡旋舞的。

7. 从舞蹈形式来看

女性舞姿与李勣墓、李爽墓壁画中身体扭动剧烈的舞姿差别较大。隋虞弘墓和北周安伽墓石屏风上的乐舞图中的男性与苏思勖墓、宁夏盐池石门唐墓、

---

① 周伟洲:《西安地区部分出土文物中所见的唐代乐舞形象》,《文物》1978 年第 4 期。
② 中央民族学院艺术系文艺理论组:《〈梦溪笔谈〉音乐部分注释》,北京:人民音乐出版社,1979 年,第 61 页。

甘肃铜舞俑差别较大。陕棉十厂唐墓乐舞图中的青年男子舞者动作幅度比较小，身体似有踉跄之态，似为源于后周的"苏中郎"乐舞。说的是嗜酒落魄的士人苏葩，自号为中郎，每有歌场就去跳独舞，他舞步踉跄，像醉酒一样，后成为唐代的流行乐舞之一①。另一个例子是富平朱家道李道坚墓室东壁乐舞图中的舞人舒袖曲腰，翩然起舞。王小蒙认为该人物跳的是软舞，但又说乐曲包含"中原和胡乐两种成分，应属西凉乐范围"②。

笔者认为，应该从唐玄宗时期乐舞体制与形态改革的背景下来理解韩休墓及其他唐墓乐舞图，理解唐玄宗时期胡汉交融的乐舞创新，唐玄宗不仅以二部伎取代十部伎，而且将十部伎不同国别的音乐连同乐队班子一起打乱，统一分配到了坐立二部，不仅淡化了不同乐舞的国别、族别，而且增进了各种乐部的整合。开元时期基本上形成了以胡乐为主体的燕乐或民间歌谣的新型清乐形式——法曲，与主要使用于正式宴饮上的燕乐不同的是，法曲被用于日常的私人家宴，尽管它属于清乐系统，但乐曲风格多样，配器也多样。

综上所述，韩休墓《乐舞图》舞蹈形式并非软舞或健舞，但浓烈的胡乐、胡舞元素揭示出它们之间的紧密联系，因为在盛唐时期胡妆、胡乐、胡音、胡骑与胡妆③等胡化背景下，这一时期的乐舞应吸收了诸多域外元素，呈现出综合性特征，充分反映出玄宗开元盛世乐礼治国的理念，也反映了宫廷主流意识形态影响和至高权力垄断下的丧葬制度中礼乐的重要性。

---

① 陕西省考古研究所：《西安西郊陕棉十厂唐壁画墓清理简报》，《考古与文物》2002 年第 10 期。
② 王小蒙、井增利：《富平县新发现的唐墓壁画》，《考古与文物》1997 年第 4 期。
③ [清]彭定求编：《全唐诗》卷四一九元稹《和李校书新题乐府十二首·法曲》，北京：中华书局，1960 年，第 4617 页。

第三章　唐代墓葬壁画中的胡风胡韵

第一节　唐李思摩墓壁画中的"翼兽"图

1992年10月,陕西礼泉昭陵乡庄河村西北侧的李思摩墓因被盗而进行了抢救性清理。多次被盗后的墓内仅存墓志、壁画及少量陪葬品。翻阅《新唐书》《旧唐书》等史籍,对于李思摩(原名阿史那思摩)其人其事均未有单独传记,仅两《唐书·突厥传》有介绍,但许多方面语焉不详,使人难知全貌。而此次出土的墓志及墓室壁画为我们揭示了一些不为史载的信息,其中名为《镇墓兽图》《侍女图》《伎乐图》的壁画较为直观地反映了墓主人的意识和信仰①。

一、墓主、墓葬与陪葬情况

由于墓葬盗扰严重,且未经正式发掘,墓葬形制已模糊不清。根据文献记载,李思摩墓(647年)与李靖墓(649年)、阿史那杜尔墓(655年)和李勣墓(699

---

① 墓志呈方形,盖厚约8厘米,底边长64厘米,厚13厘米,盖面篆刻"唐故右武卫将军赠兵部尚书李君铭志"16个大字,四杀刻饰四神像;志文正书三十四行,满行三十五字,四侧饰刻十二生肖之形像。

年)外形一样,皆为山形墓,象征白道山,此种葬式被认为是对有卓越战功重臣的特殊奖赏。

同样由于多次盗掘,墓内陪葬品所剩无几。但据史书记载,李思摩死后享受了厚葬的特殊待遇。墓志中的描述也证实了这点:"有诏,赠兵部尚书、使持节、都督夏绥银三州诸军[事]、夏州刺史,余官如故。宜令使人持节册命,陪葬昭陵。赐东园秘器,于司马院外高显处葬,冢象白道山。葬事所须,并宜官给。"①由此可见,李思摩充分享受了一名突厥贵族高官的隆重葬仪,其墓中最初的陪葬品应该相当丰富。

据墓志记载,李思摩一生的经历可谓跌宕起伏。他生于隋开皇三年(583年),卒于唐贞观二十一年(647年),这一时期正是唐太宗通过各种政治与外交手段建立"华夷同序"格局的关键时期,李思摩也是唐太宗处理唐朝与突厥关系的一名参与者。贞观四年(630年)三月,李思摩因在汗国灭亡时追随颉利可汗而被唐军生擒,押至长安城。李思摩忠贞不贰的行为赢得了唐太宗的信任,先后获封右武候大将军、化州都督、怀化郡王等。其家族被准许居住在"夏州濡鹿辉之所",即今陕西榆林市海流兔河流域。贞观十三年(639年),李思摩被赐皇室"李"姓。贞观十九年(645年),他率蕃兵为唐征战辽东。《旧唐书》载:李思摩"为流矢所中,太宗亲为吮血,其见顾遇如此",足见太宗对他的器重与关怀。贞观二十一年(647年)三月,李思摩病逝于长安,死后享受了皇室的隆重礼仪,谥号"夏州都督府都督",其遗体被准许依突厥族葬俗先行焚化,再土葬于昭陵。其墓茔居于唐太宗昭陵旁边,"冢象白道山",有学者提出,这充分体现出唐朝对突厥族丧葬文化的尊重和宽容②。笔者认为,李思摩是否按照突厥葬仪瘗埋还有待于进一步研究,但至少反映了唐太宗试图建立"华夷同序"的统治理念,即"合而不同"的政治智慧。

---

① 张沛:《昭陵碑石》,西安:三秦出版社,1993年,第11页。
② 张沛:《昭陵碑石》,西安:三秦出版社,1993年,第112页。

二、李思摩墓出土的壁画

李思摩墓墓道被清理后,仅存六幅壁画,分别为侍女图(图 3-1-1、3-1-2)、乐舞图(图 3-2-1、3-2-2)和镇墓兽图(图 3-3-1、3-3-2)[①]。

图 3-1-1 壁画绘有两名侍女,左边女侍戴黑色软帽,身披橘红色大氅,内着圆领长袍,似为男子装束,双手捧一胡瓶(材质不明,从颈部弦纹装饰看,可能是银瓶或玻璃瓶)。右边女侍面部损毁,漫漶不清,着袒胸上衣,红白条长裙,肩披长帛。值得注意的是左边女侍头上戴的黑色软帽、身上披的橘红色大氅、双手捧瓶姿势,以及面部表情都非常罕见,她是男装女侍官?进行某种宗教仪式的祭司?还是普通的侍女?这些问题都有待于进一步研究。

图 3-1-2 女侍左手持团扇,右手捻一朵红花,上身着红色半臂,长袖内衣,

图 3-1-1 披风侍女 　　　　图 3-1-2 持扇女侍

(图片来自《昭陵唐墓壁画》,北京:文物出版社,2007 年,第 112 页)

[①] 昭陵博物馆编:《昭陵唐墓壁画》,北京:文物出版社,2007 年,第 112—113 页。

下身穿白色百褶裙，半臂袖边饰白色条带，上有白色联珠纹。类似款式的服饰虽然也见于其他壁画墓中，但半臂袖边白色装饰带上的白色连珠纹则非常少见。由于学界对联珠纹与萨珊波斯渊源关系已经有了一致的认同，笔者有理由推测此墓最初的墓室壁画中除了图 3-2-1 弹奏箜篌的女伎乐外，还应当有其他类似的伎乐人物。

图 3-2-1 弹箜篌女伎乐，高髻，双腮抹红，上身穿红色紧袖短襦，下身穿白色曳地百褶长裙，短襦衣摆边白色装饰带上有一圈白色联珠纹，左手托箜篌，右手弹奏。图 3-2-2 弹琵琶女伎乐，头扎小圆髻，怀抱一个大琵琶，低头弹奏遮住上衣，下身穿红白色相间的曳地长裙。由于琵琶遮住了上衣，无法看清其袖边和衣边是否饰联珠纹。类似的联珠纹饰也出现在北齐徐显秀墓壁画中端茶奉酒的侍女衣裙上，装饰技法都是用白色笔直接点染而成的①。

图 3-2-1　弹箜篌伎乐　　　　图 3-2-2　弹琵琶伎乐

（图片来自《昭陵唐墓壁画》，北京：文物出版社，2007 年，第 112 页）

---

① 郎保利等：《试论北齐徐显秀墓的祆教文化因素》，《世界宗教研究》2004 年第 3 期。

图 3-3-1、3-3-2 为翼兽图。位于墓内甬道、墓道东西两壁,在《昭陵唐墓壁画》中称"镇墓兽图"。其中东壁翼兽图高 95 厘米,宽 132 厘米,头部形状类似老虎,凸目阔嘴,身生双翼,类似羽人,上身赤裸,下穿红短裤,爪状兽足。图 3-3-1 呈侧面形象,左腿弓,右腿蹬,左爪持弓,右爪扯弓弦,阔嘴箕张,似在大吼。图 3-3-2 呈正面蹲坐状,双臂肌肉紧绷,双爪紧握于胸前,凸目圆睁,阔嘴微张,似在低声呜呜。该墓清理人员称这两幅壁画为"镇墓兽图",在唐代墓葬壁画中非常罕见,却见于其他时期墓葬壁画中,如河北磁县 1979 年发掘的东魏茹茹公主墓(550 年)墓道东壁的怪兽壁画,该兽面部像熊或狮子,双肩装饰水焰纹,上肢为三趾,下肢为两趾,袒胸露背,下着朱红短裤,四肢奋力前驱,作抓拿状①。不同的是前者手执弓箭,后者则是空手抓拿。

图 3-3-1 翼兽图飞奔嘶鸣状

图 3-3-2 翼兽图蹲坐握拳状

(图片来自《昭陵唐墓壁画》,北京:文物出版社,2007 年,第 113 页)

这类面目狰狞的神兽还屡屡出现在其他北朝墓壁画中,如河北湾漳大墓、山东临朐北齐崔芬壁画墓和山西太原北朝徐显秀墓,佛教洞窟壁画中也有发现,如响堂山石窟北齐壁画和敦煌石窟西魏至唐壁画,包括西魏第 285 窟顶、第 249 窟顶、第 288 窟顶东坡,北周第 296 窟龛外北侧,隋代第 420 窟藻井、第

---

① 磁县文化馆:《河北磁县东魏茹茹公主墓发掘简报》,《文物》1984 年第 4 期。

419窟平顶、第276窟顶西坡、第305窟藻井,以及初唐第322窟壁画。北朝石刻中也有类似的形象,如北魏元谧墓石棺、北齐安阳粟特贵族墓石阙、北周安伽墓石床、洛阳北朝墓石床和北魏冯邕妻元氏墓志、元谧墓志、元昭墓志、元乂墓志、侯刚墓志、苟景墓志、王悦墓志、尔朱袭墓志等①。其中,1926年出自洛阳东陡沟村西的北魏正光三年(522年)辅国将军长乐冯邕妻元氏墓志(现藏美国波士顿美术馆)志座四缘和志盖刻满纹饰,有神像18尊,并有题名(图3-4)。

图3-4 北魏冯邕妻元氏墓志上的神像
(图片来自《故宫博物院院刊》1997年第2期,第79页)

---

① 施安昌:《北魏冯邕妻元氏墓志纹饰考》,《故宫博物院院刊》1997年第2期。施安昌:《北魏苟景墓志及纹饰考》,《故宫博物院院刊》1998年第2期。施安昌:《圣火祆神图像考》,《故宫博物院院刊》2002年第2期。1922—1930年在洛阳发现的五方北魏墓志,即正光五年(524年)元谧墓志、元昭墓志、孝昌二年(526年)元乂墓志、侯刚墓志、永安二年(529年)苟景墓志均刻有各类神兽形象。

1922—1930年在洛阳发现的五方北魏墓志,即正光五年(524年)元谧墓志和元昭墓志、孝昌二年(526年)元乂墓志与侯刚墓志、永安二年(529年)苟景墓志志盖四周均刻有此类神兽形象。此外,西安碑林博物馆藏隋李静训石椁正面上方和其他唐代石函四周均刻有对称的翼兽图像。

值得一提的是,山西太原徐显秀墓南壁正中的墓门上方彩绘两幅神兽形象,从上向下作俯冲姿势。西侧神兽怒瞪双眼,尖齿外露,长舌外伸,大三角耳向上竖立,毛发高耸,面目十分狰狞,三手指向上翻伸,两腿后侧长有类似尾巴的毛发,两脚趾向上,上身赤裸,下身着红色短裤,腰系白带。东侧神兽大部分画面已脱落,残存腿部。墓道中一块门楣自墓门朝向甬道,上方也有一对向下俯冲的有翼神兽。

可见,李思摩墓壁画中女伎乐服饰上的联珠纹、翼兽和披大氅女侍既有这一时期唐代墓葬艺术比较普遍的题材,也有突厥族群与中原王朝互动过程中的一些文化元素,还有自北朝以来胡汉交融大背景下多元文化并置的体现。上述元素出现在身世扑朔迷离的李思摩墓中并非偶然。

三、李思摩其人其事

李思摩虽为内附的突厥显贵,但史料记载过于简略,无法还原他的生活原貌,特别是信仰与出身等。不多的史料对李思摩记载如下:

(一)外貌

李思摩应属于非典型的突厥人形象,或胡族特征比较突出的突厥人,史书对这点特别强调过。《旧唐书·突厥传上》载:"思摩者,颉利族人也。始毕、处罗以其貌似胡人,不类突厥,疑非阿史那族类,故历处罗、颉利世,常为夹毕特勤,终不得典兵为设。"[①]正是因为类似胡人的外貌,李思摩始终无法取得始毕、处罗二位可汗的信赖与重用,一直生活在别人的猜忌中,他虽然才华横溢,但不

---

① [后晋]刘昫等:《旧唐书》卷一九四《突厥传》,北京:中华书局,1975年,第5156页。

能担任军事统帅,只能以"伽苾特勒"(夹毕特勒,颉利可汗时改称"罗失特勒")的身份参与重大行动的决策和实施。

由此蠡测,李思摩应该是突厥贵族与其他族属通婚所生,父亲为突厥族,母亲为胡族,具体族属不详,但至少与"胡"有关,因为突厥人严格恪守血统与权力之间的必然性,因此,李思摩特殊的外貌给他带来了诸多不便。

笔者认为,应该把李思摩的外貌放在当时九姓胡与突厥广泛联系的历史背景下加以分析。在唐代,狭义的"胡"指昭武九姓粟特人,与突厥有着千丝万缕的联系。据史料记载和学者研究,粟特人在突厥汗庭任职者不在少数,对突厥游牧部落社会形态的发展及其与中原王朝关系方面有过积极贡献。由于突厥与昭武九姓粟特人混杂生活,突厥与其通婚现象在当时似乎也不在少数,如安禄山和哥舒翰都是突厥与胡人通婚的后代。据《新唐书·哥舒翰传》载:"禄山曾谓翰曰:'我父胡,母突厥;公父突厥,母胡。族类本同,安得不亲爱?'翰曰:'谚言"狐向窟嗥不祥",以忘本也。兄既见爱,敢不尽心。'禄山以翰讥其胡,怒骂曰:'突厥敢尔!'"[1]从侧面反映了突厥与胡人通婚的史实,也反映出唐朝社会对这种不同民族之间的通婚、融合等非主流现象的复杂态度。

(二)婚姻

李思摩墓中亦放置其妻墓志。上载,李思摩妻为薛延陀部延陀族,630年随李思摩一起投唐,贞观十三年(639年)诏授统吡加可贺敦延陀。贞观二十一年八月十一日(647年)薨,距离丈夫去世仅5个月。墓志四杀、志石纹饰与李思摩同。作为昭武九姓粟特人与突厥汗庭联姻的见证,李思摩又通过与其他突厥族联姻来巩固自己的地位,他们夫妻生活在唐朝体制下,汉化程度如何?宗教信仰如何?也火烧后土葬吗?这些问题都需要进一步探究。

(三)宗教信仰

从李思摩较为清楚的世系来看,他应该是突厥族父亲与九姓胡母亲联姻

---

[1] [北宋]欧阳修、宋祁撰:《新唐书》卷一三五《哥舒翰传》,北京:中华书局,1975年,第4570页。

的结果,使其相貌类似胡人。至于其母到底是九姓胡中的哪一姓、信仰如何、葬式葬仪如何,我们都无法知晓,其家族中是否还有类似的婚姻形态也不清楚。但从壁画内容看,其中翼兽图和身披大氅的人物图与其他唐墓壁画内容差别较大,结合史书关于李思摩先依俗火烧后再土葬的记载,笔者认为李思摩或与祆教有一定联系。

(四)埋葬方式

据墓志记载,李思摩去世后,"仍任依蕃法烧讫,然后葬。仍为立碑",即依照突厥葬俗火葬后再举行土葬。艾冲认为"这种复合型葬式充分体现出唐朝对突厥族丧葬文化的尊重和宽容"①。但据蔡鸿生考证,九姓胡"丧礼中的'劈面截耳',长期流行于北胡和西胡各族之间,成为古代亚洲内陆殡葬文化的一大特色。……用刀划面割耳,血泪俱流,原是漠北游牧民族的悼亡仪式。它在空间和时间上的广延性,说明这种胡俗有很强的生命力"②,则暗示突厥的葬俗受九姓胡影响。至于葬具是石椁、石棺床,还是石榻?则不得而知。

(五)陪葬品

由于墓葬多次盗掘,随葬品仅残留墓志和一些壁画,包括两幅翼兽图、一幅人物图。翼兽造型、人物服饰和所持物件,与同时期其他唐墓壁画内容均有一定差别。笔者推测,应该与李思摩的信仰分不开。

既然李思摩被允许依照"蕃法烧讫,然后葬,仍为立碑",并没有明确说出是突厥葬式,因为突厥并非唯一实行火葬的民族,祆教也实行火葬。如果无法判断李思摩到底是按照突厥葬俗,还是祆教葬俗或其他葬俗埋葬的话,起码可以说明李思摩有可能被安排了带有不同民族特色或文化融合的葬礼,包括汉人的立碑纪念方式。

这是因为:第一,李思摩身份极其特殊。他是突厥第四代王族,曾祖父是伊

---

① 《唐太宗朝突厥族官员阿史那思摩生平初探——以〈李思摩墓志〉为中心》,《陕西师范大学继续教育学报》2007年第6期。
② 蔡鸿生:《唐代九姓胡与突厥文化》,北京:中华书局,1998年,第24页。

力可汗,祖父是达拔或达头可汗,父亲是咄陆设或咄六设。仁寿三年(603年),李思摩以可汗之孙的身份被授波斯特勒称号,又被委任为小可汗——俱陆可汗,统治漠北铁勒诸部,即墓志所载"俄迁俱陆可汗,统薛延陀、回纥、暴骨、同罗等部",李思摩遂率部控制了郁督军山周边,及其与金山之间游牧部族①。仁寿四年(604年)或大业元年(605年),李思摩被启民可汗生擒后押至隋朝国都——大兴城。隋炀帝将其释放并赠送财物,让他返回突厥部落为启民可汗效力。墓志所谓"后为启民所破,拘于隋室,炀帝亲释其缚,赐物五百段,仍放还蕃"。李思摩先后作为始毕、处罗和颉利可汗的重要助手,参与重大行动的决策和实施,但因外貌受猜忌而未任军事统帅。

第二,李思摩才华横溢。史书称李思摩"性开敏,善占对,始毕、处罗皆爱之",转顺启民可汗后,李思摩长期为之出谋划策。笔者猜测这种非凡才能或许来自不同种族的联姻。据《旧唐书·突厥传》载:李思摩曾被唐高祖封为和顺郡王,唐太宗贞观十三年七月(639年)封其为右武候大将军、化州都督,特赐思摩以李唐皇室之姓,令其统领颉利旧部落于河南之地。此后,阿史那思摩改称李思摩,归降唐朝,始终尽忠于大唐,担任化州都督府都督长达10年之久,充分体现了唐太宗对他的信任与器重。

第三,李思摩的机智骁勇,忠贞不贰赢得了唐太宗的信赖与厚爱。如唐太宗命李思摩率部北迁至大漠以南、黄河以北的草原地带,建置隶于中央政府的藩属国时,曾在长安城齐政殿亲自为李思摩饯行。李思摩感恩涕泣,奉觞上寿,倾诉衷肠。贞观十八年(644年),李思摩统率蕃兵,东征辽东时中箭受伤,唐太宗亲为他清创、吮血、敷药、裹伤,足见君臣感情之笃深。据李思摩墓志记载,他去世后,唐太宗特别下诏,谥赠了一系列官号,并恩准采用混合葬式礼遇李思摩。唐太宗去世后,唐高宗仍保留了对李思摩的礼遇,他诏令琢诸蕃酋长十四人石像,列置于诏令祭坛上,李思摩也位列其中。这个身份极其高贵的突厥官

---

① 艾冲:《唐太宗朝突厥官员阿史那思摩生平初探——以〈李思摩墓志铭〉为中心》,《陕西师范大学继续教育学院学报》2007年第2期。

员,在史书中身世不详必有其他原因,不会仅仅因为外貌"不类突厥"就受排挤或隐匿身世,这其中端倪值得深究。

四、"翼兽图"内涵探析

笔者认为,李思摩墓葬壁画内容或许藏匿着某些隐情,但同时也多多少少透露了一些信息。在无法弄清楚李思摩出身的情况下,姑且将上文"镇墓兽图"的提法改为翼兽。尽管姜伯勤和施安昌称之为"畏兽",其他学者称"怪兽""神兽""异兽"也都各有道理。

最早关于"畏兽"的记载见于《山海经图赞卷上》和《魏书·志》,但未描述"畏兽"的具体形象特征。姜伯勤、施安昌等认为莫高窟第322窟与第249窟等双手托山羊、绵羊或其他动物的有翼神兽,与墓葬出土的粟特美术品上的图像类似,统称为"畏兽",在形象上为"从天而降的焰肩祆神",象征守护祆神之风俗,表示加入祆教护火诸神行列的寓意①。

以史苇湘为代表的敦煌研究院专家则持不同意见,他们将这两身图像定名为佛教护法"八部鬼神"类中的"人非人"。沙武田引用后秦释僧肇的说法,认为这种"人非人"形象为天伎神紧那罗②。这些图像均为人身兽首,上身赤裸,仅穿一件较短的绿色灯笼裤,双肩生出三道蓝色火焰状翼翅,头发上束,手脚均作鸟爪形,怒目圆睁,张口呲牙,全身肌肉突起,孔武有力。二神兽相对,右侧神兽右手高举一长角山羊,左侧神兽左手高举一绵羊,两神兽皆在流云中急驰向前,护佑佛法。

在《法华文句》(二)中,紧那罗"亦云真陀罗,此云疑神,似人而有一角,故号人非人"。在《舍利弗问经》和《法华经义疏》(二)中,它是天龙等八部众之总

---

① 姜伯勤:《"天"的图像与解释——以敦煌莫高窟285窟窟顶图像为中心》,载《敦煌艺术宗教与礼乐文明》,北京:中国社会科学出版社,1996年,第55—94页。
② 沙武田:《莫高窟第322窟图像的胡风因素——兼谈洞窟功德主的粟特九姓胡人属性》,《故宫博物院院刊》2011年第3期。

称,"人非人者,八部鬼神本悉非人,而变作人形来听说法,故云人非人也"①。姚秦高僧鸠摩罗什《大智度论》卷九六(弘始四年,402年)载:这种人非人神兽在佛教经典中也被称为畏兽,"复次恶魔常惑乱行者,或作种种形,或作好色,或作畏兽,在道左右,故言莫观"②。这里的"畏兽"属"惑乱行者"的"恶魔",魏晋南北朝墓葬中那些形象狰狞的镇墓兽对此做了最为直观的阐释。在很早以前,日本学者长广敏雄就把中国六朝时期出现的此类"人非人"类图像称为"畏兽"③。

姜伯勤还指出,这种祆教图像及其思想与突厥人的风俗习惯有关,如敦煌第322窟窟主"或为突厥裔,或为粟特裔"④。沙武田也认为"如果没有窟主、施主或绘画者独特的粟特突厥文化背景,把洞窟中常见的'人非人'画成完全意义上的祆教护火神祇图像是不可想象的"⑤。这种宗教文化图像的互相影响、借用的现象被M·莫德与姜伯勤称之为"两重性图像志"(the two folded iconography/a doubled iconography)或"图像志两重性⑥,它广泛出现在祆教以外的载体和宗教文化当中,成书于722年的韦述《两京新记》卷三也记载了这种现象,"(布政坊)东北隅,右金吾卫。西南隅,胡祆祠。武德四年所立,西域胡天神,佛经所为摩醯首罗也"⑦。

造成上述宗教或文化混杂现象的原因有三:其一,由于多文化融合,胡僧们的模糊身份或信仰的前后转变,甚至混淆,有的兼有佛教与祆教的双重信仰。郑炳林、毕波、陆庆夫等认为,敦煌自古就是多民族、多宗教融合之地,粟特

---

① 丁福保《佛学大辞典》(北京:中国书店出版社,2011年)、兹怡主编《佛光大辞典》(北京:北京图书馆出版社,1989年)对"人非人"的释义均相当。
② [日]高楠顺次郎:《大正藏》第25册,台北:台湾华正书局,1985年,第732页。
③ [日]长广敏雄:《六朝时代美术研究》,东京:美术出版社,1969年,第107页。姜伯勤:《中国祆教艺术史研究》,北京:生活·读书·新知三联书店,2004年,第219页。
④ 姜伯勤:《中国祆教艺术史研究》,北京:生活·读书·新知三联书店,2004年,第224页。
⑤ 沙武田:《莫高窟第322窟图像的胡风因素——兼谈洞窟功德主的粟特九姓胡人属性》,《故宫博物院院刊》2011年第3期。
⑥ 姜伯勒:《中国祆教艺术史研究》,北京:生活·读书·新知三联书店,2004年,第203页。
⑦ [唐]韦述:《两京新记》卷三"布政坊"条,又见[唐]杜佑:《通典》卷四〇"萨宝"条。

人长期活跃于此,吐蕃统治时期的敦煌依然有大量的粟特人,上至吐蕃统治政权,下至各行各业的手工作坊,以至于寺院僧人中均有为数不少的粟特人[①]。其二,画师身份的多重性。信仰或文化背景复杂的画师们在创作时的特殊心理与行为产生了边界模糊的作品,如敦煌莫高窟第158窟南壁和西壁的弟子、比丘举哀图中,人物皆为深目高鼻的胡人形象,有两身弟子手捧一方形物,刘永增认为是粟特人祭葬祆教徒时所用的纳骨器,窟主人应是九姓胡[②]。其三,古代西域的宗教文化本身具有多元融合性质。如吐鲁番安伽勒克古城所出《金光明经》尾题"庚午岁八月十三日,于高昌城东胡天南太后祠下,为索将军佛子妻息合写此金光明一部"。在祆教祠中出现的佛教经典,虽然年代晚李思摩墓很多,但依然有存在这种现象的可能。这种种现象又促进了此类佛教与祆教美术的"两重性图像志"广泛出现于中古美术当中。

从这个角度来看李思摩壁画中的翼兽,在形象上则属于姜伯勤所谓"手拿东西者(常见均以各类工具为主)",融合了祆教、突厥、佛教及中国传统观念等诸多文化或宗教因素,具有"多重性图像志"的特点。

五、突厥、九姓胡与李思摩的关系

参照蔡鸿生的观点,笔者也把有关李思摩的史料记载和考古发现放在魏晋南北朝至隋唐时期西域形势风云际会的历史背景下加以考察,发现突厥人与粟特九姓胡人的文化互动较为密切,文献记载和近年出土的粟特人墓葬图像也能说明这一点,而李思摩与祆教的传播,与突厥、九姓胡之间的关系则表现出超乎想象的复杂性和动态发展的特征。

(一)突厥人与火崇拜

据文献记载,突厥人有事火、拜天之俗。沙畹在《西突厥史料》中提到,598

[①] 沙武田:《敦煌莫高窟第158窟与粟特人关系试考》(下),《艺术设计研究》2010年第2期。
[②] 刘永增:《莫高窟第158窟的纳骨器与粟特人的丧葬习俗》,《敦煌研究》2004年第2期。

年,达头可汗(576—603年在位,又称步迦可汗、达拨可汗等)在致东罗马皇帝摩士立的国书中说:"突厥拜火,亦敬空气水土,然仅奉天地之惟一造化主为神,以马牛羊祀之,并有祭司预言未来之事。"①有学者考证,达头可汗即李思摩的祖父阿史那玷厥,射匮可汗(611—618年在位)是其胞弟②。随着西突厥国势日强,与东突厥分庭抗礼,至统叶护可汗时期(618—628年在位),其统辖范围囊括了从碎叶川至乌浒河的广大地区。在如此广阔的地域内,既有奉萨满教的铁勒诸部和奉火祆教的昭武九姓,又有信奉佛教的龟兹、高昌及罽宾等国,特别是中亚河间地区的昭武九姓祆祠最多,祆教流行。至于突厥人事火是否受九姓胡影响,尚需进一步研究。

蔡鸿生认为,突厥拜火有自己的渊源,与昭武九姓或萨珊波斯似无多大关联。对于突厥人帐幕式的盛骨瓮,绵羊或山羊进入守护圣火神祇序列,他的解释是,"中亚突厥人在汗国瓦解(七世纪中期,以657年唐高宗在西突厥置两都护府为标志),已经有某种程度的祆教化。……段成式《酉阳杂记》卷四介绍过一种突厥式的祆神崇拜:'突厥事祆神,无祠庙,刻毡为形,盛于皮袋,行动之处,以脂苏涂之;或系之竿上,四时祀之。'"③带有突厥游牧民族生活方式之特点。

(二)突厥人与九姓胡存在通婚事实

史料和考古资料证实,活跃于突厥辖境内的粟特胡人与突厥人因通婚而存在一定的血缘关系(包括通婚及其他非婚关系)。从文献记载可知,粟特胡人足智多谋,尽管在汉文史籍中被贬称为"尤多奸计"或"尤黠桀",但突厥可汗对他们颇为信任,故粟特人能够在突厥汗廷中拥有特殊地位,能与突厥贵族阿史那氏、阿史德氏等密切交往。彭建英认为,胡人安遂伽与都兰可汗妻私通一事

---

① [法]沙畹著,冯承钧译:《西突厥史料》,北京:商务印书馆,1935年,第177页。
② 艾冲:《唐太宗朝突厥族官员阿史那思摩生平初探——以〈李思摩墓志〉为中心》,《陕西师范大学继续教育学报》2007年第6期。
③ 蔡鸿生:《唐代九姓胡与突厥文化》,北京:中华书局,1998年,第134—136页。

正传递出粟特胡与突厥贵族之间过从甚密的信息①。

李思摩的遭际进一步暗示这种现象的存在。《通典·突厥传》所载的李思摩虽为突厥王族,但"貌似胡人,不类突厥",始毕可汗和处罗可汗"疑非阿史那族类,故历处罗、颉利代,常为夹毕特勤,终不得典兵为设","设"为突厥要职,依例由可汗直系担任,血统有嫌疑者不得为"设"。蔡鸿生认为,突厥汗廷在人选上强调"系谱"与"血统"两大原则,体现出极强的排外性②。李思摩虽贵为可汗族人,但因貌与胡人相类,被疑血统不正,竟不得担任"设"一职。关于李思摩的身世,文献并无更多记载,但护雅夫提醒,既然粟特胡人活跃于突厥汗廷,就应考虑到现实生活中粟特人与突厥可汗、可敦或阿史那氏之间存在某种非婚血缘关系的可能性。李思摩类似胡人的体貌特征正好说明了粟特与突厥存在血缘关系③。另外一个例子就是安禄山,他的先祖出自漠北,后来盘踞于营州,他在汉文史籍中被称为"杂胡"就是因父亲为胡人而母亲为突厥人。蔡鸿生将唐代这两个混血儿的身世,解读为"以缩影的形式反映出一个广阔的种族文化背景,即中亚绿洲城邦文明与漠北草原穹庐文明的接触和交融"④。

(三)突厥与九姓胡之间有着密切的政治、军事关系

西突厥与康国在隋代来往比较频繁。据《隋书》卷八三《康国传》记载,康王代失比(又称"世失比")娶了达度可汗(即达头可汗)的女儿为妻。《旧唐书》卷一九八载,康王屈术支娶西突厥叶护可汗之女为妻,遂臣于西突厥⑤。蔡鸿生明确指出这种婚姻形态具有明显的政治性。有学者甚至推测,康国没有入隋朝贡,可能是西突厥对康国的控制严于其他中亚国家。

至于李思摩到底具有九姓胡哪一姓的血统,也无进一步证据,但史料也许会给出一些线索。在九姓胡中,石国主要由突厥人统治,受其影响很大。隋大业

---

① 彭建英:《东突厥汗国属部的突厥化——以粟特人为中心的考察》,《历史研究》2011年第2期。
② 蔡鸿生:《唐代九姓胡与突厥文化》,北京:中华书局,1998年,第160页。
③ [日]护雅夫:《東突厥家内部におけるソグド人》,《古代トルコ民族史研究》,东京:山川出版社,1967年,第68页。
④ 蔡鸿生:《唐代九姓胡与突厥文化》,北京:中华书局,1998年,第1页。
⑤ [后晋]刘昫等:《旧唐书》卷一九八《突厥传上》,北京:中华书局,1975年,第5156页。

年间,室点密系西突厥在射匮可汗(610—617年)的率领下,迁徙到了锡尔河一带后,迅速兼吞了石国,控制了西域东部(今新疆和唐代碎叶川地区)和西部(中亚和吐火罗等)地区。其统治区域"东至金山,西至(西)海,自玉门以西诸国皆役属之"。监领石国的突厥官员匐职曾在大业五年(609年)遣使入隋朝贡。《隋书》和《册府元龟》卷九七〇《外臣部·朝贡三》也记载了大业十一年(615年)正月,射匮可汗遣其犹子率吐火罗、沛汗、龟兹、疏勒、于阗、安国、曹国、何、穆国等西蕃诸胡朝贡,说明西突厥牢牢控制了中亚诸国东来朝贡的贡道。

唐朝建立后采取的一系列政策使西域的政治形势发生了很大变化。唐初,西突厥统叶护可汗希望与唐朝联盟,共同消灭东突厥,实现对漠北和西域的统一。武德三年(620年),统叶护遣使贡献条支巨卵,还与唐朝约定武德五年(622年)冬共同打击东突厥,后来多次遣使朝贡并请求通婚。西突厥采取上述对唐政策,在一定程度上保障了西域入华贡道的通畅①。贞观四年(630年),西突厥内乱②,中亚诸胡纷纷摆脱西突厥的统治,希望得到唐朝的庇护与帮助。但初定天下的唐朝,无意在中亚与西突厥争斗。贞观十四年(640年)唐朝在西域设立安西都护府,贞观二十二年(648年)唐朝将安西都护府迁至龟兹,始创安西四镇。《旧唐书·龟兹传》记载:"先是,太宗既破龟兹,移置安西都护府于其国城,以郭孝恪为都护,兼统于阗、疏勒、碎叶,谓之四镇。"③标志着唐朝在西域政策出现了重大转变,即从防卫走向开拓,从西域东部向西部扩张,给西突厥沉重打击,中亚诸胡又来朝贡,唐朝的统治范围不断向西扩展。永徽五年(654年),大食开始征服中亚,中亚各国面临亡国的威胁,纷纷求助于唐朝。据《册府元龟》记载,永徽五年四月,康国曾与罽宾国、曹国、安国、吐火罗国并遣使朝贡就

---

① 许序雅:《唐朝与中亚九姓胡关系演变考述——以中亚九姓胡朝贡为中心》,《西域研究》2012年第1期。

② 统叶护为其伯父西突厥阿波系莫贺咄所杀。西突厥从此盛极而衰,内乱不止。统叶护之子咥力特勒(勤)为避莫贺咄之祸而逃亡康居,被弩矢(失)毕部泥孰可汗推为肆叶护可汗。肆叶护与莫贺咄相攻杀,莫贺咄兵败,逃至金山,为泥孰所杀。此后,泥孰又与肆叶护相"争国"。

③ [后晋]刘昫等:《旧唐书》卷一四八《龟兹传》,北京:中华书局,1975年,第5303页。

与此有关。但拔汗那始终没有入唐朝贡,可能并不看重与唐朝的关系,也有可能是西突厥的反复无常阻碍了贡道的畅通。咸亨二年(671年)四月,唐以西突厥阿史那都支为左骁卫大将军兼匐延(都督府)都督,"以安集五咄陆之",暂时缓解了矛盾。

笔者认为,要在时空跨度如此大的复杂历史背景下探讨李思摩的出身之谜实在不是一件简单的事情,但至少可以推测其母亲族属或阶层的不对称性,这对理解李思摩的文化、宗教及其对葬式葬仪的影响也颇有裨益。

六、结 论

通过李思摩墓壁画的分析,笔者有以下发现:

第一,这些特征化的图像对研究魏晋南北朝至隋唐时期中西文化交流、民族关系至关重要。多角度分析图像,不仅可以追溯外来文化通过图像的方式传入、冲突、交流与融合的长时期发展演变规律与轨迹,而且还能在一定程度上考察个体案例所表现出来的独特现象。无论是九姓胡的祆教信仰,还是突厥人事火与水的多神信仰,它们进入中原地区后经过反复曲折的流传过程,呈现出层次不同、深度不一的汉化或胡汉融合的现象。对于墓葬或石窟中这些图像的演变也许还存在粉本流传滞后性的问题,需要多维度地分析研究。

第二,这类迥异于中国传统文化的图像具有复杂的渊源。可能包含了波斯"角牛形天神,狮形天神"的祆教"胜利之神"的图像元素。这种图像最早出现在两河流域的远古文明中,逐渐向西、向东传播,便有了古希腊、古罗马、古波斯等地的变型,以及随之变化的含义。无论是狮身人面的格里芬,还是兽头鸟神的森木夫,人面兽身或兽面人身有双翼的镇墓兽等,都经历了长时期的反复迁移与流变、冲突与融合等动态的、复杂的过程。

第三,目前我国发现的翼兽图像具有时间跨度大,分布范围广,整体形象趋同但又有个性化等特征。基本的趋同性在于人身兽首(或鸟身),或人首鸟身,或兽首人身,面目恐怖,仅穿红色短裤,双肩生翼,作奔驰,或相互追赶状。

值得一提的是,翼兽所穿的红色短裤与伎乐的红衣裙、女侍的红大氅或短襦,是画师出于方便创作还是另有寓意?是否像施安昌认为的那样,这些图像全身施以红色意味着与火有关?是否能说明李思摩的宗教或信仰背景?

总之,李思摩墓翼兽图和其他带有明显西域文化特征的纹饰反映了多元文化交融背景下独有的"图像内涵的多重性",以及唐代边疆官员对内地文化的向往和对唐朝忠诚不渝的主流意识。至于李思摩墓壁画中多重文化特征的图像是否表明他作为突厥与九姓胡混血的个人形象,或者他试图通过一些特殊的生活习俗或葬俗表达对胡人血统的纪念呢?就像姜伯勤将敦煌322窟窟主史氏推测为突厥裔或为粟特裔一样,我们如果从这个角度来理解李思摩墓翼兽图壁画的内容也就容易多了。

第二节 唐代墓葬壁画的制作者与观看者

随着新的考古资料不断涌现,唐代墓葬壁画的相关研究也不断推陈出新。在比较全面的研究综述尚未发表的情况下,笔者暂时将目前的研究总结为三大类:一是从政治、经济、文化、宗教等方面的宏观研究;二是从墓葬和丧葬制度、绘画风格与技法、音乐舞蹈、制作工艺等方面的专题研究;三是具体细节的个案研究,如器物、服饰、动物、植物、人物、花鸟等。无论哪种研究,从壁画制作者和观看者的角度探讨得较少,笔者尝试从图像史学、新社会史学和墓葬美术史的视角入手,对这一被忽略的问题进行初步分析,从中国墓葬艺术长时期发展和短时期动态演变的社会背景中梳理那些隐藏在画面背后的诸种"人"或"人们",包括墓主人与家族或阶层、墓葬和壁画的设计者、绘制者、观赏者的观念。

一、唐代丧葬制度下的壁画功能

著名美术史学家史岩评价唐代艺术时曾说："当一国文化达于最高潮的时代,艺术亦必郁郁乎造于优美卓越的绝顶。"[①]这里指唐代政治、经济、文化高度发展下的各种艺术形态,当然也包括唐代厚葬之风盛行产生的墓葬艺术。在唐代,中国古老的"事死如事生"的观念被诠释得淋漓尽致,贵族们死后的世界也被设计成秩序井然的等级社会。对丧与葬,唐代是这样规定的:"凡丧,三品以上称薨,五品以上称卒,自六品达于庶人称死。"[②]葬有特殊的礼仪制度——诏葬,即皇帝下诏为大臣举办丧事。《册府元龟·将帅部·褒异》称:"或没而可称,礼光于诏葬;或死而可作。事美于追荣,皆所以畴劳而功能,赏善而旌德,使效节之士罄其精忠,方来之人于焉激励。"[③]赐东园秘器(葬具,或是棺、或是椁、或是棺椁的统称)。墓葬形制也有区别,如太子、公主和有特殊功勋的高官享用双室砖墓,一品、二品、三品官员享用单室砖墓,四品、五品官员享用单室方形土洞墓,六至九品官员墓葬为单室方形或长方形土洞墓,无品但有地位的庶人墓葬为单室长方形土洞墓,普通人的墓为"刀形"土洞墓[④]。这种现象在唐期前期尤为清楚,严格缜密的墓葬等级制度在考古发掘中得到了证实。

唐代葬式的等级性体现了对墓主人生前地位的肯定与尊重,强调原有一切待遇并创造了新的荣耀和等级,确立了墓主人永恒化的生存状态(肉体的、精神的),同时也给生者以最大的慰藉和荣耀。齐东方认为"通过丧礼来表达对死者的怀念、评价和荣誉的给予,就实质而言对死者没有什么实际意义,但对

[①] 史岩:《东洋美术史·序》,上海:商务印书馆,1936年,第2页。他说:"但这优美卓绝的艺术,绝非突然超升的,由萌芽而发育而成长而成熟,这期间必经过相当长的年代,当其成熟于极度之后,又必逐渐萎靡衰退。"

[②] [北宋]欧阳修、宋祁撰:《新唐书》卷四六《百官一》,北京:中华书局,1975年,第1194页。

[③] [北宋]王钦若等:《册府元龟》卷三七五,北京:中华书局,1960年,第4461页。

[④] 齐东方:《唐代的丧葬观念习俗与礼仪制度》,《考古学报》2006年第1期。

某些相关人或政治需要来说却是重要的,寄托了生人对现世加官晋爵、富贵财利、平安吉祥、长寿延年和政治权力等很多期望,死者葬礼形式中得到的任何评价,受益或受害者都是活着的人"①。

正因如此,唐代的丧葬活动程序十分繁琐冗长,多由熟悉礼仪的专业官员负责,即唐代的"丧事官给",有些来自礼部,鸿胪寺和将作监也直接参与管理。

(一)礼部

《新唐书·百官志》载,礼部郎中、员外郎掌"百官、宫人丧葬赠赙之数"②,即物和粟的配置。一般来说,礼部按照官员等级制定丧葬规格和安置政策,礼部郎中和员外郎具体执行,付诸实施。

(二)鸿胪寺

鸿胪寺为具体承办机构,下设司仪署,总揽"凶礼之仪式及丧葬之具"。鸿胪卿负责一品官员的丧事,并要亲自出面参加仪式。少卿和丞等负责三品及以下品级官员的丧事,并要参加不同级别官员的葬礼。文献记载,鸿胪寺还负责供应一些"帐具给食"的杂事,即赠给祭葬用具、组织葬仪人员,甚至分派营造坟墓的工匠民夫。可见,鸿胪寺直接按规定操办死者的丧葬活动,其实在具体实际中将礼部的等级规定体现出来。

(三)将作监

将作监负责提供物资供给。《旧唐书·职官志》载,将作监左校署负责"丧葬所须,皆供之"。主要职责是负责国家大型工程,管理各类手工业作坊、各种技术人员和工匠,其下属的甄官署承担着"掌供琢石陶土之事。凡石磬碑碣、石人兽马、碾碨砖瓦、瓶甀之器、丧葬明器,皆供之"③。这些明器是专为死者准备的丧葬用品,不具备实用价值,一般为泥土、石头等制作而成,不得用珍贵材料。《唐会要·葬》载:"明器……皆以素瓦为之,不得用木及金、银、铜、锡,其衣不得

---

① 齐东方:《唐代的丧葬观念习俗与礼仪制度》,《考古学报》2006年第1期,第66页。
② [北宋]欧阳修、宋祁撰:《新唐书》,北京:中华书局,1975年,第1193页。
③ [后晋]刘昫等:《旧唐书》卷四三《职官三》,北京:中华书局,1975年,第1895页。

用罗锦绣画。……太极元年(712年)六月,右司郎中唐绍上疏曰:臣闻王公以下,送终明器等物,具标格令,品秩高下,各有节文……比者,王公百官竞为厚葬,偶人象马,雕饰如生。"①再次明确了明器的种类和材质。将作监甄官署下设专门制作丧葬器物的作坊,按照等级提前制作各类明器,一旦鸿胪寺按规定索要丧葬物品时,能够及时提供所需葬品。

此外,典客署负责归化在蕃者的丧葬事宜。司仪署负责凶礼仪式和丧葬器具,为京官(三品、四品以上)和散官(二品以上)提供丧葬品②。

虽然礼部、鸿胪寺和将作监都从事丧事管理,感觉三个职能部门好似重复,实则分工不同。礼部是决策机构,监管核准被葬者的身份地位和丧葬等级。鸿胪寺是执行机构,将礼部的意图在实际丧葬活动中体现出来。将作监是制造机构,保障了所需物品的供给。三个部门权责分明,互相牵制,互相监督,形成了一个完整而有效的行政操作链条。

丧葬制度要保障被葬者的权利,保护其家族政治荣誉和社会地位。但由于地理环境、材料技术、文化背景和动机不同,墓葬可谓是一个综合且平衡各种因素之后的产物,必然表现出不同时代背景、地区分布、等级等诸多差异。在某些情况下,高级官员的葬礼由官府和死者亲友联合操办,亲人借此表达孝道。然而,由于时间、气候、环境等影响,墓葬无法满足利益方的所有需求,只能通过仪式、器物来寄托对亲人的思念。

二、唐墓壁画的设计者

考古资料显示,等级性、规制性、礼仪性是墓葬壁画诸多特征的一部分。笔者不赘述自西汉至隋唐墓葬壁画演变的宏大理论问题,只强调上述特征的连续性与变异性。变异的主因在于中外交流,正如潘天寿所言:"艺术每因异种族

---

① [宋]王溥:《唐会要》,北京:中华书局,1955年,第693页。
② [后晋]刘昫等:《旧唐书》卷四三《职官三》,北京:中华书局,1975年,第1885页。

的接触而得益,而发挥增进,却没有艺术忘艺术的事情,这是征之史册,历历皆然的。"①这种现象在隋唐墓葬壁画中亦尤为明显。

(一)唐代墓葬内部建筑空间中的壁画位置与结构

考古发掘证实,尽管唐代高等级墓葬规模不同,但基本规制为长斜坡墓道、过洞,前后甬道一直延伸到墓室,墓道、过洞、甬道的两壁和顶部,以及墓室四壁和穹顶绘制内容不同的壁画,依次为仪仗车马出行及上方的青龙白虎、步仗、属吏、男女侍者等,四周用土红色绘出影作木结构表示庭院建筑,墓室多表现出贵族后宫的生活情景,构造出从宫外(墓道)至庭院(天井)再到后宫(墓室)空间布局模式,壁画内容、题材也呈现出相应的变化。

(二)壁画等级、布局、内容等总体设计

唐代政治体制中官员的职务或品位在死后的墓葬中表现出等级的差异,直接或间接地通过各种元素予以强调,也就是说权力关系体现在丧葬观念、制度与活动中。

一般来说,墓葬壁画应该有整体规划图,至于如何设置标准?将作大匠、将作少监,及其属下团队或委托制作团队如何合作?设计者如何起样?上述问题亦需进一步研究,笔者尝试从以下几个方面进行分析。

1. 构图

构图也称章法,即经营位置。指运用一定的格式规范,将客观无限的立体结构转换成有限的平面结构,在画面形象与客观形象之间产生一种异质同构的对立状态。就绘画创作而言,最基本的创作步骤就是在二维平面中运用一组形象的比例、位置、层次关系建立起一个空间和谐的画面。唐代之前的人物画多为平列人物形式。顾恺之已经注意到了人物立足点的先后远近,打破了一些呆板的平面人物画面,以前遮后掩的方法表现空间,或以生活场景来衬托人物的生存环境,以聚散构成式的连环画格式诠释画面主题。张萱、周昉时期,仍流行人物长卷,张萱绘画构图紧凑,虽无背景,却更注意疏密聚散。周昉的绘画构

---

① 潘天寿:《自序》,载《中国绘画史》,上海:商务出版社,1926年,第1—3页。

图相对松散一些,但人物分布比较均匀,他更注重通过画中人物的眼神周舫来点明整个画面的中心,借此引导观者的视线。周舫注重画面整体人物形象的起伏,错落有致,波浪形的起伏流动美感,远近透视和比例大小趋于准确。他还喜欢点缀一些梧桐、桂树之类的应景植物,渲染画面气氛,衬托主题①。

2. 绘画技法

从壁画的功能出发,我们会发现一个问题:构成壁画历史的是一个个具体的人。如贡布里希所言:"这些个人的生存情境可能把他推向某种'制像'活动,并且在那种活动中不断地调整着他和制像任务所提出的各种要求之间的关系,而正是那些要求决定了艺术的功能和面貌也最终创造了艺术。由于情境的不同,艺术风格可能大相径庭。"②

唐代绘画历史分为几个重要阶段:第一阶段是初唐阎立本的铁线描。特点是线条细密,刚劲有力,形如铁线。第二阶段是吴道子的兰叶描。特点是色彩上浅深晕成,敷粉简淡,称"吴装"。第三阶段是张萱、周舫的琴丝描。特点是似琴丝绵延而又挺拔俏丽,长线条圆润流畅,短线条细劲有力,流畅活泼,典雅含蓄,劲简挺拔,称"莼菜条"。色彩鲜艳,华丽富贵,层次变化,冷暖相宜,奠定了人物画唐代样式的基础。

藤固言:"初唐剪裁前代的体制以适应新时代的伟力,其特征为伟大威重;盛唐以艺术渗透于生活,作了丰美的融合,其特征为雄健澄澈;晚期倾向于细致和夸张,其特质一方面为优美,一方面为脱略。"③"盛唐的艺术,令人特别见得丰茂流畅,而其生动的风韵中凡含蓄奔放,紧张松弛,处处切合音乐的节奏。这一点,我们不能不以吴道玄为代表。……[他]洗练了初唐伟大威重的特质而为雅健澄澈,为盛唐艺术特有的气氛;但其发展的线索仍纽结于感觉认识的新颖技巧,不过把这些要素调入了当代浓郁的感情,在清明的形式里

---

① 霍思光:《浅谈唐代人物画的艺术魅力和历史价值》,吉林大学2007年硕士论文。
② 范景中:《贡布里希对黑格尔主义批判的意义》,载《艺术史的视野——图像研究的理论、方法与意义》,北京:中国美术学院出版社,2007年,第191页。
③ 藤固:《藤固艺术文集》,上海:上海人民美术出版社,2003年,第202—204页。

作了自律的融合。"①

唐墓壁画主要描绘的是人物,既有人物的单体图像,也有人物的群体图像。无论是李寿墓、章怀太子墓、懿德太子墓等浩浩荡荡的仪仗队伍群像,还是单个精描细绘的人物图像,都表现出宏大的整体艺术设计理念与独特的个体墓葬结构的有机结合,多层次、多形式地诠释众多的参与者和墓主人之间的关系。将建筑设计、营造工艺、绘画艺术完美结合的典范当数唐初的阎毗、阎立本和阎立德父子三人。特别是著名画家兼建筑工程学家的阎立本(601—673年),善画道释、人物、山水、鞍马,尤以道释人物画著称,官至将作少监、将作大将②,他与当时担任营山陵使、工部尚书的著名工艺家、美术家阎立德一起设计了昭陵墓园,包括深75丈的玄宫、石门五道、停放棺椁的墓室和精美绝伦的大量陪葬品,墓道一直到墓室墙壁绘有惊世壁画。不同时期墓葬壁画也动态地反映出唐代建筑与绘画艺术相结合的传承与沿袭的脉络。我们在很多壁画中依稀可以看到吴道子画风的变体,他"所画人物如雕塑,旁见周视,四面可以会意,由朱粉的厚薄而衬出骨和肉的高下起陷;并善折算,方圆平正,凹凸起伏,都合自然"③。尤其值得一提的是唐人仕女画典型的"三白法",色不夺线,线不碍色的画面效果,人物脸部层层晕染,眉额间和鼻背轻罩白粉,肌肉滑腻,设色丰稼。

---

① 藤固:《藤固艺术文集》,上海:上海人民美术出版社,2003年,第198—201页。
② 将作监与少府监根据尚书省工部所制定之政令而具体掌管官府手工业制作。将作监设监1人为长,从三品,少监2人为助,从四品下,掌土木工匠及陶器制作诸事。下统左校、右校、中校、甄官等署。少府监,武德初废,以诸署隶太府寺。贞观元年(627年)复置,高宗龙朔二年(662年)改称内府监,武后垂拱元年(685年)又改称尚方监。后复称少府监,有监1人为长官,从三品,少监2人为次官,掌百工技巧之政。负责供给天子器御、后妃服饰及郊庙圭玉、百官仪物等。下统中尚、左尚、右尚、织染、掌冶五署、诸冶、铸钱、互市等监。唐方干《酬将作于少监》"由来至宝出毫端,五色炎光照室寒。仰望孤峰知耸峻,前临积水见波澜。冰丝织络经心久,瑞玉雕磨措手难。不是散斋兼拭目,寻常未便借人看"(《唐故驸马都尉将作少监赠殿中监郭仲恭及金堂长公主墓志铭》)。
③ 藤固:《藤固艺术文集》,上海:上海人民美术出版社,2003年,第201页。

三、唐墓壁画的绘制者

史料对唐墓壁画的创作者记载很少,只能参照一些有关绘画的史料。

(一)画师

唐朝设置专门负责管理营建宫室、楼宇、寺庙、园林、陵墓等设施的机构。据《唐书》"职官"载,唐设以将作监,下设右校署,内右校令,"掌供版筑、涂泥、丹膜之事",丹膜之事即指绘画。《历代画工记》中提到的唐代著名画工、画师中既有唐初时期的阎立本,又有开元、天宝时期的李思训、吴道子、曹霸、郑虔等官府画师,也有张爱儿、李蛮子、王陀子、陈静眼等民间画工。这些在野、在朝的画师、画工都是宫室和寺庙壁画创作的高手,有可能参与了皇家陵墓壁画的设计、绘制工程。

研究者认为唐墓壁画虽无作者署名,但按照制度规定和惯例均应出自当代宫廷画师之手。这一说法有待商榷。史料中记载作画者的当数张彦远的《历代名画记》,他把画家分为三类:帝王画家、贵胄逸士、闾阎之辈和出身低微的民间工匠。他的研究重心放在第二、第三类上,即处于中下层的画家身上。第三类人员众多,他以"成教化,助人伦"为标准评判这类画家的作品,有的评价甚至高于第二类画家。如将民间画工陆探微的作品评为"上品上",而对将作大匠蒋少游的作品评价甚低。

据《历代名画记》《唐朝名画录》《寺塔记》等记载,唐代 206 名画家中,参加过壁画创作活动的多达 110 人,如阎立本、韩干、周昉、王维、李思训等都在长安殿廷、邸宅、寺观的粉壁上绘制过巨幅壁画,画圣吴道子所作壁画仅在长安、洛阳就有 300 多壁。可惜的是,寺观、宫殿壁画早已荡然无存,唐墓中的壁画实为研究唐代绘画流变的珍贵资料。

毫无疑问,将山水、人物、建筑、植物、动物、星宿包罗万象的宇宙描绘起来是一件非常困难的事情,也是任何一类画家难以独立完成的任务,应该是若干分工明确的画师团队集体完成的。

(二) 唐墓壁画背后：画风与画派

考古发现的唐墓壁画总体上反映了当代艺术潮流,有些是综合性的、写意的,有些则是个性的、抽象的,也有些因为粉本和画师之故,呈现出滞后现象。昭陵、乾陵等集中发现壁画墓的帝陵与长安周围地区发现的高级贵族壁画墓在质量与风格上出现明显的差别。

1. 画风

唐墓壁画与某画师、某画派有一定承袭关系。因此同一时期、同一题材,画风与水平差别较大。如昭陵陪葬墓杨温墓(640年)和段简璧墓(651年)相差十年,但前者艺术水平较低,而后者画师功力十足。李凤墓和李爽墓壁画也是如此。段简璧墓、阿史那忠墓壁画中可见阎立本派"曲铁盘丝"线描的遒劲有力,长乐公主墓、韦贵妃墓壁画中刚健而富于弹性的铁线描与细柔飘逸的游丝描交相辉映,敷彩技法上,白描、平涂色、晕染等多种技法。与阎立本画风相似的还有新城长公主墓、李勣墓、李寿墓、李凤墓壁画中人物的线形与《步辇图》中的铁线描相似。

2. 人物画

几乎所有壁画墓中都有很多的人物,或单个或组合或群体,准确地扑捉到了人物的内心世界,神采飞扬、情趣盎然、寂寥与渴盼、仪礼与规矩、欲望与禁忌等。笔者在前贤研究的基础上将其粗略归纳为以下几个特点：

第一,内容上表现出主题思想的叙事性、整体性和连贯性。如李寿墓壁画是在40米长的墓葬两壁和顶部进行整体构图,章法顺应内容,题材界定形式,采用散点透视方法营造转换的空间感,黄、红、绿三种主色调在白色墙壁和墨色变化中巧妙地组合成各种饱满丰富的色彩。从墓道延伸至墓室,依次描绘了极具层次感的连续性叙事情节。野外骑马出行图、狩猎图、内侍图和侍女图巧妙衔接,庭院建筑内外人物安排疏密有致,主题突出。凛冽的杀伐场面、激烈的狩猎场景、静谧的农耕画面一气呵成,足见设计之妙和描摹水平之高。

永泰公主墓墓道、甬道、前后墓室全长87.5米,表现手法也以群体人物见长。女性群像按照职能、年龄和体态进行不同角度的空间排列,如捧盘执杯、抱物持扇、执拂尘、携包裹或妆奁等侍者各司其职,呈现出参差行进的动态感。从正面、侧面、背面等多角度进行描绘栩栩如生,呼之欲出,成为后世更复杂的行进画面的源本,充分反映了画师们卓越的构思和惊人的技艺。从捧高脚琉璃杯侍女残留的起草痕迹来看,画者曾三易其稿,反复推敲出最佳的表现角度,稍微俯视的头,微微翘起的嘴角,一位含蓄内敛、温婉恬静的宫女形象跃然而出。另一个典型例子是《观鸟扑蝉图》,线条流畅圆转,洒脱豪迈,有张萱、吴道子疏体之画风。

第二,粉本问题。永泰公主墓壁画中隐约可见微凹的稿痕,好像是师父先用硬枝或炭条在尚未全干的粉壁上勾勒出起稿样本,弟子据此涂色,然后再由师父用笔墨勾勒而成。

第三,绘画角度问题。由于墓道地势与空间的限制,画师们创作时考虑的是欣赏的距离与角度。唐安公主墓花鸟壁画可见唐代著名花鸟画家薛稷的笔风。永泰公主墓壁画上的骏马用几笔勾勒而出,形神兼备,大有杜甫笔下"戏拈秃笔扫骅骝,欻见麒麟出东壁"的生动。章怀太子墓壁画中的领班形象"行笔磊落,挥霍如莼菜条",具有数尺飞动,力健有余的兰叶描特征。人物造型体态匀称,举止协调,神态自然。

第四,具有明显的时代特征。如服饰、发式、面饰等,具有初唐、盛唐、中唐、晚唐的明显区分。

毫无疑问,唐墓壁画从多角度、多层面构成了唐代传承有序、风格鲜明、极富表现力的地下绘画艺术长卷。画师们功不可没,他们在创作时全神贯注,"不做到把恶意的笑和含羞的笑、微笑和大笑、满意的笑和嘲笑等之间的差别,描画出来,决不罢休"[①]。民间画师也毫不逊色,"可以推断民间画工高手,长安的'巧儿'良工在长期的壁画创作中,不断的实践探索,博采众家之长,融会贯

[①] 范景中:《贡布里希对黑格尔主义批判的意义》,载曹意强、麦克尔·波德罗等著《艺术史的视野——图像研究的理论、方法与意义》,北京:中国美术学院出版社,2007年,第191页。

通,形成唐代墓室壁画的时代画风,为吴道子风格的形成,打下了基础"①。然而,有关普通画师的资料寥寥,无法管窥他们作为一个群体的情况。但总体来看,画师地位低下,阎立本告诫儿子,画师要像奴仆一样去侍奉他人,其子便不再学画。特别是墓葬壁画画师(匠),墓道空间逼仄,潮湿阴暗,工作条件尤为艰苦。恰恰是因为墓室环境的艰苦,才使作画者练就了精湛的技艺。

四、唐墓壁画的观赏者

耗费巨大人力和财力建设墓葬的终极目标是什么?这是一个众说纷纭但没有定论的问题。对色彩绚丽、具有叙事性的壁画而言,其内容和形式的服务对象也同样有这个疑问。

毋庸置疑,像其他陪葬品一样,壁画应该有使用者和观赏者。这一点,设计师和制作者们都明白,也是围绕这一中心进行构图的。

墓室壁画从结构上分为内、外两大部分,即宫室或邸宅和外部空间,前者是生活之处,后者指外出的活动。观赏的顺序、角度、内容、空间转换,表现某一类群体的气势和力量,忽略个体特征。

因此,壁画的功能除了装饰与标识身份之外,肯定是被"观看"或"享受"的。设计给谁来看呢?有人认为是给墓主人看的。无论是画面的可视角度,还是人物的倾斜程度,都是为了方便墓主人观看。有单独欣赏的,有移动式观看的,还有极具关联性的面对面的细节品味。如富平朱道村唐墓和蒲城李宪墓乐舞图中就有观看乐舞者②,武惠妃墓、韩休墓、苏思勖墓壁画乐舞图虽然没有表现观赏者,但人物的面向似乎暗示着画面之外有人正在观看。

---

① 唐昌东、李国珍:《大唐墓室壁画艺术——〈中华文物精粹·壁画卷〉序》,《陕西历史博物馆馆刊》第五辑,西安:西北大学出版,1998年,第270页。
② 片治肯特等地中亚遗址壁画中描绘粟特人宴饮场景及其受影响的北朝时期石质葬具上的宴饮场景、敦煌壁画乐舞图中均有观赏者的形象。表演者、观赏者及其环境在空间上的描述反映了特定观念下的权力关系。

首先是壁画与建筑空间的整合。壁画在建筑空间的流动性充分考虑了观赏者的心理。从整体构想上看，画师通过画面"倾向性张力"结构、视错觉、心理感受等手段使壁画产生流动感，让观赏者通过自身运动来体验建筑空间层次的连续性、和谐性和流动性。壁画在墓葬建筑中占有重要地位，容易形成多种呈现物的视觉中心，产生一种"场"的效应，这也是壁画能够让观赏者产生共鸣的主要原因。"场"效应对观赏者产生影响的方式有多种，主要有画面位置、大小、内容、形式和色彩，方便观赏者通过观看来产生一种颇具冲击力的独特心理反应，达到在有限的空间中现实自身审美完整性的效果。杨效俊认为，"章怀太子李贤墓室四周的朱漆影作木构间点缀着树木山石，其间是憩息、游戏、伎乐的人物，观者似乎可以透过影作木构象征的宫室内部，成群结队的宫女从四面集中向墓室中心，等待随时侍候主人"。她认为设计者在画面设计时考虑到了观赏的角度，如懿德太子墓壁画的布局潜在地设定了观赏者的位置：第三过洞小龛以南，观者面向墓道口，沿着地面的中轴线向南移动，两壁真人大小、面向墓道的半侧面群像从两边紧紧簇拥着中心人物，营造出无比威严与尊贵的氛围。从第三过洞小龛以北，观者面向墓室方向，依然是画面描述的中心，影作木结构将空间拉向深处，宫女列队面向墓室徐徐走来。她指出，这里暗示的观赏者只可能是设想中的墓主人[①]。

从表现手法上看，通过"点"的单体欣赏到"线"的群体运动转化，观者被特定空间中各种画面包围，不停地移动或变换位置，从连续的各个视点来体验壁画的空间流动性及其所带来的时间的无限性，由此获得对比强烈的时空感受。绘画者有意让众多人物都面朝同一个方向，使画面形成浩浩荡荡的流动感，散点透视法将众多人物表现出来，观赏者顺着墙面走势行进，不断改变视点，体验到流动的时空变化。

从色彩搭配来看，暖色的运用使潮湿阴暗的地下空间顿时有了明快的感

[①] 杨效俊：《影作木构间的树石——懿德太子墓与章怀太子墓壁画的比较研究》，《陕西历史博物馆馆刊》第六辑，西安：西北大学出版社，1999年，第253—262页。

觉。画师们在墙壁和墓道顶部所绘的系列壁画,表现出对完美设计和均匀构图的谙熟,当我们站在真人大小的画面前,自己似乎与他们融为一体了。懿德太子墓墓道东西壁仪仗队伍行进在宽阔的城阙和遥远的山林之间,人物似乎由远及近地活动于封闭的内宫空间。章怀太子墓狩猎出行图通过人物与树的相对位置与距离,营造出由远及近的观赏角度。仕女、花鸟、山水、鞍马人物、珍禽瑞兽、乐舞、宴饮,每类题材都表现出特定的章法,具有很强的装饰性和叙事性。

从空间构造来看,影作木结构将墓室空间直接转化为居室内部,空间中的人物在墓室所代表的死后世界中侍奉主人,而单独成幅的屏风将墓室转化成超越生死的艺术空间。懿德太子墓墓道东西壁的仪仗(步行仪仗、骑马仪仗、车队)、过洞天井的侍卫,大概就是太子的大朝仪仗,几乎真人大小,以墓道为中心,东西壁对称,墓室以棺椁为参照,呈现出向心状布局,南北形成构图连贯的长卷。而屏风画则用框架勾勒出独立的空间,分章节式地叙述一定的内容,人物的外形、服饰、发式、妆容、姿态、辅助物件等描绘出一定的故事感,如节愍太子李重俊墓(710年)、武惠妃墓、韩休墓等。

五、结　语

从二元对立角度来看,壁画的制作者与使用者构成了这样一种关系,同样是在等级森严的丧葬制度理念下,表面上看,所有的设计、安排和服务的对象都是死者(及其家族),后者似乎是关注的中心,但细究起来,所有的设计与安排都旨在维护一种体制,于是所有经过精心安排的墓葬(群)便映射出另一个被现实所关照的世界。这个世界的边界清晰与否,直接反映了它所围绕的现实秩序的强弱。如此理解唐墓壁画也就有了厚重的历史背景感。

一是壁画绘制过程的组织极为严密。调集众多画师(匠)来完成如此"鸿篇巨著",人与社会之间"百科全书式地"关系描摹只有在强大的中央集权时期才可以实现。既有视野宽阔的总规划者,也有执行力极强的监督管理者,还有具体的绘制实施者(事先向制作者讲解了设计理念、统一风格、用料和工具的一致性,及其他制作要求,创作墓葬壁画可以说是受委托之作,等级约束、礼制习俗、政治需要、宫廷趣味、个人嗜好等,综合知识与创作的恰当性,需要多种知识与技能支持),更有一群谙熟贵族绘画传统、内部师承不断、呈金字塔结构的画工组织(职责明确、分工协作、角色)。

二是画师(匠)们的功能与作用。画师水平的高低决定着薪酬的多寡及自由度。绘制不同等级墓葬壁画的创作团体拥有不同的自由发挥程度,或者说,画师个人的水平决定了参与创作的等级,也给予了不同的自由度。在参与一些规制相对宽松的墓室壁画绘制时,也可表现出画师的个人元素,如章怀太子墓壁画中不同画面之间由于差异较大而出现的跳跃感、起伏感、矛盾性,也许就是不同画师风格的体现。而永泰公主墓《宫女图》、章怀太子墓的《观鸟扑蝉图》和《客使图》等充分表明,画师们将"以形写神"的理论推向了新的高度。对于这种人物结构复杂、横卷式的宏大场面,采用鸟瞰式散点透视法,"以大观小""以小显大",将时间、空间、情节、人物有机结合起来,运用高远、平远、远近法构造出咫尺千里的深远空间。

三是以观者为中心的绘制原则。对于死者而言,图像与其他陪葬物一起,庇佑、陪伴主人的灵魂,生前的不完美也被模糊化处理,似乎也被当成过去世界的事情。在另一个世界中,会有一个全新的开始与存在。对于生者而言,充分表达纪念和希冀,让家人获取心灵的慰藉。因此,在墓葬所营造的特定语言提示下,壁画"把中国传统重旋律重感情的'线的艺术',推上又一个崭新的阶段,反映了世俗地主阶级知识分子的时代精神和中国民族的文化——心理结构的表现"[①]。

---

① 李泽厚:《美的历程》,北京:生活·读书·新知三联书店,2014年,第136—137页。

第三节　唐章怀太子墓《客使图》"东北民族人物"新论

　　唐高宗时期是唐朝世界格局成型的重要时期,他通过平定朝鲜半岛与确立西部边地而最终形成了以唐朝为中心的华夷并序的格局,且由武则天、唐中宗和唐睿宗继承并继续维持。1971年,唐章怀太子墓墓道东壁出土的《客使图》(又称《礼宾图》《迎宾图》)以曲笔式艺术的图像形式诠释了这一理念。画面上共描绘6位人物形象,左边三位是身穿礼服、面朝画面内的唐朝官员,右边是面向唐朝官员的三位外国使臣,其中由南至北第一个人物形象圆脸大眼,无须,头戴皮帽,内穿圆领束带袍服,外披宽大的褐色皮毛大氅,遮住双臂,仅露双手,下身穿皮裤,脚蹬黄皮靴[1]。他被认为是来自东北地区的少数民族人物[2],还有称靺鞨人[3]、室韦人[4]、奚国人等[5]。笔者认为,该人物的族属对于理解客使图所表达的政治含义非常重要,所谓"东北少数民族人物"说法太过笼统,靺鞨人、室韦人、奚国人等说法也值得商榷,应该以章怀太子李贤出生的唐高宗永徽二年(651年)到被追封章怀太子的唐睿宗景云二年(711年)为时间框架,从《客使图》描绘的人物关系及其与章怀太子的关系入手,探寻这位"东北少数民族人物"的族属与原型,剖析这一时期唐朝在朝鲜半岛建立秩序的过程中来自不同族属的一些关键人物的重要贡献。

---

[1] 陕西省博物馆、乾县文教局唐墓发掘组:《唐章怀太子墓发掘简报》,《文物》1972年第7期。
[2] 王仁波、何修龄、单暐:《陕西唐墓壁画之研究》(上),《文博》1984年创刊号。
[3] 王维坤:《关于唐章怀太子墓壁画"东客使图"中的"新罗使臣"研究始末》,《梧州学院学报》2017年第4期。
[4] 王维坤:《关于唐章怀太子墓壁画"东客使图"中的"新罗使臣"研究始末》,《梧州学院学报》2017年第4期。
[5] 李西兴:《唐李贤墓壁画〈客使图〉疏正》,《陕西历史博物馆馆刊》第二十四辑,西安:三秦出版社,2017年,第302—310页。

一、《客使图》与章怀太子李贤

要讨论该人物的族属问题,首先得了解《客使图》的绘制背景。这幅壁画于景云二年(711年)绘于章怀太子墓墓道东壁,系唐睿宗追赠雍王李贤为章怀太子谥号后二次绘制的。墓葬原为神龙二年(706年)唐中宗把以庶人身份埋葬于四川巴州的李贤墓迁入乾陵陪葬时修建的。李贤被立为太子、被废为庶人、被流放巴州、死于巴州及后来的两次礼葬乾陵等这一系列事件均发生在李唐王朝与武氏激烈夺权后,与唐高宗、武则天、唐中宗和唐睿宗均有关联,这幅《客使图》出现在李贤迁葬墓中,也带有非常复杂的含义。

(一)皇子李贤

李贤,字明允,唐高宗李治第六子,武则天次子,永徽五年(654年)十二月十七日出生于父母祭拜昭陵途中。李贤天资聪颖,举止端庄,喜读典籍,深得高宗喜爱。永徽六年(655年)被封潞王,显庆元年(656年)加封雍州牧。龙朔元年(661年)封沛王,加扬州都督兼左武卫大将军。咸亨二年(671年)徙封雍王,授凉州大都督。麟德二年(665年)加右卫大将军。是年从驾东至洛阳,摄允州都督。

(二)太子李贤

上元二年六月(675年)初五,李贤被册封为皇太子,并首次监国,"贤处事明审,为时论所称。仪凤元年,手敕褒之曰:'皇太子贤自顷监国,留心政要。抚字之道,既尽于哀矜;刑纲所施,务存于审察。加以听览余暇,专精坟典。往圣遗编,咸窥壸奥;先王策府,备讨菁华。好善载彰,作贞斯在,家国之寄,深副所怀。可赐物五百段。'"①可见,皇太子李贤德才兼备,是一个合格的接班人,如果不出意外,他将依制在唐高宗之后继承皇位。调露元年(679年)五月,李贤又开始

---

① [后晋]刘昫等:《旧唐书》卷八六《章怀太子传》,北京:中华书局,1975年,第2831页。

了第二次监国,同样得到唐高宗的褒赞,但未获得母后武则天的认可,反而激发了母子之间的矛盾,最终导致被废。

(三)庶人李贤

调露二年(680年),李贤因所谓的谋逆罪被废为庶人,被幽禁在长安。永淳二年(683年),李贤奉敕徙于巴州安置,并于文明元年(684年)二月二十七日,去世,终年31岁。

(四)雍王李贤

垂拱元年(685年)四月二十二日,皇太后武则天派司膳卿李知十至巴州,持节追封李贤为雍王,但家眷和墓葬仍留在巴州。神龙二年(706年),唐中宗追赠李贤为司徒公,令其子李守礼前往巴州迎柩还朝,陪葬于乾陵柏城之内,鼓吹仪仗队伍从长安一直送至墓所。

(五)章怀太子李贤

景云二年(711年)四月十九日,唐睿宗又追赠李贤为章怀太子,其妃房氏与之合葬①。原墓葬结构未变,仅仅在墓中增补了太子级别的随葬品,《客使图》就是此时补画上去的壁画之一。因此,除了俑类陪葬品外,李贤墓就成为唐代唯一一座有两块墓志(雍王李贤墓志、章怀太子李贤墓志)、两层壁画的墓葬。

尽管墓志与《旧唐书》《新唐书》关于李贤生平的记载在细节上有些差异,但永徽五年(654年)至景云二年(711年)至少可以划分为三个阶段:第一阶段是生前被封太子、三次监国、被废为庶人、被流放巴州而亡;第二阶段是神龙二年(706年)被唐中宗以雍王身份迁葬于乾陵;第三阶段是景云二年(711年)被唐睿宗以章怀太子的身份加赠葬品葬仪,历时58个年头。这期间经历了唐高宗、武则天、唐中宗、唐睿宗四朝,那么,《客使图》到底是章怀太子生前监国理政期间外使来朝的真实场景再现,还是唐睿宗给章怀太子纪念性的荣耀,或者

---

① 陕西省博物馆、乾县文教局唐墓发掘组:《唐章怀太子墓发掘简报》,《文物》1972年第7期,第18—19页。而《旧唐书·睿宗本纪》系于景云元年七月,《通鉴》载景云元年六月。

是表达生者对死者的诚挚祝愿？笔者认为，唐中宗以雍王身份迁葬李贤，是神龙年间为在武则天时期被害的李氏宗亲平反昭雪运动的一部分，而唐睿宗追赠李贤为章怀太子应该是对他曾经作为监国太子身份的一种肯定，也是对其多舛遭遇的一种同情与补偿。

二、《客使图》中所谓"东北少数民族人物"的族属探析

如前所述，学界关于所谓"东北少数民族人物"的族属问题有不同观点。第一，室韦说和靺鞨说。王仁波、王维坤都认为这位该人物很有可能是来自我国古代东北少数民族地区的室韦族或靺鞨族使者。王维坤提出，后者的可能性较大[1]。因为《旧唐书·室韦传》有"畜宜犬豕，豢养而噉之，其皮用以为韦，男子女人通以为服"的记载，《新唐书·室韦传》也有"其畜无羊少马，有牛不用，有巨豕食之，韦其皮为服若席"等记载。王维坤还认为"很有可能是一位靺鞨族酋长或包括李多祚在内的靺鞨族使者。这一推测估计没多大问题，但我也并不能完全排除该使者是室韦族使者的可能性""中宗为其兄雍王李贤进行迁葬时，李多祚本人亲自出席葬礼也未尝不可。虽然文献上没有明文记载，但是通过上述事例完全可以想象而知"[2]。第二，奚国说。李西兴认为该使者不可能是靺鞨人或室韦人，而是契丹或奚国使节，他更倾向于景云元年遣使来朝的奚国使者形象[3]。

上述学者在基本同意东北少数民族的前提下，对其族属进行的详细讨论均有参考价值，但在分析族属时存在泛化现象，如靺鞨包括粟末靺鞨和黑水靺

---

[1] 王仁波、何修龄、单暐：《陕西唐墓壁画之研究》（上），《文博》1984年创刊号。王维坤：《唐章怀太子墓壁画"客使图"辨析》，《考古》1996年第1期。
[2] 王维坤：《唐章怀太子墓壁画"客使图"辨析》，《考古》1996年第1期。王维坤：《关于唐章怀太子墓壁画"东客使图"中的"新罗使臣"研究始末》，《梧州学院学报》2017年第4期。
[3] 李西兴：《唐李贤墓壁画客使图疏证》，《陕西历史博物馆馆刊》第二十四辑，西安：三秦出版社，2017年，第308页。

鞨,上述学者并未进行细分。此外,在图像的时间和语境构建方面,也存在历史事实的时段性割裂或证据不足等问题。换句话说,在章怀太子生活及追葬期间,能够出现在其核心关系圈的人物到底是哪些族属或国别,分别具有怎样的权重,因何原因被描画在《客使图》中,画面是复原这位曾三次监国的太子生前理政的情景,还是寄托生者对死者的美好祝愿,乃或纪念当时的重大外交事件,甚至描绘的是参加章怀太子二次葬礼的重要来宾(如果有的话)。但无论哪种情况,都反映出其与唐高宗时期的世界格局构造和帝国战略规划与目标之间的某些联系,也与参与且贡献于唐高宗时期的世界格局建设的周边民族或国家酋领们有关,其中包括东北地区的各少数民族。

由此,笔者认为,靺鞨说特别是粟末靺鞨说比较合理。因为纵观《隋书》《旧唐书》《新唐书》《册府元龟》等文献,从章怀太子李贤出生到被追封章怀太子这段时间内,靺鞨与隋唐关系较其他东北少数民族更为密切,包括朝贡、报赠、册吊、程粮、传驿等[1]。靺鞨原有的七部至唐初只剩黑水靺鞨和粟末靺鞨[2],"其著者曰粟末部"[3],该部自北朝至隋一直与中原来往不断。开皇三年(583年)五月曾向隋贡献方物。开皇中期,该部被高丽打败后,酋长突地稽率八部(忽赐来部、窟突始部、悦稽蒙部、越羽部、步护赖部、破奚部、步步括利部)数千人内附,被安置于燕都之北的柳城[4]。"隋于营州之境汝罗故城置辽西郡,以处粟末靺鞨降人。"[5]突地稽因此被拜为右光禄大夫、辽西太守,大业十三年(617年)突地稽曾随隋炀帝至扬州巡幸。隋亡后,粟末靺鞨转而附属唐朝。武德二年(619年)突地稽遣使向唐朝贡。《旧唐书》载:"武德初,遣间使朝贡,以其部落置燕州,仍以突地稽为总管。……贞观初,拜右将军,赐姓李氏。寻卒。

---

[1] [后晋]刘昫等:《旧唐书》卷一九九《靺鞨传》,北京:中华书局,1975年,第5358页。
[2] [唐]魏征:《隋书》卷八一《靺鞨传》,北京:中华书局,1973年,第1821页。
[3] [北宋]欧阳修、宋祁撰:《新唐书》卷二一九《黑水靺鞨传》,粟末靺鞨与"高丽接,依粟末水以居"。
[4] [唐]魏征:《隋书》卷八一《靺鞨传》,北京:中华书局,1973年。《旧唐书》卷一九九《靺鞨传》作突地稽。
[5] [北宋]欧阳修、宋祁撰:《新唐书》卷二一九《地理志》,北京:中华书局,1975年,第1016页。

子谨行,伟貌,武力绝人。……累授镇军大将军,行右卫大将军,封燕国公。永淳元年卒,赠幽州都督,陪葬乾陵。"①《新唐书》载:"武德中,其大酋孙敖曹与靺鞨长突地稽俱遣人来朝,而君长或小入寇边。"②说明粟末靺鞨人大量聚居在营州地区,在受隋唐两朝皇帝倚重的突地稽死后,其子李谨行也因战功卓著受到高宗的重视。

黑水靺鞨于唐初归附唐朝,后与高句丽联盟,唐朝在打败联军后,抓获三千黑水靺鞨士兵,黑水靺鞨最后归附粟末靺鞨③。奚族于贞观三年开始向唐遣使朝贡。贞观二十二年(648年)奚族君长可度者内附,唐朝政府设立饶乐都督府,封可度者为饶乐都督,楼烦县公,并赐李姓。显庆六年(661年)可度者去世后,奚族叛唐,万岁通天元年(696年)再度叛唐。奚族与唐朝时好时坏的关系延续至开元四年(716年)④。而室韦在武德年间、贞观年间向唐贡献方物,武后时叛唐,景龙初(707)又恢复朝贡,并请求助唐讨伐后突厥汗国⑤。

可见,粟末靺鞨与唐朝关系相对比较稳定,以突地稽、李谨行父子为代表,他们凭借赫赫军功和赤胆忠心获取唐高宗的信任与器重。而黑水靺鞨因归附高丽而与唐朝关系不睦。室韦族、奚族、契丹与唐朝关系都程度不一地出现过一些波折,尤其是奚唐关系颇为紧张。"究其原因,一方面是唐朝政局不稳,疏于对奚境的管辖,唐廷派往奚境的大吏缺少抚绥边境的才能。另一方面是奚族不断强大,不甘受唐的控制,或单独或与突厥、契丹一道与唐朝为敌。"⑥"虽与

---

① [后晋]刘昫等:《旧唐书》卷一九九《靺鞨传》,北京:中华书局,1975年,第5358页。
② [北宋]欧阳修、宋祁撰:《新唐书》卷二一九《列传》,北京:中华书局,1975年,第6165页。
③ [北宋]欧阳修、宋祁撰:《新唐书》卷二一九《黑水靺鞨传》,北京:中华书局1975年。"居肃慎地,亦曰挹娄,元魏时曰勿吉,直京师东北六千里。东濒海,西属突厥,南高丽,北室韦。离为数十部,酋各自治。"黑水靺鞨"人劲健,善步战,常能患它部"。
④ 《新唐书》卷二一九《奚传》记载为开元二年,《旧唐书》卷一九九《奚传》(下)记载为开元三年。时年,玄宗封奚族首领李大酺为饶乐郡王,行右金吾大将军、饶乐都督。
⑤ [后晋]刘昫等:《旧唐书》卷一九九《室韦传》,北京:中华书局,1975年,第5356页。分布在今黑龙江上游一带,在唐时有二十余部。冯恩施:《从历史学、考古学、民族学的多重视角看室韦起源问题》,《黑龙江民族丛刊》2017年第2期。范围从呼伦湖西南向东至黑龙江上游,北至伊勒呼里山以北,南到嫩江下游。主要从事狩猎,特别是捕貂,兼营畜牧与捕鱼,以兽肉为食物,以兽皮制衣服,捕鱼为副业。
⑥ 王丽娟:《高祖至睿宗时期奚族与唐朝的关系述论》,《中央民族大学学报》2015年第2期。

契丹共同附于唐,但反复无常。武周万岁通天元年(696年),奚与契丹一起,背叛唐朝,投靠突厥;景龙三年(709年)奚抢掠蓟州县。次年,奚首领李大酺又遣使贡方物。奚的扰动常引起东北亚的连锁反应,羯胡、突厥、契丹为称霸北方与其互动,造成唐疆域内严重的东北边患反应。"①

最后,从服饰上看,该人物身穿大氅丝滑感极强,应该是貂类毛皮,帽子(帽檐两侧有团状长毛球形饰)和裤子也系毛皮所制。既不是"披发",穿麻、毛、皮革衣服,"戴五色杂珠项链"②的室韦族,也不是穿貂锦羊裘,削顶垂发,"髡头以为轻便"③的奚族,甚至未见"编发,缀野豬牙,冠插雉尾"的奚族黑水靺鞨。反而与粟末靺鞨服饰有一些相似之处。据《魏书·勿吉传》《北史·勿吉传》载:勿吉族"其人劲悍,于东夷最强""男子猪犬皮裘"。而据《隋书》卷八一《东夷传·靺鞨传》载:靺鞨族男子穿"猪狗皮",但黑水靺鞨"俗编发,缀野豬牙,插雉尾为冠饰,自别于诸部"④,与勿吉部头插虎豹尾不同。

至于所谓东北民族人物为李多祚(654—707年)的说法也值得商榷。《新唐书·李多祚传》记载:"多祚,骁勇善射,以军功累迁右鹰扬大将军。……以劳改右羽林大将军,遂领北门卫兵。中宗复位,封多祚辽阳郡王,食实户八百。"⑤神龙初,李多祚因助张柬之铲除二张有功而进封辽阳郡王,食实封八百户,其子承训为卫尉少卿,深得中宗信任。"帝祠太庙,特诏多祚与相王登舆夹侍。监察御史王觌谓多祚夷,虽有功,不宜共舆辇。帝曰:'朕推以心腹,卿勿复言。'"⑥垂拱三年(687年),李多祚以左鹰扬大将军身份击败突厥叛乱。后任左右鹰扬大将军,左右武卫(神龙元年,705年),在平息黑水靺鞨叛乱、突厥叛乱、契丹反叛中屡立功勋。神龙三年(707年)七月五日,因参与节愍太子李重俊兵变,袭杀

---

① 葛承雍:《西安唐代奚族质子热瓌墓志解读》,《考古》2014年第10期,第82页。
② 卢勋、萧之兴、祝启源:《中国历代民族史:隋唐民族史》,北京:社会科学文献出版社,2007年,第144页。
③ 冯继钦:《奚族文化刍议》,《社会科学辑刊》1993年第1期。
④ [北宋]欧阳修、宋祁撰:《新唐书》卷二一九《黑水靺鞨》,北京:中华书局,1975年,第6177页。
⑤ [北宋]欧阳修、宋祁撰:《新唐书》卷一一〇《李多祚传》,北京:中华书局,1975年,第4126页。
⑥ [北宋]欧阳修、宋祁撰:《新唐书》卷一一〇《李多祚传》,北京:中华书局,1975年,第4126页。

武三思而被诛杀,先天二年(713年)睿宗以礼迁葬其墓于洛阳①。

从时间上看,与李谨行同出一族的李多祚也经历了李贤生前死后很多重要事件,但问题是景云二年(711年)唐睿宗追赠李贤为章怀太子时,意欲为参与神龙三年(707年)七月五日叛乱的李多祚平反昭雪,但因大臣反对而停,先天二年(713年)李多祚以辽阳郡王身份改葬于洛阳龙门南麓②。所以,李多祚出现在《客使图》中的理由似乎并不充分,此人物应该是李贤任太子期间的粟末靺鞨权贵。

三、《客使图》所谓"东北民族人物"与李谨行的关系蠡测

既然《客使图》所谓"东北民族人物"有可能是粟末靺鞨权贵,那么有无更具体的指向?笔者认为,该人物似与粟末靺鞨将领李谨行(629—694年)有关。因为从章怀太子李贤出生到被追封章怀太子的这一段时间内,李谨行的事迹最为突出,他与刘仁轨的关系及在朝鲜半岛的军功也使他与章怀太子存在一些关联。

(一)李谨行家世显赫

其父突地稽为粟末靺鞨厥稽部渠长,隋开皇中期率八部胜兵数千人自扶余城西北举部归附,被安置于柳城③。大业八年(612年),隋为归附的突地稽部置辽西郡,统辖辽西、怀远、泸河三县。唐武德元年(618年),以辽西郡为燕州,授突地稽为燕州总管,领辽西、泸河、怀远三县。武德五年(622年),突地稽率部赴定州,遣使太宗,请受节度,以战功封蓍国公。武德六年(623年),太宗将突地稽部迁于幽州昌平城。凭借父亲的威望和自身的骁勇,李谨行很快就崭露头

---

① 张乃翕、张成渝:《洛阳龙门山出土的唐李多祚墓志》,《考古》1999年第12期。墓志为《大唐故镇军大将军行右羽林军大将军上柱国辽阳郡王食恒州实封八百五十户封王墓志铭》,"大约李多祚与突地稽属于同一靺鞨部落,故能迁聚一地、占籍盖州后同为李唐朝迁垂赐以国姓"。
② 张乃、张成渝:《洛阳龙门山出土的唐李多祚墓志》,《考古》1999年第12期。
③ [唐]魏征:《隋书》卷八一《靺鞨传》,北京:中华书局,第1821—1822页。

角。据《旧唐书》卷一九九《靺鞨传》载:"麟德中,历迁营州都督。其部落家僮数千人,以财力雄边,为夷人所惮。"李谨行统领燕州靺鞨士卒,而燕州刺史则由突地稽嗣子李元正一支世袭①。"营州地区当有十万左右的靺鞨人。"②李谨行统率下的靺鞨人包括其本部"家僮数千"和非本部靺鞨人"当有两万以上近三万人"③。

(二)李谨行建功朝鲜半岛

高宗乾封二年至仪凤二年(666—677年)是李谨行在朝鲜半岛征战的十年。他先是以左监门卫将军的身份与左武卫将军薛仁贵为唐军后援④。总章元年(668年),李谨行升右武卫大将军。咸亨元年(670年),李谨行以右领军大将军、燕山道行军总管的身份参与打击高丽酋长钳牟岑的叛乱活动⑤。

《册府元龟》卷九八六《外臣部·征讨五》载:咸亨三年(672年),唐将高侃、李谨行率蕃兵四万至平壤,其中高侃一万,李谨行三万⑥。

《新唐书》卷三《高宗皇帝纪》载:"高丽泉男生请内附,右骁卫大将军契苾何力为辽东镇抚大使,率兵援之……左监门卫将军李谨行为后援。"⑦

《册府元龟》卷九八六《外臣部·征讨五》载:"(咸亨)四年(673年)闰五月,燕山道总管李谨行破高丽叛党于瓠芦河之西,高丽平壤余众遁入新罗。五年(674年)二月,……刘仁轨为鸡林道大总管……右领军大将军李谨行为副,发兵讨新罗。"⑧

《旧唐书》卷五《高宗传》载:"五年春二月壬午,遣太子左庶子同中书门下

---

① 范恩实:《靺鞨兴嬗史研究——以族群发展、演化为中心》,哈尔滨:黑龙江教育出版社,2014年,第180页。
② 范恩实:《靺鞨兴嬗史研究——以族群发展、演化为中心》,哈尔滨:黑龙江教育出版社,2014年,第190页。
③ 范恩实:《靺鞨兴嬗史研究——以族群发展、演化为中心》,哈尔滨:黑龙江教育出版社2014年,第190页。
④ [北宋]欧阳修、宋祁撰:《新唐书》卷三《高宗皇帝纪》北京:中华书局,1975年,第66页。
⑤ [北宋]欧阳修、宋祁撰:《新唐书》卷八一《李谨行传》,北京:中华书局,1975年,第4122页。
⑥ [北宋]王钦若:《册府元龟》,北京:中华书局,1988年,第11413页。
⑦ [北宋]欧阳修、宋祁撰:《新唐书》卷三《高宗皇帝纪》,北京:中华书局,1975年,第64页。
⑧ [北宋]王钦若:《册府元龟》,北京:中华书局,1988年,第11413页。

三品刘仁轨为鸡林道大总管,以讨新罗,仍令卫尉卿李弼、右领大将军李谨行副之。"①

《旧唐书》卷五《高宗传下》载:咸亨四年(673年)"闰五月丁卯,燕山道总管李谨行破高丽叛党于瓠卢河之西,高丽平壤余众遁入新罗""五年春二月壬午,遣太子左庶子、同中书门下三品刘仁轨为鸡林道大总管,以讨新罗,仍令卫尉卿李弼、右领大将军李谨行副之"②。

《新唐书》卷二二○《百济传》载:"上元二年(675年)二月,刘仁轨大破新罗之众于七重城,又以靺鞨兵浮海而南略新罗之南境,斩获甚众。仁轨勒兵而还,诏以李谨行为安东镇抚大使,屯兵于新罗之肖买城,以经略之,前后三战,新罗皆败。"③"诏李谨行为安东镇抚大使,屯买肖城,三战,虏皆北。"④

《新唐书》卷二二○《高丽传》载:上元三年(676年),唐高宗"乃诏契苾何力为辽东道安抚大使,左金吾卫将军庞同善、营州都督高偘为行军总管,左武卫将军薛仁贵、左监门将军李谨行殿而行。诏高偘东州道,李谨行燕山道,并为行军总管讨之,遣司平太常伯杨昉绥纳亡余。李谨行破之于发卢河,再战,俘馘万计"⑤。

李谨行在朝鲜半岛征战时,妻子刘氏和儿子李秀也随他一并战斗。可见,唐高宗对李谨行的倚重,李谨行也日益受到重用。他代表的东北少数民族——粟末靺鞨作为"东北地区政治舞台上的一支重要力量,是各支旧势力之间相互争夺和所要倚重的生力军"⑥。李谨行作为粟末靺鞨王族的一员,具备领导与管理才能,他智勇双全,不仅参与唐朝平定高丽的战争、镇压高丽余众的叛乱、唐与新罗的战争,而且参与这些地区的战后治理。据《旧唐书·地理志二》载,上元

---

① [后晋]刘昫等:《旧唐书》卷五《高宗传》,北京:中华书局,1975年,第97页。
② [后晋]刘昫等:《旧唐书》卷五《高宗传》,北京:中华书局,1975年,第98页。[北宋]欧阳修、宋祁撰:《新唐书》卷三《本纪·高宗皇帝纪》,北京:中华书局1975年,第98页。
③ [北宋]王钦若:《册府元龟》,北京:中华书局,1988年,第11413页。
④ [北宋]欧阳修、宋祁撰:《新唐书》卷二二○《百济传》,北京:中华书局,1975年,第6204页。
⑤ [北宋]欧阳修、宋祁撰:《新唐书》卷二二○《高丽传》,北京:中华书局,1975年,第6193—6195页。
⑥ 范恩实:《论七世纪中后期靺鞨的发展及其建国的内外因》,《东北史地》2016年第4期,第66页。

三年(676年),安东都护府从平壤城移至辽东故城(今辽宁辽阳),李谨行被任命为安东镇抚大使,基本掌控了东北局面①。

李谨行不仅战功赫赫,而且对唐高宗忠心耿耿。据其子李秀碑记载:"考讳谨行府君,左金吾卫大将军,牙将昼巡,信臣夜拜,忠无二命,义有一心。公幼而英明,壮而特达,硕肤海口,美髯颔,读书益智,……诵习六韬……。及二九度辽。"②这也是他能够获得诸多殊荣的重要原因。

(三)李谨行转战唐蕃之战

仪凤元年(676年),吐蕃大举入侵鄯州、廓州、河州和芳州等地,朝廷频繁派遣大军前去征讨。凤仪二年(677年)二月,李谨行奉诏回京师,代理右羽林军大将军。此年八月至十二月,高宗任命宰相刘仁轨为洮河道行军镇守大总管兼安抚大使和代理郑州都督,征讨吐蕃叛军,"诏大发兵讨吐蕃"。十月,李谨行被任命为积石道经略大使,代理廓州刺史,参与吐蕃战事,破吐蕃于青海③,获升镇军大将军,行右卫大将军,封燕国公。永淳二年(683年),李谨行卒,被追赠幽州都督,陪葬乾陵。

(四)李谨行陪葬乾陵

李谨行墓是乾陵17座陪葬墓中唯一一位非汉族皇亲国戚之墓,而且他的墓位于陕西乾县乾陵镇韩家堡村东南约200米处(乾陵博物馆西南约1000米处),章怀太子李贤墓在其西南2000米处,墓葬封土周围巨型圆圈和出土的精美墓志均表明他极为特殊的身份。贾二强认为,唐初帝王陪葬墓是用墓葬的地理位置来显示关系的亲疏与身份等级,如唐太宗昭陵陪葬墓就分为山上靠近主陵的近陵部分和山下平原部分,太宗妃子和嫡出公主都陪葬在靠近陵山的地方,大臣中只有魏征墓、李思摩墓和阿史那社尔墓享受这种特殊礼遇。而李谨行墓紧邻章怀太子、懿德太子和永泰公主这几位皇室成员的陵墓,处于乾

---

① 范恩实:《靺鞨兴嬗史研究——以族群发展、演化为中心》,哈尔滨:黑龙江教育出版社,2014年,第189页。
② 马驰:《〈新唐书·李谨行传〉补阙及考辩》,《文博》1993年第1期。
③ [北宋]欧阳修、宋祁撰:《新唐书》卷一一〇《李谨行传》,北京:中华书局,1975年,第4122页。

陵陵区陪葬墓的显要位置,说明李谨行待遇特殊,墓葬规格很高,且形制罕见,周围有硕大的壕沟。在昭陵陪葬墓中,与李谨行身份相似的少数民族将领李思摩、阿史那社尔的墓葬形制也很特别,均为山形,与李谨行墓一样,可能是对蕃将特殊的礼遇,但李谨行墓离主陵更近一些,说明其特殊的身份与地位①。李谨行获得如此特殊的待遇也说明他在高宗时期的显赫地位和重要作用,也增加了他与章怀太子李贤及其权力网之间的关联性。

李谨行死后,靺鞨与唐王朝之间的关系又有了长足的发展。据《旧唐书·靺鞨传》载:"自后或有酋长自来,或遣使来朝贡,每岁不绝。"②而把庶人李贤从巴州迁回乾陵并以雍王身份埋葬时,正值靺鞨向唐朝贡奉"每岁不绝"的友好时期,为理解《客使图》壁画中东北使者的身份提供了重要的线索。

四、《客使图》与章怀太子、刘仁轨、李谨行、金仁问的关系

《客使图》除了粟末靺鞨使者外,还有戴鸟羽冠的使者和穿紫红胡服的使者,从整体布局来看,三人分别代表了以粟末靺鞨为代表的东北地区、以朝鲜半岛为代表的东边地区和以西域诸国为代表的西边地区,描绘出了李贤作为监国太子的政治活动场景,更展示了唐朝皇帝"华夷并序""万国来朝"的统治理念。笔者认为,如果说戴鸟羽冠的使者与新罗金仁问有关③,穿深红色胡服的使者为康国使者的话④,所谓东北民族人物应与李谨行有关。

唐高宗时期是唐罗关系与整个朝鲜半岛政治军事格局逐渐确立的关键时期。新罗通过频繁地遣使与唐高宗结盟,在朝鲜半岛军事争霸和三韩统一政治

---

① 贾二强:《唐李谨行墓周圆环状壕沟蠡测——也谈"乾陵怪圈"》,《乾陵文化研究》(四),西安:三秦出版社,2008年,第297页。中国文物研究所、陕西省古籍整理办公室编:《新中国出土墓志》(陕西[壹]),北京:文物出版社,2000年,上册第85页有拓片,下册第96—98页有碑文。
② [后晋]刘昫:《旧唐书》卷一九九《靺鞨传》,北京:中华书局,1975年,第5358页。
③ 杨瑾:《唐章怀太子李贤墓客使图戴鸟羽冠使者之渊源》,《国家博物馆馆刊》2018年第7期。
④ 杨瑾:《再议唐章怀太子墓〈客使图〉壁画中东罗马使者的身份与源处》,载杨瑾《汉唐文物与中西文化交流》,西安:陕西人民出版社,2018年,第220—238页。

博弈中逐渐占据优势地位,最终统一朝鲜半岛。在此过程中,以唐高宗为核心的统治集团发挥着规划者、决策者、实施者的重要作用,其中就包括太子李贤、尚书左仆射刘仁轨、新罗王子金仁问、右卫大将军李谨行等能够有机会接近唐朝统治核心的人物。

(一)李谨行与刘仁轨(601—685年)

李谨行在朝鲜半岛和唐蕃之战中的战功与刘仁轨有着密切关系,二人配合默契,相得益彰,刘仁轨在李谨行宦途中也起着关键的作用①。马驰认为,李谨行能够获封安东镇抚大使,肯定也是刘仁轨奏请的结果。仪凤二年(677年),刘仁轨为洮河道行军镇守大使,"为使鄯、廓两州时吐蕃成犄角之势,镇守廓州的理想人选,非谨行莫属,谨行出任积石道经略大使,极有可能亦为仁轨引荐"②。

(二)李谨行与太子李贤

除了上述李谨行与刘仁轨在朝鲜战场和唐蕃之战中的合作关系外,曾两次监国的太子李贤均由刘仁轨辅佐。史料中虽然没有直接证据证明李谨行与章怀太子之间有直接关系,但至少有某些关系。既然高宗实施朝鲜半岛统一战略,那么两次监国的章怀太子也应该是这一政策的积极推动者和践行者,况且选择刘仁轨辅佐皇太子李贤也有这方面的考量。上元二年(675年)年八月,李谨行仍战斗在朝鲜半岛,而从朝鲜战场凯旋的刘仁轨被任命为尚书左仆射,同中书门下三品,兼任太子宾客,开始辅佐太子李贤。李贤在二次监国期间获得二圣特别是高宗的认可和朝野的赞许,其中也有刘仁轨悉心辅佐的功劳。刘仁轨辅佐太子李贤直至他于永隆元年(680年)八月甲子被废为庶人,后又以太子太傅的身份继续辅佐太子李显。在辅佐章怀太子的五年里,刘仁轨在处理唐罗关系中的作用举足轻重。

---

① 刘仁轨在唐高祖武德初年曾任息州参军、陈仓尉。唐太宗时期担任栎阳丞,贞观十四年(640年),升为新安令,累迁给事中。唐高宗时期,出任青州刺史,在朝鲜半岛事务中发挥着重要作用。曾辅佐皇太子李贤、李显,垂拱元年(685年)刘仁轨去世,武则天辍朝三日,命在京百官依次赴吊,享受陪葬乾陵的殊荣。

② 马驰:《〈新唐书·李谨行传〉补阙及考辨》,《文博》1993年第1期。

(三)李谨行与金仁问(629—694年)

金仁问作为新罗使者在唐罗关系中起着重要作用①。他被封为镇军大将军、行右武威卫大将军也应该是出于对朝鲜半岛局势的考虑。李谨行在朝鲜半岛的战功也与高宗时期的战略布局有关,即支持新罗实现朝鲜半岛的统一,因此,为此做出巨大贡献的金仁问与李谨行可能也有交集。孙炜冉认为,"乾封元年(666年),李谨行首次参加征伐高句丽战役,一同参加此次征伐的还有金仁问、金仁泰等"②。李谨行在此次战役中担任行军总管,此后率领靺鞨兵在朝鲜半岛征战长达十年,可能多次与金仁问见面。总章元年(668年)十二月,右监门将军五原郡公李谨行凭借平定高句丽的军功被擢升为右武卫大将军(掌统领宫廷警卫之法令,正三品),在朝鲜半岛战场渐露头角,并开始走上军事指挥的位置。咸亨元年(670年)赴辽东平高句丽叛乱,次年又与新罗交战。咸亨三年(672年)年七月,李谨行与高侃在平壤与新罗开战,打败新罗和高句丽联军,成为朝鲜战场的最高指挥官。咸亨四年(673年),李谨行亲自指挥的瓠芦河战役,结束了高句丽故土上的战事。但新罗王金法敏接纳高句丽叛众,又占据了百济故地,高宗大怒,下诏削去他的官爵,准备让在京城的右骁卫员外大将军、临海郡公金仁问回国继承新罗王位,后因金法敏谢罪而取消了金仁问回国为王的计划。

上元元年(674年)春,唐高宗命左庶子、同中书门下三品、鸡林道大总管刘仁轨伐新罗,右领军大将军李谨行为副手,两人配合默契。上元二年(675年)二月,刘仁轨率军回国,奏请鸡林道行军副大总管李谨为安东镇抚大使,继续打击新罗,李谨行三次挫败新罗军队,逼迫金法敏亲自向唐朝谢罪,遣使入唐贡

---

① 金仁问(字仁寿)是新罗第29代王太宗武烈王金春秋次子、新罗第30代国王文武王金法敏弟弟。初次到唐朝是永徽二年(651年),他入唐宿卫,并被唐高宗授予左领军卫将军。此后,他作为使节曾六次往返于唐罗之间,并于651年、654年、659年、661年、666年、674年受到高宗接见,讨论唐罗事务。曾作为副总管随苏定方出征百济。麟德二年(665年)刘仁轨获准率新罗、百济、耽罗、倭四国使者入朝,参加唐高宗封禅泰山仪式,其中似乎就有金仁问。金仁问获得唐朝的官品之高、赏赐之多,在当时诸藩属国宿卫者中似不多见。延载元年(694年),金仁问病卒于唐朝武周神都洛阳,享年66岁,武则天命人把他的灵柩送回新罗。
② 孙炜冉:《李谨行征战朝鲜半岛事迹考论》,延边大学2010年硕士研究生论文。

献方物,金仁问被召回长安①。故李谨行可能因刘仁轨、金仁问而走进太子李贤的身边,也有可能与该东北少数民族使者有某种联系。

永淳元年(682年)李谨行去世并陪葬昭陵,李贤被废为庶人后囚禁于长安,而刘仁轨仍以太子太傅之衔知政事,金仁问于680年被授予镇国大将军行右武卫大将军。至此,因朝鲜半岛事务可能与章怀太子李贤产生联系的刘仁轨、李谨行、金仁问皆得以善终,除了金仁问享受魂归故里的待遇,其他人享受陪葬乾陵的殊荣,金仁问甚至还被认为有可能以雕像的形式陪伴在乾陵。

既然章怀太子、刘仁轨、李谨行、金仁问可能存在关系,那么他们与《客使图》中的几个人物也就有了可能的关系。李谨行在父亲突地稽开创的关系基础上,凭借赫赫战功被唐高宗倚重,因与刘仁轨、金仁问等人产生政治上的关系而将粟末靺鞨带进了唐朝的核心关系圈中,因此他曾经也离章怀太子李贤的统治中心非常近,他或者他所代表的粟末靺鞨人有可能就是《客使图》所谓东北民族人物的原型。

五、结　语

章怀太子李贤墓壁画的整体设计展现的是唐高宗时期四海一统的和平盛世。章怀太子生前最辉煌时期的场景和与其关系较密的李谨行、刘仁轨和金仁也出现在墓葬壁画中,并且刘仁轨、李谨行与他同葬于乾陵周围,而金仁问有可能以雕像的形式留存于乾陵,他们的出现标志着"以汉为统治核心的一统王朝最终确立"②。《客使图》中的所谓"东北少数民族使者"很可能与粟末靺鞨及其代表人物李谨行存在关联。

---

① [北宋]司马光:《资治通鉴》卷二〇二《唐纪十八·高宗天皇大圣大弘孝皇帝中之下》,上元二年二月条,北京:中华书局,1956年,第6375页。
② 李鸿宾:《唐朝前期的南北兼跨及其限域》,《中国边疆史地研究》2016年第2期。李鸿宾:《中华正朔与内亚边疆:兼论唐朝北部长城地带的意涵》,《学术月刊》2017年第2期。王万志、姚敏:《由汉至唐东北亚封贡体制的新解——读〈汉唐东北亚封贡体制〉》,《史学集刊》2016年第1期。

第四章　唐代女性与胡风胡化

第一节　唐代墓葬中的胡人女性形象

唐代的开放与富足、丝绸之路的空前繁荣吸引着无数异域人士涉险而来。据史料统计，唐王朝曾经与300多个国家和地区往来交流，每年进入唐境的异域人士络绎不绝。主要有：肩负外交使命与朝贡任务的使节、传播宗教的僧侣、追求知识的学者和学生、经商谋利的商旅、谋生的奴仆或艺人。既有南亚的天竺人，也有西亚的波斯和拜占庭人，还有中亚的昭武九姓粟特人、吐火罗人等，更多的是突厥、吐谷浑、回鹘、契丹、奚族、靺鞨等游牧少数民族，其中包括一些女性[①]。因此，唐朝人对相貌和服饰奇特的胡人女子并不陌生，"胡姬压酒劝客尝"更是长安街头常见的景观和史料（史书、绘画、诗歌和小说）反复描写的情

[①] 目前学术界对胡人女性称呼不一。有的将汉唐时期的非汉族妇女称胡姬。姬，原意"周的贵妇人"，在唐代多指"高级伎女"。大致分三种类型：北方游牧民族妇女，西方或北方（很可能属于伊朗系）和专门以乐舞愉悦统治阶级的歌舞伎，在胡人酒店卖酒、陪酒的年轻西域胡女。唐代胡姬多指第三种。《全唐诗》关于胡姬的诗篇23首、胡妇13首。如李白《少年行》《送裴十图南归嵩山》和《白鼻骝》、杨巨源《胡姬词》、贺朝《赠酒家胡姬》、岑参《青门歌送东台张判官》《送宇文南金放后归太原寓居因呈太原郝主簿》、温庭筠《赠袁司录》等。

节,但目前考古资料发现的胡人多为男性形象,女性很少。据不完全统计,隋唐墓葬中出土的胡俑约 700 件,而女胡俑不到 20 件(不到 3%)。孙机也认为"胡俑及相关之美术作品中出现的舞者皆为舞胡腾的胡人男子,而舞胡旋、柘枝之胡人女子则不经见。其实胡人女子中之酒家胡姬,在唐代风头正健。李白诗'胡姬貌如花,当坊笑春风';'胡姬招素手,延客醉金樽'(《李太白集》卷三,卷十八);均反映出偕胡姬置酒饮谑之状"①。葛承雍认为"我们今天所能见到的唐代胡人女性俑非常罕见,当时的胡姬、胡旋女等外来女性在史书文字和出土文献中都记录不少,但遗憾的是考古文物中却很难找到'胡女',似乎只有西安出土金乡县主墓里的一个'胡女'特例,但她脸部面容模糊不清,也绝不是唐诗上描写的胡姬,而是一个伺候女墓主的家人或女仆"②。孙福喜、王自力也持同样的观点③。目前国内学术界对胡人女性的研究比较零散,多集中在唐诗和文学作品中,对于考古资料中的胡人女性形象很少涉及,本文以考古资料和文献记载为基础,通过分析西域妇女在华的生活情况,探讨史料记载丰富而考古很少发现的社会、文化等深层次原因。

胡人妇女形象主要出现在历史、诗歌和小说等文献资料,以及各种材质的器物上,如钱币、石雕、金银器、陶俑、绘画和壁画等,有女神(娜娜或阿娜希塔)、皇后、贵族妇女及一些身份不明的女性④。陶俑中的胡人女性形象包括永泰公主墓、金乡县主墓等唐墓出土的胡人女骑俑和胡姬俑等;金银器和钱币上的胡人女性多为王室妇女和希腊神话故事中的人物,如宁夏固原北周李贤墓

---

① 孙机:《序言》,载《丝绸之路胡人外来风——唐代胡俑展》,北京:文物出版社,2008 年,第 10 页。
② 葛承雍:《丝绸古道与唐代筋俑》,载《丝绸之路胡人外来风——唐代胡俑展》,北京:文物出版社,2008 年,第 22—23 页。
③ 西安市文物保护考古所王自力、孙福喜编著:《金乡县主墓》,北京:文物出版社,2002 年,第 18—23、112 页。
④ 阿契美尼德时期祆教重神,主司生殖、财富、婚姻和庇佑国家,经帕提亚和萨珊不断提升,影响一直持续到伊斯兰时代。为纪念和仰慕女神,当时很多女性仿效她的名字,如沙普尔一世的大皇后名"火之阿娜希塔"。巴拉姆二世(276—293 年)时期的硬币刻有"阿娜希塔之火"的字样。库斯老二世银币上的阿娜希塔成为皇室火坛的守护神。

出土的鎏金银胡瓶上的外国女性①,陕西西安、宁夏固原、新疆阿斯塔那、河南洛阳等地唐墓出土的一些东罗马金币的仿制品背面饰胜利女神的图案。唐墓或石窟寺壁画上的外国女性则以歌舞女、宗教人物为主,如昭陵陪葬墓长乐公主墓甬道东壁壁画中的胡女和新疆库车克孜尔第38窟主室窟顶4世纪壁画上的供养人。古代绘画中的胡人女性形象多样,如周昉的《天竺女人图》、张萱的《日本女骑图》和《印度裸女像》、尉迟乙僧的《龟兹舞女》等。此外,还有唐代字数石刻上的柘枝舞女、墓葬石刻上的祆教女神、墓志记载的安娘和史索岩夫人,以及新疆和田博拉庄(Borazan, Khotan)、喀什亚吾鲁克(Yaviliq, Kashgar)出土的5—7世纪三提手陶瓶联珠内所饰的异域女子图案。

一、唐代墓葬出土的胡人女性形象

考古发现中胡人女性形象很少的原因是多方面的。孙机认为主因在于胡女本身,她们"红粉浮浪,诗句轻薄;再考虑其祆教之'恶俗'的背景,则胡姬在当事人眼中一般不被视作良家妇女。……因此在唐代上层人士用于葬礼的陶俑中没有她们的位置,出土文物中迄今尚未发现可以被确认的女胡俑。唐代男胡俑的面目剽悍,有的接近狰狞,胡女的面型大约也不尽符合唐人的审美习惯。这时如对时人说'子貌类胡',绝不是一句恭维话。'如花'云云,不过是吟咏时即兴遣辞而已。更由于在社会心理上把她们定格为风尘冶艳之尤,遂使之难以在正式场合抛头露面"②。很多唐代文学作品也将胡女妖魔化,如陆岩梦《桂州筵上赠胡女子》中描述到辗转至桂林寄居的胡人女子相貌不堪,"自道风流不可攀,却堪蹙额更頩颜。眼睛深似湘江水,鼻孔高于华岳山。舞态固难居掌

---

① 罗丰:《北周李贤墓中亚风格的鎏金银瓶》,载《胡汉之间——"丝绸之路"与西北历史考古》,北京:文物出版社,2004年,第91—92页。目前,学术界对外国女性身份众说纷纭,主要有吴焯的送情人出征女子说、马尔萨克的爱神阿芙罗狄蒂或美女海伦说、内季摩洛夫的女神厄里费勒说等。

② 孙机:《序言》,载《丝绸之路胡人外来风——唐代胡俑展》,北京:文物出版社,2008年,第10页。

上,歌声应不绕梁间。孟阳死后欲千载,犹有佳人觅往还"①。

孙机提出的"胡女的面型大约也不尽符合唐人的审美习惯"这一观点还可以适当补充。因为唐代中期胡风盛行,唐人纷纷效仿胡人服饰,尤以女性为甚。唐人女子肯定是因穿奇异服饰的胡人女性特别美丽才去模仿,而主流社会对胡风也是肯定的,以致胡风泛滥,否则不会引起元稹和白居易等人的极力反对,但反对归反对,胡风仍不可阻挡地进入唐人的审美中。其次,考古发现女性形象少的现象并不是中国独有的,珍妮·罗斯(Jenny Rose)研究中亚古代妇女时也有同样的发现。她指出中亚考古发现的胡人也多为男子形象,妇女形象比较少,多为浮雕、钱币、陶器和金银器等。而在较少的女性形象中,大部分为女神和贵族妇女,前者如史前时代著名的"母亲女神",阿契美尼德时期的阿娜希塔,希腊时期巴克特利亚钱币上的希腊女神、印度财富女神、音乐女神(Sarasvatii)、伊朗女神,萨迦钱币上的希腊女神尼克、帕拉斯、雅典娜,贵霜钱币上的伊朗女神娜娜(Nanaia)、阿尔多克斯喜索(Ardoxsho)、希腊女神和印度女神等。

理查德·费耶(Richard N. Frye)认为伊斯兰很多遗址壁画上的男女服饰也形象地说明妇女地位低于男性,因为男人衣服用料精致,而上层妇女衣服非常简单,如撒马尔罕附近阿夫拉西卜粟特壁画所表现的那样②。葛乐耐发现"厥人通常会表现他们的妻子,在中国墓葬艺术中,宴饮夫妇的形象是必不可少的,但在粟特本土,夫人形象只出现在家庭内部的礼拜仪式场景中。同时粟特女子的胡服式样与男子相似,但在中国社会中,常被与下层社会的胡、汉舞姬(汉人也效仿这一时尚)联系在一起,这就使女子胡服不再受到人们的尊敬。于是对于定居中国的胡人显贵来说,惟一的方法是在图像中展现他们的汉人妻子,或者让胡族夫人着以汉服"③。粟特妇女地位低下还表现在墓志上,如史君墓志包

---

① [清]彭定求:《全唐诗》卷八七〇,北京:中华书局,1999年,第9934页。
② Richard N. Frye. Women in Pre-Islamic Central Asia. The Khatun of Bukhara, Women in the Medieval Islamic World, *Power, Patronage, and Piety*. Edited by Gavin R. G. Hambly, New York: ST. Martin's Press, 1997.
③ 葛乐耐:《粟特人在中国历史、考古、语言的新探索》,《法国汉学》第十辑,北京:中华书局,2005年,第313—314页。

括汉语和粟特文两部分,汉语部分多记叙史君生平,对于他妻子的描述很少,仅"妻康氏其□□□日薨,以其二年岁次庚子正月丁亥朔?三日己酉,合葬于永□县"①。

还有的学者认为唐代虽然繁盛开放,但仍有狭隘性和封闭性。天朝大国的优越性产生对周围弱小民族的轻慢,特别是文人对异域事物的认识想象大于事实,或多来自道听途说,把胡人的面貌与怪异之术或邪恶联系起来,不屑于表现②。但作为一个普遍的社会现象,应该还有更深层次的原因需要进一步探讨。

二、唐代胡人女性的主要来源

上述器物中为数不多的胡人女性多为有一技之长的中下层妇女,上层妇女较少。很多属于唐代官私奴婢,官奴来源于罪犯、俘虏、贡献等;私奴包括赏赐、拘掠(官家仗势掠平民为奴)、买卖、投靠等。此外,还有跟随部族或家族迁入及自由流入者。

(一)俘虏

俘虏是女婢的重要来源之一。按唐律规定,战俘一般充当奴婢,已婚者多半被送到奴隶市场。唐代早期,奴婢多为少数民族俘虏,中后期则主要来源于奴婢贸易。李天石认为"唐朝前期奴婢主要来源于罪隶配没及战俘,俘虏中以突厥人居多,如贞观十五年李世绩败薛延陀于于诺真,捕获五万余。薛仁贵率兵击突厥,……大破之,斩首万级,获生口三万,以致突厥人哀叹其'贵族子弟陷为唐奴,……女子降作唐婢。唐太宗攻高丽前后虏获,数十万计,分配诸州,

---

① 吉田丰:《西安新出土史君墓志的粟特文部分考释》,《法国汉学》第十辑,北京:中华书局,2005年,第29页。
② 张剑:《胡商胡马胡香—唐文学中的外来文明和唐人精神品格》,《河南教育学院学报》2001年第1期,第76页。

无处不满。'而唐后期随着社会经济繁荣,上层以财产和奴仆成群显示身份与财富的奢靡之风盛行,财色出众的胡人女性成为市场抢手货,特别是'越婢脂肉净,奚童眉目明',以致胡女价格昂贵,奴隶主掠卖边地少数民族成风,主要集中于岭南道、黔中道、剑南道、新罗、吐蕃、回鹘等"①。

(二)奴隶贸易

奴隶贸易造成异域女奴大量出现在唐朝。当时还出现专门贩卖奴隶的集团和培训奴隶的机构。吴震认为"由乐事、部曲、客女(唐朝法律规定中地位最低下的贱民阶层,与奴婢不同的是,他们不可以被买卖)对这些奴婢分别进行调习,如听、说日常汉语,熟悉礼仪、习俗,乃至学会某些劳动技等,目的在于提高这些奴婢的售价"②。

(三)人质与贡人

人质与贡人是女婢的又一重要来源,前者使"清白少女成了女婢",作为贡品献给唐朝皇帝。"因为这些人是提供特殊服务的,所以就人身自由而言,他们甚至比不上人质。而且我们也几乎无法将他们与奴隶区别开来。……以中亚舞乐伎居多,突厥女人、吐蕃女。……在唐代,许多统治者仍然从他们下属的王公,特别是突厥斯坦的印度化的政权那里接受这些女乐人。"③唐代皇帝和上层对异域文化的喜好直接导致大量异域女子成为贡人,才艺俱佳者更甚。史载唐朝周边国家纷纷以礼物形式将有奇异才能的女子贡献给唐王朝,尤以8世纪前半叶昭武九姓居多。下文选取一些有代表性的记载。

《新唐书·西域传》载:"米,或曰弥末,曰弭秣贺……开元时,献璧、舞筵、师子、胡旋女。俱蜜者,治山中……贞观十六年,遣使者入朝。开元中,献胡旋舞女。"④

---

① 李天石:《唐代中后期奴婢掠卖之风的盛行及其原因》,《历史教学问题》2001年第4期。
② 吴震:《唐代丝绸之路与胡奴婢买卖》,载敦煌研究院主编《1994年敦煌学国际研讨会论文集·宗教艺术卷》(下),兰州:甘肃民族出版社,2000年,第128—154页。
③ 谢弗:《唐代的外来文明》,北京:中国社会科学出版社,1995年,第109页。
④ [北宋]欧阳修、宋祁撰:《新唐书》卷二二一《西域传》,北京:中华书局,1975年,第6247、6255页。

《册府元龟·外臣部·朝贡第四》载:"(开元七年)五月,俱密国遣使献胡旋女子及方物。(开元十五年)五月,康国献胡旋女子及豹,史国献胡旋女子及蒲萄酒,安国献马。七月,突厥骨吐禄遣使献马及波斯锦,史国王阿忽必多遣使献胡旋女子及豹。(开元)十七年正月,米国使献胡旋女子三人及豹、狮子各一。"①

《文献通考》载:"俱蜜者,治山中……贞观十六年,遣使者入朝。开元中,献胡旋舞女②。(史国)开元十五年来献舞女。"③

显然,在所有这些来自西域的年轻舞伎中,胡旋女最受唐朝人喜爱,激发了很多诗人的创作灵感。最著名的是白居易《胡旋女》中描写的来自康国的胡旋女。中亚的女童柘枝舞也让诗人激情四射,将貌若天仙的舞伎与巫山神女联系起来。如《全唐诗》载:"平铺一合锦筵开,连击三声画鼓催。红蜡烛移桃叶起,紫罗衫动柘枝来。带垂钿镂花腰重,帽转金铃雪面回。看即曲终留不住,云飘雨送向阳台。"④

唐朝胡人奴婢盛行的原因主要有以下几点:

第一,经济发展刺激了奴隶贸易的繁荣与发展。以致动物和奴婢贸易成为丝绸之路上最频繁的贸易,其中昆仑奴、波斯奴、突厥奴、吐蕃奴、回鹘奴较为多见。史料记载龟兹和于阗都有女市,吐鲁番文书也证实了奴婢贸易数量大幅度增加。韩森发布过一份武则天时期的名籍,上面记了载一户家庭61口人中有来自中亚的奴婢,"名字很像从另一种语言(很可能是粟特语)音译成汉语的。……由乐事、部曲、客女对这些奴婢分别进行调习,如听、说日常汉语,熟悉礼仪、习俗,乃至学会某些劳动技术,目的在于提高这些奴婢的价格。……这是

---

① [北宋]王钦若等编纂,周勋初等校订:《册府元龟》卷九七一,南京:凤凰出版社,2006年,第11238、11239、11240页。
② [元]马端临:《文献通考》卷三三七《四裔十四·俱蜜》,北京:中华书局,1986年,第2648页。
③ [元]马端临:《文献通考》卷三三八《四裔十五·史国》,北京:中华书局,1986年,第2653页。
④ [清]彭定求:《全唐诗》卷四二六,北京:中华书局,1990年,第1045页。

一个出产奴婢的家庭"①。唐律规定所有动物和奴婢交易都必须在市场官员签发的市券上进行登记,证明他们被合法购买,就像被打上标记的动物一样。阿斯塔那墓群发现的一份粟特文契约,记载了639年一个张姓汉人沙门以120个银币购买了一个从撒马尔罕来的女孩,主人可以对她做任何事情,将她作为商品出售或作为抵押品,抑或是作为礼物赠送他人。731年,粟特商人米禄山以四十四匹绢的价格将一个十一岁的女孩卖给长安人唐荣。杜荀鹤的诗句"船载海奴环垂耳,象驮蛮女彩缠身"和杜甫诗"示獠奴阿段"即反映了海上奴隶贸易的盛行。

第二,唐代上层社会生活的需要。唐朝商品经济发展,显贵阶级生活日趋腐化,不断追求声色犬马的奢靡生活,形成对异域女子的商业需要,带动了国内各市场和民间交易的活跃。唐律保护公开的奴隶交易(中原地区与边远地区社会、经济发展不平衡所致),奴隶贩子奔赴边远地区猎取年轻美貌的女奴,养在家中,授其诗歌、技艺,然后让她们卖艺,成为巨大的财富来源。敦煌文献中既有被金城县人唐荣转卖给他人的胡婢,又有有名有姓的突厥女奴春香。吐鲁番文献中也出现很多异族女奴。可见,西北地区曾长期蓄养少数民族奴婢,一度发展到很严重的地步,以致武则天下令禁止。《唐会要》卷八六《奴婢》载:"(大中)九年闰四月二十三日敕,边上诸州镇,送到投来吐蕃、回鹘奴婢等,今后所司勘问了,宜并配岭外。不得隶内地。"《唐大诏令集》卷七一《宝历元年正月南郊赦》载:"诸军先擒获吐蕃生口,配在诸处者,宜委本道资给返还本国,……自今已后,边上不得受纳投降人,并擒捉生口等。"

8世纪末,唐德宗下令杜绝这些让人背井离乡、骨肉分离的人口买卖行为,从而结束了由官府主持的买卖土著人的活动,但私人买卖奴隶却未停止,尤其是年轻女奴。817年,广州都督颁令禁止从本地村子买卖女口。

第三,唐王朝传统的征服观念及由此产生的高高在上的优越感。奴婢数量和质量成为上层社会攀比或争夺权势的手段之一,乌尔沁认为上层和民间对胡

---

① 韩森:《丝绸之路贸易对吐鲁番地方社会的影响:公元500—800年》,《法国汉学》第十辑,北京:中华书局2005年,第113—140页。

旋舞的需要和玩习之风,吸引着胡旋舞者来淘金。加上丝绸之路的畅通,也有人出于经济利益,选择到长安创业[1]。唐朝社会新等级观念的形成和民族关系的变化,也是大量外来人口流入的原因。

三、唐代胡人女性生活管窥

由于史料缺乏,异域女性形象和在唐朝的生活状况总体上是模糊的,但仍可以找出一些零散的线索。郑炳林在《晚唐五代敦煌地区的胡姓居民与聚落》中指出晚唐五代敦煌莫高窟供养人题记中记载了很多胡姓妇女,"她们参与敦煌社会生活的各个方面,敦煌文书中保留着很多她们的活动遗迹……女性会更快接受汉文化和风俗习惯"[2],遗憾的是他没有提供更多细节性的材料。在都城长安,西市是活跃在长安的外国人聚居区,其中不乏女性身影。胡人女性在唐朝的地域分布大概与经济、文化、贸易发展有关。这个问题值得进一步探讨。

笔者认为,胡人女性在唐朝的身份地位和生存状况因国别、宗教信仰和文化修养差异而不同。阿巴斯王朝著名哈里发马利克认为"柏柏尔人的姑娘可供享乐,波斯姑娘适于生儿育女,罗马姑娘善于操持家务"[3]。同样,进入唐朝的胡人女性因各有所长而大致划归三个阶层:上层(皇帝妃子与贵胄妻妾)、中层(中层为商贾家眷,如祆教徒苏谅妻马氏)和下层(生活在社会底层的奴婢、从事百戏杂技表演的艺人)。居于上层的胡人女性一般以母亲、女儿、姐妹与妻妾的身份成为男性的政治工具、伙伴、财产保存者。随波斯王子卑路斯到长安的波斯人或后裔中应该包括上层女性,如唐神策军将领苏谅妻马氏。她们按照祆教风俗生活在祆教文化中,与唐朝民众似乎联系不多,在内婚制度安排下嫁于父亲或兄弟。入唐的一些外籍高官也相互通婚,如波斯人李素娶突厥族后裔卑

---

[1] 乌尔沁:《外来民间文化的使者:西域胡姬——唐诗胡姬形象解析》,《民族文学研究》2001年第4期。
[2] 郑炳林:《晚唐五代敦煌地区的胡姓居民与聚落》,载《粟特人在中国——历史、考古、语言的新探索》,北京:中华书局,2005年,第174页。
[3] 马苏第著,耿昇译:《黄金草原》,西宁:青海人民出版社,1998年,第307页。

失氏为妻,天竺大野迷地和罗梵摩、突厥移力可汗也是如此。太原王含的母亲金氏本是胡人女,善弓马,素以犷悍闻。唐僖宗时(875—888年)波斯人李政、李珣和李舜弦兄妹成为唐代有名的诗人。米国人米继芬的父亲突骑施则是作为质子"全家进入长安的",他的母亲与妻子米氏也都是胡人。蕃胡女子嫁作唐人妇者甚众,唐人娶蕃胡女子为妻乃为常事。如玄宗妃子曹野那姬、敦煌王妃毗伽公主、裴行俭妻库狄氏、李如暹吐蕃妻、蜀主王衍昭仪李舜弦、南汉后主刘仙婢波斯女等皆为蕃胡女子。唐人范摅的《云溪友议》中记载桂林有胡人女子的踪迹。胡人女性中还有充当间谍者,如吐蕃曾派"有心"妇女为维州守卒之妻,作为内应,帮助吐蕃夺取维州,"蕃妇为完成祖国放弃二十载夫妻之情,狼子野心,令人握腕"。此外,一些身份高贵或才貌俱佳的胡人女子被收置于深宫充当侍女,一些被达官贵人纳为妾,还有一些充当奴婢、歌姬和舞女。"诸夷乐初成立时,伎人必为外籍,且其延续,又必以蕃胡为主体,似无可疑。"①

此外,一些天分较高的胡人女子被收入皇室或高级贵族府邸充当歌舞女。"教坊里那些天才的乐工、歌伎,以及舞伎的社会地位与'官伎',即最高的一种艺伎社会地位很相似,她们被训练来演唱非正式的音乐,供那些得到天子宠信的人享乐。"②龟兹、天竺、高丽、疏勒、高昌、康国等歌舞女较多。"美貌奴隶娱琴酒,细腰奴隶舞且唱。"胡旋女让"天子为之微启齿",也"旋得明王不觉迷,妖胡奄到长生殿"。美貌或身怀绝技的女奴常被王公贵族作为上等礼物相互赠送,有的沦为街头巷间的娱乐歌姬,如长安城春明门南的道政坊、平康坊等酒馆和妓院蓄养着很多娴熟音乐、舞蹈的胡女。

地位低下的胡人女性被迫从事各种家务劳动,任凭主人随意驱使与买卖③。唐墓出土的胡人女俑职业和身份多元,有变幻莫测的卖艺者、卖酒的酒家胡、伺候主人的奴婢。她们服务于娱乐业,如乐舞、杂戏和优伶等,还包括胡旋

---

① 谢海平:《唐代来华蕃胡考》,台北:台湾商务印书馆,1971年,第277页。
② 谢弗:《唐代的外来文明》,北京:中国社会科学出版社,1995年,第109页。
③ 苏珊·怀特菲尔德在《丝绸之路沿线的生活》(伦敦1999年)中记叙了一个9世纪龟兹伎女的生活,可能源自《北里志》描述的长安伎女的故事。

舞女、柘枝舞女、杂技演员及演奏各种乐器的乐手。谢弗指出,"歌舞之业有胡人女子参与其间,则为事实。……八世纪中亚的琴师和舞女在唐朝大都市受到热情欢迎"①。乐器演奏者也以胡人居多,如不知名的琵琶女师曹供奉,《柘枝》里介绍的柘枝舞女童,"帽施金铃,并转有声。其来也,于二莲花中藏,花坼而后见。对舞相占,实舞中雅妙者也"(《全唐诗》卷二二刘禹锡《观柘枝舞》其二和沈亚之《柘枝舞赋》)。大都市酒肆中那些娇媚的胡姬令年轻诗人和富家子弟趋之若鹜,神魂颠倒。长安城东春明门南有很多酒馆,"精明的老板娘会雇佣带有异国风韵的、面容娇好的胡姬(如吐火罗姑娘或粟特姑娘)用琥珀杯或玛瑙杯为客人斟满名贵的美酒。而这些姑娘使酒店生意更加兴隆"②。胡姬酒肆演绎成唐代长安享乐之类消费场所的代名词,因此才有了王绩"惭愧酒家胡"(《过酒家·五首》)的感慨,才有了杨巨源的《胡姬词》③、贺朝的《赠酒店胡姬》④等名篇。

杂戏演出者也有很多外国女子。如《教坊记》载:"筋斗裴承恩妹大娘,善歌,兄以配竿木睺氏。"同样有西胡血统的还有竿木家范汉女大娘子、百戏伎女石火胡、康国女优伶等。李白《幽州胡马客歌》赞扬胡女马上技艺曰:"幽州胡马客,绿眼虎皮冠。笑拂两只箭,万人不可干。……妇女马上笑,颜如赪玉盘。翻飞射鸟兽,花月醉离鞍。"

唐人具有开放的民族意识,尽管胡人女性丰富着唐人的生活,但她们整体地位低下,附属于男性世界,女童和少女常常被当作奴隶买卖。她们被维护传统伦理的士人所抨击,被贬损为"淫乱""诱惑"、破坏社会秩序、腐蚀王朝大业的有害因素。对于大多数胡人女子而言,漂泊异国他乡的生活是艰辛的,如7世纪末西州36岁的丁寡史女辈,在丈夫、儿子和一个女儿去世后,与另一女儿谷施独自生活。李贺《龙夜吟》"卷发胡儿眼睛绿,高楼夜静吹横竹。一声似向天上来,月

---

① 谢弗:《唐代的外来文明》,北京:中国社会科学出版社,1995年,第108页。
② 谢弗:《唐代的外来文明》,北京:中国社会科学出版社,1995年,第109页。
③ 妍艳照江头,春风好客。当炉知妾慢,送酒为郎羞。香渡传蕉扇,妆成上竹楼,数钱怜皓腕,非是不能留。
④ 胡姬春酒店,弦管夜锵锵。红铺新月,貂裘坐薄霜。玉盘初鲤,金鼎正烹羊。上客无劳散,听歌乐世娘。

下美人望乡哭。直排七点星藏指,暗含清风调宫徵。蜀道秋深云满林,湘江半夜龙惊起。玉堂美人边塞情,碧窗皓月愁中听。寒砧能捣百尺练,粉泪凝珠滴红残。胡儿莫作陇头吟,隔窗暗结愁人心。"描述了远在异乡的胡人思乡的心情。

四、结　语

9世纪,由于社会动荡,外来物品及外国人来华者减少,胡人女性也逐渐淡出人们的视线。但她们对唐代社会产生了深远影响:能歌善舞者在王宫和贵胄之家笙歌曼舞,对上层社会有着不可忽视的影响,如乐舞、服饰和饮食,乃至社会进程、民族心态和人口构成等。精通诗文、伎艺者对唐朝文化作出贡献,诗歌与歌舞的结合成为深受诗人喜爱的作品。在中外文化交流方面,她们为沟通东西、传播西域文化、促进商品经济发展产生了较大影响。

尽管唐朝人以复杂的、模棱两可的、含混不清的态度对待胡女,或褒扬或丑化或鄙视或鞭挞,但她们在长期磨合后最终融入当地社会。唐墓中的胡人女性尽管多为奴婢,但被塑造得轻松活泼,面带桃花,说明工匠以唐人生活习俗为参照,塑造胡人女性,有意淡化奴婢身份,同时也强调胡女体貌与习性(能歌善舞)的独特。王立认为"不论唐人胡人多么抱有好感,还是免不了有一种身居中土主人意识的流露"[①]。乌尔沁认为这是两种文明从相拒到交融的必然产物。看似弱势的胡姬却"赢得文人雅士对她们社会地位的基本认同,逐渐融于中原乃至中华文明的生活方式中了""盛唐时期胡姬不仅是酒色才艺、侠、纵横家的楷模,更有一种昂扬向上、积极进取、自信乐观的宏伟气象。……至后期中唐逐渐接受汉民族和其他地域的风土人情,已被汉化"[②]。然而,从盛唐到晚唐,高昂明朗、激情奋发之风变得低迷颓废,女性也逐渐失掉个性,由技艺超群的美仪佳人变成权贵的玩物,为了金钱堕落,成为人们厌恶斥责的灰色群体。

---

① 王立:《唐诗中的胡人形象——兼谈中国文学中的胡人描写》,《内蒙古大学学报》(人文社会科学版)2002年第4期。
② 乌尔沁:《外来民间文化的使者:西域胡姬——唐诗胡姬形象解析》,《民族文学研究》2001年第4期。

总之,胡人女性虽然是被历史忽略的一个群体,但她们对唐朝影响甚大,特别是在胡人群体的延续方面。在生活方面的影响表现在服饰上,包括胡帽、帏帽、配两色相间竖条状曳地长裙、百褶裙(俗称"波斯裙")和绕颈长披巾的窄袖紧身服,以及非汉族式的妆发造型,如回鹘髻等。正是由于她们的存在,才使整个唐代一直都没有从崇尚外来物品的社会风气中解脱出来。

第二节 胡服女性形象与"女为胡妇学胡妆"

陕西、河南等地唐墓中出土大量陪葬陶俑,其中有很多女性形象,她们服饰、发式、妆饰和体态各异。单就服饰而言,有穿裙装者、有穿男装束带袍服者,后者又有窄袖翻领束带袍服者,笔者将这类女性形象统称为胡服女性[①]。主要出现在陪葬陶俑、壁画、石质葬具线刻图像,以及丝帛等质地不同的文物中。学者对这类女性形象的研究多集中于某一类器物上,如壁画、陶俑等[②],综合性研究较为少见。笔者以考古发现的文物资料为主,对其中各类胡服女性形象进行较为全面的梳理,并从类型学、图像史学、新社会史学等方面进行探析,寻找出现这种现象的历史背景、社会环境及文化意义。

一、陶俑中的胡服女性形象

考古资料显示,与陕西、河南(洛阳)一带唐墓中发现数量众多的女性陶俑相比,胡服女俑数量并不多(也可能是墓葬遭到多次盗掘之故),粗略统计,不足50件。主要出现在一些高等级墓葬中,出现位置似无规律可循,身份多为仆

[①] 胡服有狭义与广义之分。广义指非传统汉人服饰,包括圆领袍服和翻领窄袖袍服;狭义指至迟出现于北朝来自西域的双翻领窄袖袍服。本文采用狭义概念。

[②] 于静芳:《谈唐墓壁画胡服女性图像》,《戏剧之家》2015年第21期。陶俑造型等综合性研究中也散见一些论述。

从(区别可能只是职能不同而已)或伎乐。从造型上看,主要分为穿胡服戴胡帽者与仅戴胡帽者,有站立状女俑和骑马女俑。

(一)胡服胡帽女俑

1. 蓝釉胡服女陶俑(图4-1-1)

1955年陕西省西安市东郊十里铺第337号墓出土,现藏于中国国家博物馆。头戴小帽,外罩云头纹、高顶卷檐白色毡帽,身穿左衽褐色大翻领、蓝釉窄袖对襟长袍,腰系带。下穿白色长裤,足蹬蓝釉翘尖尖头履。右手握于胸前,左手置于袖内[①]。

2. 三彩胡服女俑(图4-1-2)

1952年陕西省咸阳边防村杨谏臣墓(开元二年,714年)出土,现藏于陕西历史博物馆。头戴卷檐高虚帽,身着大花翻领胡服,胡服襟边有彩绘图案,腰束带,右侧系圆形囊壶,双手弯曲于左侧,双手握拳作牵拉状。胸前有"阿□"二字[②]。

3. 三彩胡服女俑(图4-1-3)

陕西乾县永泰公主墓(神龙二年,706年)出土,现藏于陕西历史博物馆,是非常典型的胡服胡帽[③]。

4. 胡服侍女俑

西安市长安县大兆乡东曹村出土,现藏于西安博物院。一件头顶双高髻,内穿半臂,外穿大翻领窄袖对襟褐红色胡服,白色饰边,两侧下端开叉,腰系革带,腰带右侧悬挂鞶囊,脚蹬高腰靴(图4-2-1)。另一件头发中分,双垂髻至耳旁,内穿半臂衫,外穿淡绿色圆领束带袍服,前襟和两侧开叉处饰红白色花边[④](图4-2-2)。

[①] 陕西省文管会:《西安东郊十里铺337号唐墓清理简报》,《文物参考资料》1956年第8期。
[②] 陕西省文物管理委员会:《唐永泰公主墓发掘简报》,《文物》1964年第1期。
[③] 中国国家博物馆编:《中国国家博物馆》丛书第一卷,北京:文物出版社,1983年,图版55。
[④] 翟春玲等:《长安县东曹村出土的唐代文物》,《文博》2003年第6期。

第四章 唐代女性与胡风胡化 | 223

图 4-1-1 蓝釉胡服女陶俑

图 4-1-2 三彩胡服女俑

图 4-1-3 三彩胡服女俑

（照片由陕西历史博物馆提供）

图 4-2-1 胡服女俑

图 4-2-2 胡服女俑

（照片由西安博物院提供）

5. 三彩胡装女俑

1987年洛阳市出土,头戴卷檐帽,身穿窄袖紧身翻领长袍,束腰,脚穿尖头靴,其穿戴与当时男子几无差别(图4-3-1)。1981年龙门安菩墓(景龙三年,709年)出土。头戴黑色高冠,身穿黄釉翻领窄袖袍服,与永泰公主墓前室壁画中男装女子图像相同,根据姿势推测为着男装女艺人(图4-3-2)①。

图 4-3-1　胡服女俑

图 4-3-2　绿釉女俑

(二)身着胡服女俑

1. 绿釉女俑

1972年洛阳市涧西区矿山厂出土。发髻后盘,身着白色翻领绿釉窄袖长袍,腰系带,脚穿长靴②。

---

① 洛阳市文物考古研究院编著:《洛阳龙门唐安菩夫妇墓》,北京:科学出版社,2017年,第88—89页。
② 洛阳市文物工作队:《河南洛阳涧西谷水唐墓清理简报》,《考古》1983年第5期。发掘中称"绿釉男俑"。

图 4-4-1 胡服女俑　　　　　图 4-4-2 胡服女俑

2. 胡服女俑（图 4-4-1、4-4-2）

洛阳安菩墓出土 2 件。其一（图 4-4-1）头戴黑幞头，身着黄色翻领长大衣的绿色，腰系带，脚穿尖头履。其二（图 4-4-2）头戴高帽，身穿绿色翻领的褐色束带袍服，也有称男俑的[1]。

2003 年洛阳关林镇盛唐墓亦出土胡服女立俑，头发中分，脑后绾髻，身穿白色翻领彩色窄袖长袍，腰系带，下穿红色裤子，足穿靴。

3. 三彩胡服骑马女俑（图 4-5）

乾县永泰公主墓出土，现藏于陕西历史博物馆。该俑身穿绿色束带袍服，红色大翻领，头扎双髻。

---

[1] 洛阳市文物考古研究院编著：《洛阳龙门唐安菩夫妇墓》，北京：科学出版社，2017 年，第 89、91 页。

图 4-5 三彩胡服骑马女俑

4. 彩绘骑马胡服女骑俑

1998 年洛阳市偃师唐恭陵哀皇后墓出土。该俑头戴黑色幞头,身着粉色翻领窄袖紧身衣,腰系黑带,翻领上饰花纹①。

5. 彩绘胡服女俑

2003 年洛阳关林镇出土,头梳后髻,身着白色翻领红彩色窄袖长袍,胯部系带,下穿红色裤子,足穿靴。

6. 三彩骑马胡服女俑

1969 年洛阳关林地质队出土。该俑头戴风帽,身着棕色翻领的绿色窄袖束腰大衣,脚穿绿色靴子。

其他如西安康文通墓、长武县张臣合墓等胡服高髻女俑,以及国外一些博物馆的同期藏品,如吉美博物馆藏胡服女骑马打马球俑。

(三)戴胡帽女俑

胡帽又称"蕃帽",系胡服元素之一,特点是顶部尖而中宽。珠帽、绣帽、搭耳帽、浑脱帽、柘枝花帽、卷檐虚帽等都可归为胡帽。胡帽多用锦、毡、皮缝合而成,顶部高耸而中空,帽檐部分有护耳,可向上翻卷。流行于初唐至天宝年间,郑处诲在《明皇杂录》还记载唐玄宗临幸华清宫时,"宫人从驾,皆胡帽乘马"。

1. 胡帽造型

(1)卷檐虚帽。张祜《观杨瑗拓妓》诗称:"促叠蛮鼍引拓枝,卷檐虚帽戴带交垂。紫罗衫宛蹲身处,红锦靴柔踏节时。"(《全唐诗》卷五一一)唐墓出土胡

---

① 郭洪涛:《唐恭陵哀皇后墓部分出土文物》,《考古与文物》2002 年第 4 期。该墓出土多件戴幞头的胡服男骑俑。

俑、敦煌第 45 窟盛唐壁画中胡商皆戴此类帽子。唐刘肃《大唐新语》卷九所说"汉着胡帽"就指此种现象。

(2)笠帽。以竹篾为骨架,外蒙布帛,再抹以桐油,时称油帽,又称"苏幕遮"或"苏摩遮"。男女出行时皆可戴之,可御雨雪。唐钱起《咏白油帽送客》诗曰："薄质惭加首,愁阴幸庇身。卷舒无定日,行止必依人。"宋王延德《高昌行纪》"高昌即西州也。……俗好骑射,妇人戴油帽,谓之苏幕遮。"

(3)帏帽。"帏"也称"离",是妇女出门时用来罩头及身体的纱。《旧唐书·舆服志》记载："武德贞观之时(618—649 年),宫人骑马者,依齐隋旧制,多着离帽。永徽(650—655 年)之后,皆用帷帽,施裙到颈,渐为浅露。……则天之后(684—704 年),帷帽大行,离渐息。中宗即位(705 年)宽弛,公私妇人,无复离之制。开元初,从驾宫人骑马者,皆着胡帽,靓妆露面,无复障蔽。"①帽式有帷帽、男式幞头帽,更有时尚的鹦鹉冠、孔雀帽等。不戴帽发型亦很多,有单髻、双髻、鬟发垂髻等。金乡县主墓骑马吹筚篥女俑头戴翻檐胡帽,帽檐有红线勾边的白花图案。骑马击腰鼓女俑头戴华丽的孔雀冠。

2. 唐墓出土戴胡帽女俑

(1)三彩戴胡帽骑马女俑(2 件)。1972 年出土于陕西省礼泉县越王李贞墓,现藏于陕西历史博物馆。一件头戴折檐高帽(图 4-6),另一件头戴笼冠。

(2)彩绘戴胡帽骑马女俑。礼泉县郑仁泰墓出土 2 件。分藏于昭陵博物馆和陕西历史博物馆(图 4-7)。陕西历史博物馆藏骑马女俑头裹帷帽,顶戴笠帽,半臂长袖短襦,骑于布满红色斑点的马上。

(3)戴帷帽骑马女俑(图 4-8)。礼泉县郑仁泰墓出土,现藏于陕西历史博物馆。头裹帷帽,前额露出绣花帽檐,身穿红色半臂短襦。

此外,比较典型的还有礼泉县新城公主墓戴帽女骑俑(图 4-9,昭陵博物馆藏),西安灞桥区金乡县主墓胡帽女骑俑(图 4-10,西安博物院藏),新疆吐鲁番市阿斯塔那的彩绘泥塑戴帷帽骑马女俑(图 4-11,新疆维吾尔自治区博物馆藏)。

---

① [后晋]刘昫等:《旧唐书》卷四五《舆服志》,北京:中华书局,1975 年,第 1957 页。

图 4-6　三彩戴胡帽女骑俑　　　　　图 4-7　彩绘戴胡帽女骑俑

图 4-8　帷帽女骑俑

图 4-9　戴帽女骑俑　　　　图 4-10　彩绘泥塑戴帷帽骑马女俑

图 4-11　帷帽女骑俑

二、壁画中的胡服女性形象

主要见于新城公主墓(龙朔三年,663年)、房陵长公主墓(咸亨四年,673年,图4-12-1、4-12-2)、李凤墓(葬于上元二年,675年,图4-12-3、4-12-4)、章怀太子墓(神龙二年,706年,图4-12-5、4-12-6)、永泰公主墓(神龙二年,706年,图4-12-7)、懿德太子墓(神龙二年,706年)、韦泂墓(神龙二年,706年)、韦浩墓(景龙二年,708年)、韦顼墓(开元六年,718年)等壁画图像中。分胡服幞头侍女、胡服高髻侍女两大类,袍服皆为大翻领,过膝紧身袍服(长度略有不同,李凤墓胡服侍女袍服及膝),竖条裤,下摆开叉。颜色多为红色、橘色、米黄色等暖色系列,翻领颜色与袍服颜色反差较大,很是醒目。腰束带,右侧挂小袋(造型各异,大小不一)。翻领的形状不同,有三角形、圆弧形等,有的还有饰边。胡服侍女或手持物件,作侍奉状。

此外,唐代胡服女性形象也见于敦煌绢画《劳度叉斗圣》(8世纪)、第158窟壁画《佛涅一变》(9世纪初)和《维摩法变》(9世纪初)中。

三、石质葬具中的胡服女性形象

主要见于让帝李宪墓、乾陵章怀太子墓、懿德太子墓、永泰公主墓及韦顼墓、契苾明墓、韦泂墓石椁外壁线刻人物纹饰中,与陶俑、壁画中的胡服女性可相互印证。这些胡服女性形象款式大致相同,细节略有差别,主要分三类,胡帽胡服侍女、胡服幞头侍女、胡服高髻侍女。袍服形状分两类,一种是圆领长袍,对襟和袖口镶饰边;另一类是大翻领紧身长袍,长及脚踝处,下摆开叉。内穿竖条纹长裤,浅口锦鞋(线)。对襟有的饰花边,有的无纹饰;大翻领有的满饰花纹,有的仅三角形领上边(脖子背后)有花边。

图 4-12-1　房陵长公主墓胡服侍女　图 4-12-2　房陵长公主墓胡服侍女　图 4-12-3　李凤墓壁红色胡服侍女

图 4-12-4　李凤墓绿色胡服侍女　图 4-12-5　章怀太子墓壁画衣胡服侍女

图 4-12-6　章怀太子墓壁画衣胡服侍女　　图 4-12-7　永泰公主墓壁画白色胡服侍女

（照片由陕西历史博物馆提供）

四、胡服女性的探析

胡服主要由大翻领、窄袖、对襟袍服、系带（蹀躞带）、小口灯笼裤、靴子或锦鞋构成。壁画中表现的胡服女性脚穿软锦靴，而陶俑中胡服女性则穿靴（有的翘尖）。腰间革带下垂若干小带（或称蹀躞带，原为北方草原民族装束，魏晋时期传入中原，唐代成为文武官员必备之物，上面悬挂蹀躞七事）。开元以后，由于朝廷规定，一般官员不再佩挂，却在民间妇女中十分流行，只是与原来有点不同，变成狭窄的皮条，并无实际价值，仅存装饰意义。

考古资料所见女性有着胡服，戴胡帽者；有着胡服，带幞头者；有身着胡服，头顶各式女性发髻者；还有穿汉式服装，戴胡帽者。圆领直襟或三角形翻领对襟（或斜襟左衽）束腰长袍，对开襟、锦褾袖，左右衣摆开衩等。胡服女俑脚蹬尖头高腰靴子，而壁画和石刻中的胡服女性皆为浅口鞋。壁画对胡服刻画得更为详细，如三角翻领上面有长条纹饰花边，对襟和袖口镶边。

（一）发现胡服女俑的墓葬

出土着胡服的女性墓葬的时间大概在唐初到开元前后，基本符合历史文献的记载。地域也在陕西、河南两京一带,墓主人多为身份高贵者,个别为身份稍低的官吏。

(二)胡服的大致流行时间

孙机认为,胡服大致流行于安史之乱之前,尤其在开元以前或武则天时期,并非如《新唐书·五行志》所称"天宝初,贵族及士民好为胡服胡帽,妇人则簪步摇钗,衿袖窄小"①等。开元之后,女着胡服之风衰退,取而代之的是宽袖衣衫②。安史之乱后,由于唐朝禁断胡服,使之渐不多见。据《新唐书·五行志》载:"开元中,妇婢衣襕衫,而仕女衣胡服。""中宗时,后宫戴胡帽,穿丈夫衣靴。"③可见中宗和玄宗时期女扮男装风气日盛。不妨以元和年间为界,将唐代胡服分为前后两期:前期男子头戴高髻、戴尖锥形浑脱花帽,身穿翻领小袖长袍,领袖间用锦绣缘饰,钿镂带,条纹毛织物小口袴,软锦透空靴。眉间有黄星状面靥,两颊间加月牙儿点装。女性着胡服或受当时回鹘文化或间接受波斯诸国的影响,后期女性主要受吐蕃影响,重点在发式和面妆,与衣着无关。特征为蛮鬟椎髻,乌膏注唇,脸涂黄粉,八字状细眉,即所谓"囚妆""啼妆""泪妆"。很多学者反复引用元稹"自从胡骑起烟尘,毛毳腥膻满咸洛。女为胡妇学胡妆,伎进胡音务胡乐。火凤声沉多咽绝,春莺啭罢长萧索。胡音胡骑与胡妆,五十年来竞纷泊"的诗句,其实是以诗人、官吏为代表的知识精英对此次改变唐朝历史进程的集体反思,因此凡是与"胡"有关的事物都在心理上被打上了对应的标签。

(三)胡服女性的族属

穿胡服的女性面部特征基本为汉人形象,目前少见着胡服的胡人女性,也许受考古资料所限,也许胡人女性逐渐汉化。这一问题值得进一步探究。

(四)女性胡服的渊源

胡服指汉服之外异族异国的服饰。最早源自北方和西域地区的少数民族

---

① [北宋]欧阳修、宋祁撰:《新唐书》卷三四《五行志》,北京:中华书局,1975年,第877页。
② 孙机:《唐代妇女的服装与化妆》,《文物》1984年第4期。
③ [北宋]欧阳修、宋祁撰:《新唐书》卷三四《五行志》,北京:中华书局,1975年,第877页。

服饰,后来融合了印度、波斯等服饰元素。据《大唐西域记》卷二记载:"其北印度,风土寒烈,短制褊(宋藏音义:窄也)衣,颇同胡服。"而"波斯装"的出现说明胡服中有很多元素来自萨珊波斯,而萨珊波斯服饰与中亚服饰都含有粟特元素,如杨清凡关于吐蕃服饰影响的讨论①。笔者认为女性胡服与突厥男性服装有诸多相似之处。有些胡服上三角形大翻领领尖处有扣子搭襻状小物件(如果将衣领合起扣上或系上,翻领即变为圆领,是突厥服饰的特征)。突厥与中亚关系密切,其服饰渊源复杂模糊,可以说是融合了多种服饰元素,而吐蕃服饰又受萨珊波斯影响,因而突厥、吐蕃与粟特都有着密切关系。

(五)着胡服的群体

着胡服的群体主要有伎乐、侍女,可能也有贵族女性和宫廷女性。沈从文等学者认为,唐代前期的胡服和当时流行的西域柘枝舞、胡旋舞关系密切。唐代有很多关于柘枝舞、胡旋舞的诗篇,描绘的情形大致与画刻所见"胡服"相通②,如章孝标诗云:"柘枝初出鼓声招,花钿罗衫耸细腰。移步锦靴空绰约,迎风绣帽动飘摇。"白居易《柘枝妓》云:"紫罗衫动柘枝来,带垂钿胯花腰重。"《柘枝词》云:"绣帽珠稠缀,香衫袖窄裁。"张祜《周员外席上视柘枝》云:"金丝蹙雾红衫薄,银蔓垂花紫带长。"《观杨瑗柘枝》云:"卷檐虚帽带交垂,紫罗衫宛蹲身处,红锦靴柔踏节时。"《观杭州柘枝》云:"红罨画衫缠腕出,碧排方胯背腰来。旁收拍拍金铃摆,却踏声声锦袎摧。"《李家柘枝》云:"红铅拂脸细腰人,金绣罗衫软著身。"《感王将军柘枝妓殁》云:"鸳鸯钿带抛何处,孔雀罗衫付阿谁?"可见,红色和紫色刺绣或手绘的窄袖罗衫,珠玉刺绣卷檐虚帽,红锦靴,装饰飘带,是柘枝舞的基本服装。李端《胡腾舞》中"织成蕃帽虚顶尖,细裁胡衫双袖小。……翻身跳毂宝带鸣,弄脚缤纷锦靴软"的胡腾舞者多为胡人男性,而考古资料中罕见的女性伎乐,多为职能不同的侍女。

---

① 杨清凡:《从服饰图例试析吐蕃与粟特关系》,《西藏研究》2001年第3期。
② 沈从文、王㐨:《中国服饰史》,西安:陕西师范大学出版社,2004年,第65—75页。周锡保:《中国古代服饰史》,北京:中国戏剧出版社,1984年,第119页。

(六)着胡服者的社会地位

唐墓壁画和线刻画中的女子位置排列似有规律,一般都是着裙衫者居于前,地位较高,而着男装"袍袴"者手捧器物跟随其后,身分显然较低。从未出现过着"袍袴"或胡服的女子领头的现象。可见,着男装、着胡服并非唐代女装的主流①。《新唐书·车服志》称,开元中"士女衣胡服,其后安禄山反,当时以为服妖之应"②。孙机认为,"此说在专门讲祥瑞、灾异的《五行志》里更被大书特书。似乎'服妖'不仅是征兆,而且是引起大乱的原因之一"③。

笔者总揽考古资料中着胡服女性的形象,结合唐代文献资料,对唐代社会胡风胡化现象的显性表征与隐性弥漫进行多角度探析,可以发现魏晋南北朝时期异域文化元素长时期传播与跨空间交融的轨迹。唐代考古资料中的胡服女性与文献中记载的胡人女性之间的关联性,以及对唐代社会整体风尚的塑造是否像宋代理学大师朱熹所说的"唐源流出于夷狄,故闺门失礼之事不以为异"那般,其中多向与多层关系究竟如何,这仍是一个值得深入探讨的问题。

第三节　武惠妃石椁纹饰中女性发式

唐武惠妃(699—737 年,谥号贞顺皇后)陵墓(敬陵)出土的石椁④是目前我国发现的体型最大、雕刻最精致的盛唐时期石质葬具,椁壁内外刻有精美纹饰,整体风格洒脱飘逸,气势非凡。外壁刻神话人物和花鸟禽兽纹,辅助纹饰为各种花草纹、动物纹、云纹等,纹饰施彩绘;内壁刻十幅屏风,为女性纹饰施彩绘,基本母题为一主一仆或二仆人物组合,共二十一位。这些女性人物面如满

---

① 孙机:《唐代之女子着男装与胡服》,《艺术设计研究》2013 年第 4 期。
② [北宋]欧阳修、宋祁撰:《新唐书》卷二五《车服志》,北京:中华书局,1975 年,第 531 页。
③ 孙机:《唐代之女子着男装与胡服》,《艺术设计研究》2013 年第 4 期。
④ 唐武惠妃石椁曾被盗,流失美国长达六年,2010 年被中国政府成功追回,现藏陕西历史博物馆。石椁呈庑殿式,面阔三间,进深两间,由 5 块椁顶、10 块廊柱、10 块椁板和 6 块基座组成,共 31 块石头,高 2.45 米,宽 2.56 米,长 3.9 米,总重量达 27 吨。

月,发式新颖富贵,体态丰满圆润,衣饰华丽典雅,气质雍容高贵。在每幅画面中,处于主要位置的女性形象被刻意强调,服饰与妆饰呈现出盛唐时期女性的富贵气韵,其中九位女性的发式颇引人注目。

一、凤髻:一种尚未引起注意的盛唐女性发式

这九位女性发式大致相同,其典型特征为:从整体造型上看,应属矮髻类,与同一时期流行的高髻形成鲜明的对照;从正面看,这种发式博鬓抱面,鬓发掩耳,蓬松,下垂至两肩,额头上方头发挽起,编成长条形发髻叠压在额头之上,发髻上翘,整体造型像一只昂首的凤鸟;从后面看,此种发髻则似龟背。对于这种发式,目前有两种说法:抛家髻和倭堕髻[①]。笔者认为,这种发髻虽然与倭堕髻和抛家髻有某些相似之处,但差别非常明显,应该是文献中屡被提及,但考古实物资料中少见的凤髻。此种发式因图像资料有限,尚未引起学界的关注。

图 4-13-1 仕女发式中,凤鸟形发髻下面插花钿,与装饰着海棠花束的交领阔袖衫和饰菱形纹样的帔帛搭配,大气奢华富贵样十足。

图 4-13-2 仕女发式与图 4-13-1 同,只是凤鸟形发髻下没有插花钿。女性右手抬起,手持一枝喇叭花,腕带镯。左臂下垂,手半握,女性之神韵非常生动。

图 4-13-3 仕女发式与上同,凤鸟形发髻靠近头顶末端,上插花钿,眉心饰花钿,腕带镯,双手抬起置于胸前。左手手指分开上举,右手似握一物。

图 4-13-4 仕女发式亦与上同,似凤鸟头部的翘尖发髻与裙下的翘尖鞋子相映成趣,前额饰花钿。衫外套半臂,半露胸,裙饰立株小花。左手在身后,右手抬起,腕带镯,拇指与中指相扣牵曳帔帛。

图 4-13-5 仕女发式与上同,凤鸟形发髻下插花钿,一手持物举胸前,一手指向自己的脸庞,似施脂粉状。

[①] 程旭、师小群:《唐贞顺皇后敬陵石椁》,《文物》2012 年第 5 期。田小娟:《武惠妃石椁线刻女性服饰与装束考》,《文博》2013 年第 3 期。

图 4-13-6 仕女发式与上同，凤鸟形发髻似乎翘得很高，仕女左手持一花形铜镜（背面纹饰清晰可见），右手持长簪，正将簪子插向发髻。椎髻翘尖，长簪和裙下翘尖的鞋子非常醒目且上下呼应。

图 4-13-7 仕女发式与上同，鸟头形发髻上翘，仕女侧身向右，左手隐于袖内，右手握长簪，簪上落一只蝴蝶。

图 4-13-8、4-13-9 仕女发式与上同，仕女右手翘小拇指，握发髻做梳理状，左手持一圆形铜镜，正在对镜梳妆。

上述仕女发式梳理方法、造型基本相同，与面妆、服饰极为和谐，栩栩如生地描绘了盛唐时期的贵族女性，她们眉目之间装饰的金、银、羽翠等制成的五彩花子被称为"花钿"，真实地再现了唐代诗人温庭筠《南歌子》中的美妇形象，"脸上金霞细，眉间翠钿深"。

图 4-13-10 仕女与其他画面的仕女发式不同，发髻上没有长形翘尖部分，头顶华丽的凤冠，造型为凤鸟展翅、口衔宝珠绶带形状。这种奢华至极的头饰充分展现出主人仪态万方的女性之美。在唐代，凤冠由金银丝编成鸟雀状，翅翼凌空，更具动态感，白居易的《长恨歌》中就描写了杨贵妃"翠翘金雀玉搔头"的华美头饰。凤鸟形发饰也见于唐韦顼墓石椁线刻画女性人物、唐章怀太子墓石椁内部线刻画第三幅和第七幅女性人物，以及永泰公主墓石椁线刻画女性人物头上。

从目前发现的考古资料来看，头顶凤髻的女性人物也见于其他文物或图像资料中，如武惠妃墓壁画中的侍女、甬道东壁壁画中持如意的侍女（图 4-14-1）、捧盘侍女（图 4-14-2），以及武令璋石椁线刻女性头上。

除此之外，西安钢铁研究所唐墓壁画中的侍女（图 4-15）、西安南郊韩休墓壁画中的女伎乐（图 4-16）、靖边唐武令璋墓石椁和杨会墓石椁内部的诸位侍女[1]、新疆阿斯塔那唐墓出土壁画中有一主一仆的人物组合（现藏日本 MOA

---

[1] 石棺长 250 厘米、宽 172 厘米、高 174 厘米。石棺外形似歇山顶式房屋，由 28 块青石板组成。内壁为彩绘，画供奉佣人图，每边各 3 人，男女共 6 人，旁书其名，曰"阿兰""春花""思力"等。

238 | 三秦文物与胡汉之风

图 4-13-1　　　　　　图 4-13-2　　　　　　图 4-13-3

图 4-13-4　　　　　　图 4-13-5　　　　　　图 4-13-6

图 4-13-7　　　　　图 4-13-8

图 4-13-9　　　　　图 4-13-10

图 4-13　武惠妃石椁内壁线刻画凤鬟女性

图 4-14-1　唐武惠妃墓壁画如意侍女　　　　图 4-14-2　唐武惠妃墓壁画捧盘侍女

图 4-15　西安西郊钢铁研究所唐墓壁画上的侍女图
（图片由陕西历史博物馆提供）

美术馆），女性均穿朱红色鸡心领连衣裙，亦梳凤髻，凤髻下面插一长簪。右手置于胸前握帛，左手向前执帛一端，与武惠妃石椁纹饰中图 4-13-6、4-13-7 相呼应[①]。

二、凤髻：基于文献资料梳理的钩沉

图 4-16　韩休墓壁画中女伎乐发式

目前学术界对唐代女性发式的研究主要集中在倭堕髻、抛家髻、回鹘髻、乌蛮髻、高髻等一些图像资料丰富的类别上，但对像凤髻这类在文献中较少提及且图像资料发现较少的类别讨论较少。虽然段成式在《髻鬟品》中罗列出的唐代百余种发式中提到了凤髻，但少有人对其进行研究。幸运的是武惠妃石椁与壁画，以及其他墓葬中的图像资料中的女性发式为我们提供了难得的实物资料。本节讨论的图像资料中的女性发式在陶俑中没有发现，仅洛阳博物馆藏鹦鹉髻女陶俑与之存在联系。

（一）凤髻

从造型上看，凤髻指绾于头顶、髻尾高耸、髻根松展犹如凤凰展翅状或有凤形装饰物的发式。整体上蓬松垂肩，"两鬓抱面"，裹着双耳，既有凌风之势，又有浪漫优美之形，与抛家髻、倭堕髻、乌蛮髻、回鹘髻都不同，但有一定联系，如凤髻低垂至双肩，在长度上比抛家髻、倭堕髻、乌蛮髻、回鹘髻都长一些。此外，装饰椎髻的大小、造型、位置也与上述发式不同，特征明显。

---

① 新疆维吾尔自治区博物馆：《吐鲁番阿斯塔那——哈拉和卓墓群发掘简报（1963—1965）》，《文物》1973 年第 10 期。

从定义上看,凤髻亦称凤凰髻,或鸟髻,即将头发向上绾结梳成凤形,或在髻上饰以金凤。据唐宇文氏《妆台记》记载:"周文王于髻上加珠翠翘花,傅之铅粉,其髻高名曰凤髻。"很多诗词都描写过这种发型,如《十髻谣》曰:"有发卷然,倒挂么凤。侬欲吹箫,凌风飞动。"么凤是一种有五色羽毛、体型比燕子小的鸟,又称作幺凤、倒挂鸟、桐花凤等,此处当指形似么凤的饰物。在《唐代长安大辞典》中,凤髻被描述成唐代妇女的一种髻式。一说为类似凤形的高髻,一说为髻上饰以金凤的发髻(图4-17)。二说都有壁画为据,或二说都是,同名而异形,说明这种高翘似凤舞的发式在唐代也曾流行一时,甚至延续至后世。《聊斋志异·画壁》中女性"髻云高簇,鬟凤低垂,比垂髫时尤艳绝也",该女子梳的就是凤髻[①]。清代纳兰性德《浣溪沙》曰:"凤髻抛残秋草生,高梧湿月冷无声。"

从典型特征上看,发式高翘,如凤鸟状,或加金翠凤凰为饰。《敦煌变文集》卷五《维摩诘经讲经文》形象地记载了这种发式,"鬓钗斜坠,须凤髻而如花倚药栏"。唐朝词人冯延巳在《菩萨蛮》词中是这样描写凤髻的,"玉筝弹微彻,凤髻黄钗脱,只待良人绾青丝。发如墨,情意长。根根如丝,寸寸悠心"。又"宝钗横翠凤,千里香屏梦"。《如梦令》词中亦有"凤髻不堪重整"的描述。其他诗歌中也有记载,如唐朝诗人陆龟蒙的《鹧鸪天》中有"相思树上双栖翼,连理枝头并蒂花。敲凤髻,弹乌纱。云慵雨困兴无涯"。欧阳炯《凤楼春》词曰:"凤髻绿云丛,深掩

图4-17 凤髻

---

① 陈俊、李祥林:《鬼狐之下藏真态,云鬟雾鬓入梦来——〈聊斋志异〉民俗描写中的女性发式文化》,《蒲松龄研究》2009年第4期。

房梳。"元朝诗人钱惟善《次陈君瑞游凤凰山光明寺》诗曰:"左瞻剑戟龙门并,上脱冠巾凤髻双。"

从时代上看,此种髻式一直流传至宋元而不衰,如宋欧阳修《南歌子》中有"凤髻金泥带",龙纹玉掌梳。钱惟善《次陈君瑞游凤凰山光明寺》诗曰:"左瞻剑戟龙门并,上脱冠巾凤髻双。"元曲作家白朴《驻马听·舞》中有"舞凤髻蟠空,袅娜腰肢温更柔"。李渔《笠翁对韵》言:"斗鸡对挥麈,凤髻对鸾钗。"蒲松龄《聊斋志异》亦有"忽女子探首如,挽凤髻,绝美"的描写。清代犹有梳挽此髻者,如纳兰性德《浣溪沙》词曰:"凤髻抛残秋草生,高梧湿月冷无声。"可见,其延续时间之长。

(二)凤髻的演变

综上所述,笔者认为盛唐时期的凤髻融合了其他流行发式的一些元素。

1. 头发自两鬓及脑后下垂,披至肩际

1955年西安东郊高楼村吴守忠墓出土的彩绘陶拱手女俑、1956年西安三桥唐墓出土的彩绘女立俑(图4-18)、1987年陇县党家庄出土的彩绘陶女立俑、西安郊区唐墓出土的三彩女立俑与盛唐时期的凤髻有相似之处。而陕棉十厂唐墓出土女俑发式虽与凤髻有相似之处,但在长短上有一定差别(图4-19)。高元珪墓壁画、杨思勖墓壁画侍女也有类似的发髻。这种发髻与盛唐时期流行的体态丰腴、收腰明显的女性形象相得益彰。

不同的是,图4-18、4-19女俑头顶梳出鬟髻,鬟髻自脑后前倾,偏于头顶左侧,面型丰满,应为博鬓抛髻女俑,与《西安郊区唐墓》中第三期(8世纪中叶至10世纪初)出土Ⅱ型女俑发髻相似。墓主属普通家庭,社会地位不高[1]。抛家髻的典型特征为"两鬓抱面,状如椎髻"[2]。

盛唐时期的凤髻与中晚唐时期流行的倭堕髻在造型上亦有不同,如倭堕髻的鬓发只到耳际,很少垂至颈肩(图4-20)。例如兴元元年(784年)唐安公主墓壁画侍女(2幅)、咸通五年(864年)杨玄略墓壁画、苏思勖墓(天宝四载,745

---

[1] 翟春玲等:《长安县东曹村出土的唐代文物》,《文博》2003年第6期,第13—24页。
[2] 谭燕鹏:《略论唐代妇女发式的特点》,《陕西师范大学学报》(哲学社会科学版)2006年第7期,第63—65页。

图 4-18　彩绘女立俑　　　　　　　图 4-19　彩绘女立俑

（照片由陕西历史博物馆提供）

图 4-20　倭堕髻图像

年）壁画、与高楼村唐墓女俑、乾元元年（758 年）庞留村唐墓陶女俑、贞元七年（791 年）西昌县令夫人史氏墓女俑、元和年间（806—820 年）西安净水厂 M23 女俑、鲜于庭诲墓出土的妇女三彩陶俑和中和元年（881 年）三爻村崔纮墓（M3）女俑皆梳此发式，即有意用歪斜、低垂于前额的发髻制造出无意的慵懒"媚"态与"美"态。

凤髻造型中亦见一些"乌蛮髻"的元素,具体做法是将头发层层向上堆叠,形成高大髻形,再用簪钿加以固定,变成"堆髻",与"蝉鬓"相配,头发散而不乱,产生一种别样之美。1955 年西安韩森寨雷府君故夫人宋氏墓出土女俑亦见此种发式。

此外,凤髻在发鬓的处理上与宽且大的缓鬓相似,一般能将两耳遮住,并与脑后的头发相连。据说梳这种鬓发的女性多为王公贵妇,有时还配假髻,达到雍容华贵的效果。

2. 流行范围与传播方式的趋同性

考古资料显示,与抛家髻、倭堕髻等流行发式一样,凤髻经历了从皇后、妃子、内外命妇的身份标志扩展为伎乐和侍女都可以梳的发式。最初凤髻也许只限于宫廷后妃命妇或高级仕女,但武惠妃墓壁画、西安钢铁研究所唐墓壁画、西安南郊唐墓壁画、靖边石椁纹饰中不同地位的女性都梳凤髻,可见这种发式逐渐传至社会各个阶层,反映了唐代社会追求时尚并不限于富贵阶层,中下层也可以用便宜的材料模仿贵重材料的装饰品。

3. 凤髻为盛唐女性增添了别样的审美

从审美效果上看,凤髻用唐代人喜爱的吉祥凤鸟作为造型,产生了当时流行的金玉镶嵌的"鸟雀"或"鸟爵"状步摇,步摇随步摇曳,别具风韵。这种发型既表现出女性浓密修长、漆黑润泽的头发,也体现出女性"高自标树"(出类拔萃)的崇高品质。这种被普遍认同的审美价值充分升华了唐代妇女"那种美丽青春所独有的蓬勃生命力和云诡波般绮丽想象、联想和幻想"[①]。

4. 凤髻反映盛唐时期女性独有的创新

从女性整体气质来看,优雅的凤髻与精致的面妆、华丽的服饰组成一个完美的女性形象,充分展示了盛唐时期女性大胆开放、争奇斗艳的时代风貌。她们这种"肌胜于骨,以丰腴为美"的美感令后世啧啧称赞。

[①] 蔡子谔:《中国服饰美学史》,石家庄:河北美术出版社,2001 年,第 567 页。

三、结 论

武惠妃石椁及其他图像资料表明,盛唐时期的凤髻发式仅在一定范围流行,其样式、美观性、等级性相对明显。这种发髻搭于前额,双鬟垂于耳际,是一种低髻,成为唐朝以各类高髻为主流的女性发髻发展过程中一种反差强烈的发式。它保留了很多主流女性发髻的传统元素,又融合了很多新的元素,特别是异域文化的成分。

第一,凤髻是高贵身份的象征。唐代女性发式主要包括髻、鬟、鬓等部分。鬟是衬托,突出发髻的美观性、丰富性和多变性。凤髻中的"博鬓"(后世称"掩鬓",即以鬓发掩耳)是一种与礼仪场面相配的妇女鬓式,仅限于皇后、皇太子妃、嫔妃、内外命妇梳理。如《新唐书·舆服制》卷二四载:"皇后之服三:首饰大小华十二树,以象衮冕之旒,又有二博鬓。"①皇太子妃的服饰搭配的发式是"首饰花九树,有两博鬓"②。命妇的服饰搭配的是"两博鬓饰以宝钿"③。可见"博鬓"式样是从鬓掩耳或拢掩半耳演变而来,这种发式是特地为重大礼仪场合梳理的,极其华贵,仅限宫廷大典,不流传于市井。因此,有学者提出此种发式仅限于贵妃和皇后、命妇等身份高贵的女性,但考古资料显示,这种发髻并不限于身份高贵的女性,伎乐、侍女也留此类发式。这种融合了各种流行发式而出现的新发式,流传范围颇广,从宫廷到边陲,从贵妇到伎乐,甚至普通侍女也可以梳这种发式。

第二,凤髻是一种融合多种流行发髻元素的新颖发式。本文选取的图像资料显示,它无法被归于某一类型,与周昉《簪花仕女图》中描绘的"侧垂高髻插金钿"的博鬓蓬松的发型也有差距。但又与抛家髻、倭堕髻等流行发式有着一定联系。

---

① [北宋]欧阳修、宋祁撰:《新唐书》,北京:中华书局,1975年,第517页。
② [北宋]欧阳修、宋祁撰:《新唐书》,北京:中华书局,1975年,第518页。
③ [北宋]欧阳修、宋祁撰:《新唐书》,北京:中华书局,1975年,第522页。

第三,图像资料中的凤髻呈现出模式化特征。武惠妃石椁中女性头戴的凤髻与西安钢铁研究所唐墓壁画、长安县唐墓壁画、新疆阿斯塔那唐墓壁画中女性所梳凤髻清楚地表明了这一点,而武令璋石椁中女性的凤髻与之稍有差别。

本节讨论的凤髻是唐代女性发型中一朵俏丽的花朵,反映了唐代发式审美文化中的某种规范化、等级化、阶层化与社会化现象,极大丰富了我们对唐代女性雍容华贵的头饰文化、服饰文化、妆饰文化的理解。

第五章　其他文物中的域外影响

第一节　陕西考古资料所见的异国与他族文字

　　长安是丝绸之路的起点,是连接西域与东南亚诸国的中转站,外来之物和人员汇聚于此,中外文化交流在这里大放异彩。据《唐六典》记载:唐朝政府曾与三百多个国家和地区建立了友好关系,当时有很多国家的人都曾进入这座辉煌灿烂的国际大都市,他们与这里的人们进行政治、宗教或商贸方面的沟通和交流。美国学者谢弗在《唐代的外来文明》中生动形象地描述了外国人云集长安、各种文化竞显风采的繁华场景:"突厥王子仔细揣摩着来自阿曼的珠宝商的神情举止;而日本的参拜者则以惊奇的目光凝视着粟特商队的商人。难怪他们会感到诧异,因为当时的确没有任何可以想象得到的东西能够与这些民族和职业联系起来。"[1]形形色色的域外人及他们的语言文字让唐朝人惊奇不已,更有好奇者开始学习他们的语言。据考证,长安城里就有专门出售各种文字书籍和词典的书肆,可见热衷于其他语言的人为数不少。又据段成式的《酉

---

[1] [美]谢弗著,吴玉贵译:《唐代的外来文明》,北京:中国社会科学出版社,1995年,第18页。

阳杂俎》记载：当时西域流行的书写文字达64种之多，主要有"驴唇书""大秦书""驮乘书""起尸书""天书""龙书""鸟音书"等。如今这些古老的语言大多已成为佚失在史海中的死文字，揭开它们神秘面纱的唯一途径便是考古发掘的实物资料，尤其是带有铭文的器物对了解那些曾被遗忘的古老文字弥足珍贵。

目前，在西安及周围地区发现的外国文字主要有希腊文、波斯文、叙利亚文、佉卢文、梵文、粟特文、阿拉伯文等，其他民族文字有回鹘文、西夏文、女真文、契丹文、八思巴文、蒙文和满文等，文字种类之多，数量之丰富，宛如一座古古文字博物馆，对研究被遗忘的古老文字提供了珍贵的实物标本。

本节从考古发掘的带有异国与他族文字的实物中挑选出部分经考证过的范例进行简单介绍。

一、希腊语

希腊语属印欧语系的独立语言，通用于古代希腊王国及其辖区，中亚希腊化时期（公元前4—前2世纪）成为中亚各国的官方语言。公元前330年，随着亚力山大帝征服波斯阿契美尼德（Achaemenid）王朝和希腊移民的大量涌入，中亚便进入了所谓的"希腊化时期"。希腊统治者在征服地区建立了众多的移民城市，形成了大片希腊文化区，大夏就是其中之一。大夏，希腊语称巴卡特立亚（Bactria），位于阿姆河与兴都库什山脉之间。公元前2世纪，被大月氏人占领。大月氏原本是游牧在今甘肃一带的月氏部落的一支，他们穿过伊塞克湖畔游牧的乌孙族地区，到达阿姆河一带，在大夏定居下来。面对希腊大夏城市文化，月氏人很快放弃了本民族的传统文化，在书写中采取了希腊文字，钱币上也大量使用希腊字母。大约两个世纪以后，一名叫贵霜（Kusaha）的部落首领统一了整个大月氏王国，建立了强大的贵霜帝国。但两个世纪以后，贵霜帝国分裂为南北两支，最后由南支统一国家，失败的北支大月氏人纷纷向东逃亡，进入中国境内。据统计，最后抵达东汉首都洛阳的月氏难民就有数百之众。又据《高僧传》等史料记载，汉末，今陕西中部地区是贵霜大月氏人活动频繁之地；到了西晋乃至前秦时期,大月氏仍是西北地区十二支少数民族之一,被称为"支胡"。近30年来,陕西西安、扶风及甘肃灵台等地的汉代遗址中出土了300多枚铸有草体希腊文的铅饼,其中,1965年西安汉城遗址出土13枚、1973年扶风姜嫄汉代遗址出土2枚,背面均铸有一周希腊文字,铭文至今还是一个谜,只是由法国学者伯希和(P.Pelliot)初步鉴定为希腊字母所拼写[1]。林梅村根据这种铅饼流行的年代(上限不早于西汉晚期,下限不晚于东汉晚期)及产生的历史背景推测它们可能是贵霜大月氏人在三辅(汉代以来对长安、扶风等陕西中部地区的习称)及两部地区频繁活动留下的遗物[2]。与标准希腊文相比,铅饼上的文字传写失真,这可能是因为在希腊化时期,希腊文化只在上层贵族阶级中通行,刻币工匠大多不懂希腊文,摹写不准确,故传写失真。

二、佉卢文

佉卢文(Kharosthi)是公元前3世纪起源于印度西北部犍陀罗(今巴基斯坦白沙瓦)的地方方言,英国语言学家贝利(H. W. Bailey)定名为犍陀罗语(又称印度西北俗语或中亚俗语),属于印欧语系印度语族中古印度雅利安语中的一种俗语方言。它是犍陀罗人根据自己的语言特点,将波斯的阿拉美文(Aramaic,源于腓尼基东方支系语言)改造而成的。文字采用婆罗米字体(Barahmi),通行于印度次大陆。公元前后成为大月氏贵霜帝国的官方语言并在广大中亚地区流行。2—4世纪,继而成为中国与中亚丝绸之路上最重要的国际通商用语及宗教语言之一。5世纪后,成为无人使用的死语言。但它是保留印欧语系古代语言的最早材料之一,故欧洲学者称之为"欧洲甲骨文"。由于佉卢文的书写方式是

---

[1] 罗西章:《扶风姜嫄发现汉代外国铭文铅饼》,《考古》1976年第4期。考古研究所资料室:《西安汉城故址出土一批带铭文的铅饼》,《考古》1977年第6期。刘得祯:《甘肃灵台发现外国铭文铅饼》,《考古》1977年第6期。
[2] 林梅村:《吐火罗人与龙部落》,《西域研究》1997年第1期。

从左至右,看起来形似驴唇,故中国史籍称"驴唇书"。2 世纪末,佉卢文开始向帕米尔高原以东传播,一度成为塔里木盆地许多国家,如疏勒(Solana)、于阗(Khotan)和楼兰(Khaurana)的官方语言。近年来,和田及邻近地区特别是敦煌汉长城遗址曾发现过大量的佉卢文资料,如文书和汉佉二体钱币(Bilingual Sino-Kharosthi Coins)等。但在黄河流域十分罕见,仅在汉魏洛阳城发现过一例。1979 年,长安县黄梁乡石佛寺村出一尊释迦牟尼青铜座像,底座上刻有一行佉卢文铭文,译为"此佛为智猛所赠(或制作),谨向摩列迦之后裔,弗斯陀迦·慧悦致意"。据专家考证,摩列迦家族为月氏人,此像乃长安月氏侨民之遗物。摩列迦这个名字曾出现在楼兰出土的佉卢文文书中。林梅村认为这个月氏家族曾于 4 世纪末辗转来到长安,并继续使用本民族语言。该佉卢文的释读不仅首次以实物证实了长安城曾流行这种古老的月氏语,还展示了长安城中这段鲜为人知的中外文化交流的史实①。

三、波斯古语

波斯古称安息(Arsacides 或 Pathia),语言文字属印欧语系伊朗语族伊朗语支,分为王朝阿拉美文、帕提亚文和中古波斯语(或婆罗钵语),它们都是从阿拉美文演变而来。波斯语在中古时期分为南北两种方言,南部方言即婆罗钵语,北方方言俗称帕提亚语,二者都是波斯摩尼教(Manichean)的两大圣语。婆罗钵语,梵语译音"帕拉维语"(Pahlavia,或巴利维语),是今波斯语的前身,同时又是古代波斯国教——火祆教(Zoroastrianism)的专用语。其书写方式据《史记·大宛传》载:"画革旁行,以为书写。"从右向左横读。婆罗钵语东渐直达长安与波斯流亡贵族有关。据唐《册府元龟》记载,654 年,萨珊波斯亡国,王子卑路斯(Peroz III)流亡长安,随从数千人,其中有祆教徒、摩尼教徒和景教(Nestrianism)

---

① 林梅村:《中国所出佉卢文的流散与收藏》,《考古》1992 年第 1 期。

徒等。1959年，西安西郊出土的唐苏谅妻墓志即是以汉文和婆罗钵文合刻而成。婆罗钵文刻在墓志正面上半部，共6行。由夏鼐先生委托日本学者伊藤义教释读了部分婆罗钵文，汉语译文为"此系已故王子、已故左神策军兵马使之女马昔师，出自苏谅家族。唯已故伊嗣候（YazdkartⅢ）240年天使斯班达马特（Spandarmat）（波斯阳历）十二月天使斯班达马特（波斯太阴五）日及大食之260年古马达罗拉（回历太阴五）月，常胜君主崇高之咸通十五年彼于廿六（岁）死去，（愿）其（住）地与阿胡拉·马兹达神（AhuraMazda）及天使们同在极乐天堂"[①]。证实了波斯亡国200多年后，流落长安的波斯侨民仍使用本民族语言并信奉古老的伊朗宗教——火祆教，其学术价值堪与大秦景教流行中国碑相媲美，曾在国际伊朗学界轰动一时。此外，西安市东郊唐墓、张家坡隋墓、何家村唐代窖藏、长安天子峪国清寺塔、耀县隋墓出土的15枚波斯银币上均有波斯语铭文。

波斯语在古长安城流传甚久，影响一直延续至今，现代汉语词汇中的一些词语就是源于波斯语，如"葡萄"（又作蒲陶）译自波斯语bataka，"狮子"来自波斯语ser（Shir），"毾毦（音榻登）"源出古波斯语takt-dar，"琵琶"源于古波斯语barbat，"昭陵六骏"之一"赤伐什"（叱拔）的"伐什"是波斯语阿湿婆的音译，意为马，全名为波斯马。

四、叙利亚语

叙利亚语属闪含语系闪米特族的语言，最初用叙利亚帕尔米拉地区流行的阿拉美草书拼写，后逐渐演变成一种叫埃斯特兰杰洛（Estrongelo）的新文字，即后世所谓的叙利亚文。它在2世纪后成为中亚地区基督教聂斯脱里派使用的语言，是罗马帝国东部仅次于希腊语的重要语言。《唐会要》记载，唐太宗贞

[①] 夏鼐：《近年中国出土的萨珊朝文物》，《考古》1978年第2期。

观十年(643年),景教传入长安城,景教徒将叙利亚文经卷翻译成汉语,太宗命建大秦寺供景教徒传教。唐武宗会昌五年(845年)灭佛教时,景教也被禁,寺院被毁,景教徒在长安城消失。元朝时,景教再度传入中国(称也里可温教),叙利亚文也随之复苏,宁夏、内蒙古、福建等地都发现过这一时期的叙利亚文实物。明朝天启五年(1625年)(另一说天启三年)周至县出土的《大秦景教流行中国碑》正文下方和左侧各有1列19行、3列29行时人尚未识的外国文字,1631年,葡萄牙人曾德昭(AvarezdeSemdo,1585—1658)带着碑文拓片来到越南,此时正在克兰伽诺尔(Cranganor)的弗尔德南兹(P.Antonio Fernandez,或译费安东)见到拓片后,最先辨认出那些来历不明的文字是叙利亚语。1629年或更早时候(另一说为1631年后),德意志人邓玉函(Joannes Terrenz,1576—1630年)将部分叙利亚文解读并翻译出来,经我国翻译家冯承钧整理,内容为:希腊纪元1092年(781年)吐火罗斯坦(Tahuristan)大夏城(Balk,巴尔赫城或小王舍城)长老米利斯之子长安(Khumdan)京都教区主教耶质蒲吉长老立此碑。

  乡主教耶质蒲吉之于亚当牧师僧灵宝
  乡主教兼长老马·萨吉思
  检校建立碑萨布拉宁怒长老僧行通
  克姆丹和萨拉格(长安和洛阳)教会副主教兼教正加伯尔长老。

后面是与汉文名称对译的景教徒名单。1859年,韩泰华在碑左侧刻文三行,将汉文和叙利亚文都毁损了不少,尤其是许多叙利亚文不可复辨。故邓玉函的抄本对于恢复景碑叙利亚文原貌有着非常重要的参考价值。

五、阿拉伯语

阿拉伯语于属闪含语系闪米特语族,源出于阿拉伯半岛。因中国史籍把阿拉伯称条支(Antioch)、大食,故又称条支语或大食语。5世纪时,阿拉伯人开始用阿拉美文的一个支系——纳巴特文拼写自己的语言,形成一种自右向左书写的阿拉伯文字,分为两种字体,用于碑铭的楷体——科菲体(Kufic)和用于书信和文学作品的草体——纳斯基体(Naskhi)。7世纪,阿拉伯语在广大中亚地区流行起来,成为保存希腊、罗马、印度文化和沟通东西方文化重要的媒介语言。

科菲体阿拉伯文也用于书写钱铭,被中国人称为"白衣大食"的倭马业王朝(661—750年)制造的所谓"库萨和二世"式样的萨珊银币,正面边缘空白处就印有科菲体阿拉伯文"以安拉(真主)的名义",或加印各种图案戳记、产地及年代。7世纪末,阿拉伯钱币两面都印有阿拉伯文,这种钱币发行不久便流入长安城。1964年,西安窑头村两座7—8世纪的唐墓出土了3枚阿拉伯倭马亚王朝金币,正反两面均刻有科菲体阿拉伯文字,正面内容是《古兰经》第9篇第32节经文,字句稍有改动。背面内容是《古兰经》第120篇第一节和第3节经文,并铸有不同年份的戳记:"这枚第纳尔铸于八十又三年,百年及九又二十又百年。"分别相当于武则天长安二年(702年)、唐玄宗开元六至七年(718—719年)及唐玄宗天宝五至六年(746—747年)。1957年,西安东郊元代安西王府遗址出土的铁板幻方正面铸有古代阿拉伯数字。另外,化觉巷大清真寺内保存明清时期的阿拉伯文字石碑十余通,寺内古建筑上的装饰都是由古代阿拉伯文套雕而成。

六、古拉丁语

古拉丁文字是古罗马帝国的官方语言。中国史书称"大秦语""拂林语"(frwmiy、fromaya,罗马一词的隋唐译法,源自粟特语)或"拜占庭语"。近年来,中国发现的拉丁文大多出现在罗马金币及仿制品上,年代集中在隋唐时期,新疆、甘肃、陕西、河北、宁夏、内蒙古等地均有发现。1966年,西安南郊西何家村出土一枚东罗马金币,正反面都铸有拉丁文字母,正面铭文译为"我们的主上,虔敬的幸福长生不死的至尊"。背面铭文译为"至尊们的胜利女神,君士坦丁利的标准(黄金)"。1979年,西安西郊出土一枚与上述金币内容相同的金币。另外,1955年咸阳底张湾隋墓、1972年西安南郊何家村唐代窖藏、1956年西安西郊土门2号唐墓各出土一枚东罗马查士丁尼和希拉克略时期的金币,正反两面都铸有古拉丁文,分别译为"我们的主上""查士丁尼""皇帝万岁"和"全胜的皇帝们",以及铸币厂局的记号[1]。

七、古梵语和古尼泊尔语

古梵文(Sanskrit)和古尼泊尔文均属印欧语系印度—伊朗语族印度语支的一种古代语言。文字采用梵文即婆罗谜文(Brahmi)之意译,书写方式和佉卢文相反,从左至右。随着佛教传入中亚各地,婆罗谜文也用于书写塔里木盆地诸国语言,如塞克语(Sakai)、吐火罗语(Terri)、回鹘语(Uigur)及和田语,被称为"婆罗谜字体中亚斜体"。梵文书体有天城体、悉昙体、兰查体等。古尼泊尔文字是梵语的方言之一,采用梵文天城体作为书写文字。西安碑林博物馆收藏的一通密宗陀罗尼经幢所刻外国文字就是古尼泊尔文,内容为密宗大师不空和尚翻译的密宗经咒。密宗咒语一般采用梵文悉昙体,这种文字在梵文中称作Siddhamatrka,意为"咒文、魔字"。传入长安后,又由日本求法僧空海传至日本,至今仍是日本佛学界用来书写梵文的文字。新疆、甘肃、宁夏、陕西、四川、云南等地的隋唐至元代遗址和墓葬中曾发现不少用悉昙体文字书写的佛经或法器。1983年,西安西郊造纸厂唐墓出土的唐代手写经咒绢画上有墨书梵文经咒十三行,为悉昙体密宗陀罗尼经咒。另外,西安柴油机厂唐墓也出土过类似的古梵文经咒[2]。今大雁塔内还藏有不少唐代梵文贝叶经卷。

---

[1] 罗丰:《关于西安所出东罗马金币仿制品的讨论》,《中国钱币》1993年第4期。
[2] 李域铮、关双喜:《西安西郊出土唐代手写经咒绢画》,《文物》1984年第7期,第50—52页。

八、粟特语

粟特文（Sogdiana），即康居语，又称窣利文，是散居在中亚阿姆河与锡尔河之间的粟特民族所使用的属印欧语系伊朗语支的语言。在古波斯安息王朝时期，以西亚阿拉美文字草书为基础并根据粟特语发言特点而创立的。字体为横书，后来受汉文化影响又改为直书，因很难释读而被伊朗学者认为是由伊朗的魔鬼阿里曼发明的。据玄奘《大唐西域记》描述"白素叶水城至羯霜那国，地名窣利，人亦谓焉。文字语言，即随称也。字源简略，本二十余言，转而相生，其流浸广，粗有书记，竖读其文，递相传授，师资无替"①。这种文字即康居国通用文字——粟特文。3—9世纪，粟特文流行区域沿西域交通线展开，成为丝绸之路上主要的国际商贸用语，并对其他民族语言如突厥语、回鹘语产生过很大影响。突厥人的古突厥卢尼文字就起源于粟特文，突厥人又把这种文字传给回鹘人和蒙古人，蒙古人在补充了几个字母之后，又将它介绍给满族人。中国境内出土的粟特文资料主要集中在新疆、甘肃一带，虽然唐长安城中粟特人从事着各行各业的活动，人数众多，但长安城遗址及周围唐墓中发现的粟特文实物极少，只有二例。1964年，西安东南郊沙坡村出土的一件鹿纹十二瓣粟特式银碗口沿下有一行外国铭文，一直未有人识别。1991年，林梅村委托英国语言学家西姆斯·威廉姆斯（N. Sims Williams）释读。西姆斯认为是粟特文，读作 Zurvan，意为祖尔万神之奴仆。祖尔万神，波斯语作 Zrwmβntk，是古代波斯万神庙中崇祀的主神之一。主司时间和命运，后来成为琐罗亚斯特教（Zoroastrianism，中国史籍称火祆教）崇拜的主神。祖尔万派（Zurvanism）是其主要支系教派，由祖尔万创立，被正统的琐罗亚斯特教派视为异端而遭排斥，祖尔万教便向东传播到中亚粟特人中间。又由粟特人带入长安，由此可见，做器者一定是火祆教祖尔

---

① 季羡林：《大唐西域记校注》，北京：中华书局，1985年，第72—77页。

万教派的粟特教徒①。另外,陕西历史博物馆 1996 年征集的一枚突骑施钱币正面的铭文被考证为"突厥粟特文",译为"天神的突骑施可汗钱币"或"天可汗突骑施钱币"。

九、突厥语

突厥语(Turkic)是 6 世纪中叶兴起于中亚一带的突厥汗国所使用的语言,因用此种文字写成的碑铭多发现于今鄂尔浑河流域和今叶尼塞河流域,故称"鄂尔浑—叶尼塞文"。又因形似古代日耳曼人使用的 Runic 文(译为如尼、鲁尼或卢尼),故欧洲突厥学家最早又称之为"鄂尔浑如尼文",这种古文字起源于阿米拉文字,夹杂有突厥族表示氏族部落标志的符号和一些表意符号,如半月形代表"月亮"(ay)、箭头表示"箭"(ok)等,流行于东西突厥分立时期(744—840 年)。大约从 8 世纪起,突厥人改用粟特文拼写突厥语,书写方式仿效汉字从上而下,被苏联学者斯米尔诺娃(I.O.Simimova)称为"突厥粟特文"。较早采用这种文字的是中亚七河流域的突厥十大部落之一的西突厥突骑施部(Turgis)及蒙古草原的回鹘人。铸有粟特铭文的突骑施钱可能是在有"各游牧部落文化导师"之称的粟特人的帮助下铸造的,在突骑施领地及其控制的粟特地区流通。目前发现的突骑施钱不足百枚,主要集中在新疆境内,黄河流域十分罕见。上文所见的陕西历史博物馆所藏突骑施钱背面铸有蛇形或弓形纹饰(tamgha),斯米尔诺娃释读为卢尼文中的"马",代表部族徽证和钱戳符号。东西突厥分裂后,西突厥继续称霸西域,东突厥颉利可汗率众来到长安,加封五品以上官位者就有百余人,突厥语便随即在长安流行起来。据唐史记载,当时长安城内书肆就有《突厥语—汉语词典》出售,供学者和突厥语爱好者使用。太宗长子承乾就十分喜好突厥语。"昭陵六骏"中的特勤骠这个名称突厥语意为"可汗子弟"。

---

① 林梅村:《中国境内出土带铭文的波斯和中亚银器》,《文物》1997 年第 9 期,第 55—65 页。

"骠"译为"黄马",可能是因突厥某特勤所进贡而命名,汉语中肯定还有其他突厥语,等待研究者们进一步考证、发掘。

十、回鹘语

回鹘文(Uigur)是我国维吾尔族先民——回鹘人使用的语言。回鹘原称回纥,故又称回纥文,属音素文字,是以粟特文字字母为基础拼写而成的,故二者字母十分接近,但拼写的语言不同。自唐朝至明代,回鹘语通行于塔里木盆地东部和天山以北地区,元代改称"畏兀儿书"或"北庭书"。安史之乱中三千回鹘兵"花门腾绝漠",立下了赫赫战功,留长安者两千余人,但长安遗址中很少见回鹘人的文字。1996年,陕史博物馆征集的两枚回鹘铜钱上铸有回鹘文。一枚正反面皆铸回鹘文字,正面文字译为"阙·毗伽·卜吉回鹘天可汗"或"有名望的圣明的回鹘天可汗";背面译文为"奉王命颁行"或"奉依尔·吐我迷失之命颁行"。另一枚只有正面铸回鹘文,译为"神圣的敕令准予通行"或"圣命准予通行"。

除以上文字外,西安及周围地区还发现其他少数民族的文字如女真文、八思巴文、契丹文、西夏文、蒙古文和满文等。如1973年碑林石台孝经内发现女真文书残页两件,共书女真文字约二千三百字,内容很像儿童启蒙读物,如"天地日月""男女夫妻""马驴牛羊""海江河湖"等四字用语。可能是已经失传的完颜希伊造的《女真字书》,是当时京兆路女真学校的学童学习女真大字的习作抄稿。据专家考证,这是我国目前发现的最早的女真文字,又是国内首次发现的书写体女真文字。其中有些字直接借用契丹大字,带有从契丹文字向女真文字过渡的明显特征,是研究金代文字演变的珍贵材料。再如清代乾陵无字碑上曾发现金代《大金皇弟都统经略郎材行记》,由契丹小字刻写,起初人们误以为上述文字是女真文,直到20世纪60年代才证实是契丹文字。由于金人推行女真文使契丹文字几乎绝迹,史书中仅保存5个契丹字,这段文字是存世较早的契丹文字标本,资料价值弥足珍贵,因而被日本学者称为"二十世纪之谜"。

1982年，乾陵博物馆征集的一块被当地群众称为"金兀术碑"的石碑上也发现行数大小、内容与上述行记完全相同的契丹小字。此外，陕西境内近年来也发现了多枚辽代铜印，上刻契丹文字，内容为官职与姓名。西安市文管会收藏有罕见的西夏文泥写《大般若波罗密多经》《金光明最胜丑经》等，弥足珍贵。西安博物院、陕西历史博物馆以及绥德、宜君、淳化、岐山等地博物馆皆收藏有"首领"西夏文印、"敕马燃牌"铜符牌和一些西夏文钱币。户县和合阳等地发现32通元代畏兀儿字蒙汉合璧碑，1965年咸阳发现的元代巴思八文纸币，陕西其他地方如洛南、岐山、淳化等地也发现八思巴文印和草押（小印），西安碑林藏有五通满汉合璧的记事碑。

上述古代各民族语言仅仅是有实物证明的部分例证。事实上，作为古代东西方文化交流的中心和外国侨民的聚居地，西安地下所埋藏的古代外国与他族语言文字远不止这些，在其他省份已经发现的他族文字在陕西却仍埋于地下，如山西、甘肃等地发现的西夏文字等。本文旨在抛砖引玉，希望更多的人能去寻找、整理并释读那些有实物，但至今无法翻译的陌生文字，或是搜索那些史书中多处记载却至今尚无片物加以证实的死文字，以便拓宽古代长安与外部世界研究的新路子和新课题，为人们重新认识长安在古代世界舞台上的重要地位提供更多的线索。

第二节　魏晋南北朝至隋唐时期陶器上的珠宝纹堆贴装饰

魏晋南北朝以来，丝绸之路虽偶有阻断，但中外交通仍能以不同形式得以维持，不断有异域人士及奇珍异宝进入中原地区，给时人带来新鲜感的同时，也引发了社会生活的一些变化，主要表现在两个层面：审美、思想和文化结构等形而上的层面，生活习俗、手工业制造等形而下的层面。如出现了用金属器物和陶瓷器（陶器、瓷器、三彩陶器）模仿那些异域器物造型与纹饰的有趣现象，这种情况不仅在中国出现，在伊斯兰时期的近东地区也是如此。英国学者杰西卡·罗森、中国学者孙机和齐东方等在这方面都有不少真知灼见，笔者也尝试写过类似的文章，但很少有学者对某一类具体纹饰进行专题研究。特拉维夫大学爱娃·巴埃尔（EvaBaer）在《中世纪伊斯兰饰珠宝纹的陶瓷：伊斯兰装饰模糊性》一文中对中世纪伊斯兰陶瓷器上的珠宝纹进行过专门研究，追溯其渊源，分析了其区域分布和装饰技巧[①]。笔者在此基础上，结合中国考古发现，尝试梳理这种纹饰的渊源与流变，解释珠宝纹作为文化或宗教元素是如何附着于器物的，如何对器物出现与流传地区产生影响的。

一、中国考古资料上的珠宝纹饰

考古材料证实，魏晋南北朝至隋唐墓葬出土的很多陶器（釉陶、三彩陶等）在装饰技法与母题上表现出异于传统的特征，如采取堆贴技法制作的珠宝纹、连珠纹、交错的椭圆形、方形或圆形团花装饰带等。这类器物枚不胜举，多见于6世纪早期至中期中国东北部的陶瓷器上，反映出中国人对这种母题的喜爱，也说明这一时期多元文化装饰风格与元素的交流与融合。带有堆砌纹样的陶瓷器物遍见于各地博物馆中，如故宫博物院、上海博物馆、陕西历史博物馆、湖南博物院、河南博物院、广西壮族自治区博物馆、西安博物院、洛阳博物馆、甘肃省天水市博物馆等。代表性的有：河南安阳北齐范粹墓出土的陶扁壶、山西太原娄叡墓和徐显秀墓出土的莲瓣纹陶器、西安和洛阳地区唐墓出土的三彩器与三彩马、苏州市郊出土的唐三彩扁壶，以及陕西关中地区高级贵族墓葬中出土的彩绘或三彩骑马俑所骑的陶马，如郑仁泰墓、节愍太子墓、章怀太子墓、懿德太子墓、永泰公主墓等出土的陶马，这些陶马的辔饰、颈饰、背带饰上可见珠宝状装饰，类似纹饰还出现在女俑的短襦、翻领、帽子及裙子上。其中最具特色的是三彩凤首壶（胡瓶），请参考拙作《唐墓壁画中的胡瓶》和（英）杰西·卡罗

---

① Eva Baer. Jeweled Ceramics from Medieval Islam: A Note on the Ambiguity of Islamic Ornament, *Muqarnas*, 1989(6): 83–97.

森著,杨瑾译《中国考古发现的西方金银器及其对中国陶瓷器的影响》①。

此外,新疆地区6—8世纪和田风格的粗陶壶和陶杯也有类似的装饰,有些器物表面不规则地分散着珠宝纹装饰纹样,有些器物腹部最宽处缠绕一圈这一母题的装饰带,有些则与女性半身像一起出现。女性戴类似的宽带状珠宝项链和珍珠串饰,这种现象说明这些陶瓷装饰应是昂贵的珠宝。

不少学者认为这种模仿珠宝和浮雕金银花结装饰母题与技法的做法可追溯至古老的美索不达米亚,大英博物馆有2件器物比较典型:一件是公元前2600—前2500年苏美尔时期乌尔王朝卜阿比(Pu-abi)皇后的头饰,带有花叶状和柳叶状的吊饰。另一件是公元前380—前350年出自塔兰托(Taranto)的一条项链,带有明显的希腊西部文化风格,它将圆形花结与人头像、花果或花叶状吊饰巧妙地结合起来。花结状圆形吊饰则见于公元前2600—前2400年乌尔王墓出土的项链(现藏伊拉克国家博物馆)。

爱娃·巴埃尔(EvaBaer)认为,在普通而廉价的陶器上装饰这种珠宝纹具有两方面的含义:一是普通器物拟人化的装饰隐喻了对女性身体的认知与尊重;二是普通陶器被赋予了特殊的功能与价值②。笔者倾向于将这两种观点结合起来,透过陶器模仿金银器装饰现象,探究珠宝纹装饰出现、流传和产生影响的深层原因与历史文化背景。

二、国外发现的珠宝纹器物

国外发现的饰有珠宝纹的器物多出自中亚地区,本节介绍一些博物馆的典型藏品。

---

① 分别见周天游主编:《唐墓壁画研究文集》,西安:三秦出版社,2006年,第251—266页。陕西历史博物馆编,《陕西历史博物馆馆刊》第三辑,西安:西北大学出版社,1996年,第203—213页。
② Eva Baer. Jeweled Ceramics from Medieval Islam: A Note on the Ambiguity of Islamic Ornament, *Muqarnas*, 1989(6):83-97.

（一）野山羊雕像

海尔巴特·迈夫杰尔（Khirbatal-Mafjar）宫堡遗址出土，耶路撒冷洛克菲勒博物馆藏。共两只，均有长胡须，颈戴项链，其一为绳索形，另一为镶嵌珍珠的带状项圈，下垂三个椭圆形花瓣（图5-1）。类似的带有三个或两个椭圆形花瓣的珍珠项链也见于基什（Kish）一、二号宫殿遗址中萨珊皇帝和皇后像的脖子上。7—8世纪的银瓶、银壶和纺织品纹饰中的公鸡、鸟类也佩戴这类带吊坠的项链，有的只是象征性地衔在鸟喙中。

图 5-1-1　陶山羊颈部装饰　　　　图 5-1-2　线描图（邓超绘制）

（二）绿釉陶罐

6世纪晚期，美国佛利尔博物馆藏（图5-2）。从造型和纹饰上看，该罐应出自陕西或河南的唐代墓葬，但此类器物比较少见。

（三）陶瓶

耶路撒冷洛克菲勒博物馆藏（图5-3）。制作精美，流下垂悬的装饰风格类似迈夫杰尔宫堡遗址（Khirbatal-Mafjar）出土野山羊颈部所戴的项链，以及更早时候萨珊晚期国王们头像上配戴的三瓣状吊饰。大都会艺术博物馆收藏有一件造型和装饰类似的器物。三角形和花结装饰，反映了工匠们运用人体装饰的构思：流底部饰螺旋状盘形项链，肩部饰线状图案的花瓣纹。

第五章 其他文物中的域外影响 | 263

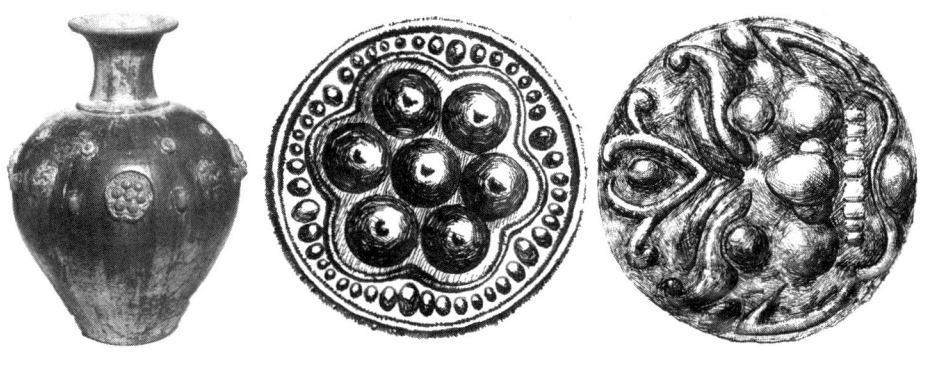

图 5-2-1　绿釉陶罐　　　图 5-2-2　局部装饰　　　图 5-2-3　局部装饰

（四）小陶杯

耶路撒冷梅耶尔纪念馆藏（图 5-4）。出自 18 世纪伊朗遗存。杯颈部有一拱形绳索，下垂一显眼的装饰吊坠，末端为一珍珠状装饰与喀布尔博物馆藏一件出自丰都斯坦的菩萨雕像胸部所饰金色浮雕饰物相类似。

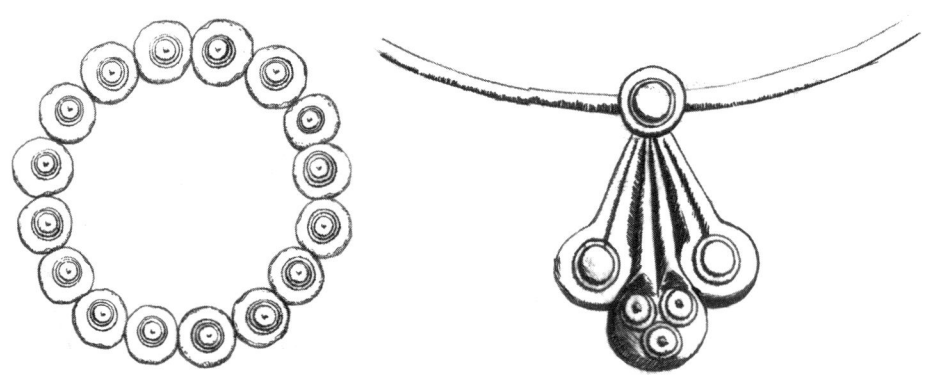

图 5-3　陶瓶颈部珠状饰（邓超绘制）　　　图 5-4　小陶杯颈部装饰（邓超绘制）

（五）无釉陶杯

波斯故都伊斯塔克尔（Istakhr，即波斯波利斯）出土（图 5-5），时代约为 10 世纪。肩部饰一胸甲状或宽项链纹饰。有四种不同纹样：颈部底部附近有一珍珠饰带、一个由旋转线状饰物形成的交替圆形和椭圆形吊坠饰带、一个由闭合小花簇成的团花饰带（在 6—7 世纪萨珊类型银器上比较常见）和另一组珍珠饰带。用便宜的材料复制萨珊宝石的观念也出现在伊斯塔克尔出土的另一只陶杯上，杯身的胸甲状饰物使人想起巴黎的金、银、水晶和玻璃碗，即所谓的贾姆希德(Jamshid)杯①。陶壶上出现类似装饰的例子见于新疆维吾尔自治区博物馆藏人物纹红陶壶，腹部饰一周徽章式纹样，每个都有联珠纹外框，内饰各式人物或动物。

对鸟、对兽徽章式纹样为萨珊波斯的装饰母题，河南安阳洪河北齐范粹墓

图 5-5-1　无釉陶杯　　　　图 5-5-2　局部纹饰

图 5-5-3　局部纹饰　　　　图 5-5-4　局部纹饰（邓超绘制）

---

① 波斯神话中贾姆希德王的酒杯，是至善神阿胡拉·玛兹达赐予他的神圣之物，只要遇到无法判断且难解的问题，将酒杯端在手里，向杯中望去，问题就迎刃而解。

出土的褐釉陶胡人乐舞纹扁壶（中国国家博物馆藏）、山西太原出土的北齐黄釉陶胡人狮子纹扁壶（山西博物院藏），狮子与胡人皆为对称排列，与对鸟、对兽装饰方法类似。

（六）残陶片

叙利亚西海尔堡（Qasral-Hayral-Sharqi）遗址出土（图5-6）。模制，其上装饰明显受珠宝装饰影响。如一个碎片上饰项链纹，造型为稍微拉长的团花，一根绳或索通过小花将其结连接到椭圆形花瓣上。这种纹饰似乎沿袭了伍麦叶王朝雕塑家装饰女性伎乐颈部的方法。

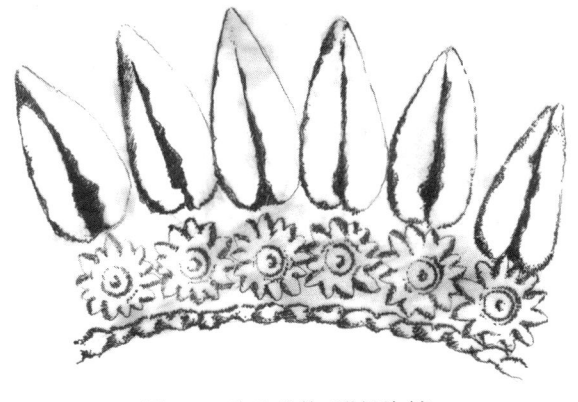

图5-6　陶片纹饰（邓超绘制）

这种装饰母题的变体见于其他模制器物残片上，如叙利亚12世纪晚期至13世纪早期美索不达米亚釉陶杯上的一种珠宝纹。这些体型巨大的杯子颈部展示着采用模制或装饰用料浆技法制作的规整的卷草纹。

类似的马饰（卷云纹拱托着圆形框中的宝珠纹或心形框中的心形纹）也见于陕西历史博物馆藏乾县永泰公主墓（图5-7）、西安中堡村唐墓、咸阳边防村唐墓，以及洛阳博物馆藏洛阳等地出土的三彩马面部、颈部和臀部装饰带上。

图5-7-1　三彩鞍马上鎏金杏叶装饰

图 5-7-2 三彩鞍马　　　　　图 5-7-3 三彩鞍马

(照片由陕西历史博物馆提供)

(七)浮雕半身女性像

耶路撒冷梅耶尔纪念馆藏(图 5-8),出土于 11—12 世纪的迈夫杰尔宫堡遗址。脸部轮廓、眼睛、鼻子、嘴巴、头发、花冠或皇冠和项链都由装饰用料贴塑而成。最醒目的是,前额两边的绞丝状头发用一个大饰针固定,两边有珍珠带组成的项链或胸甲状饰物,还有类似发夹的花结装饰,包以椭圆形或水滴状吊坠,每个吊坠都悬挂一颗珍珠。类似的项链也出现在东柏林伊斯兰博物馆收藏的一个残破的陶罐上,以及大都会艺术博物馆收藏的史前小陶像颈部等。

戴项链的女性形象在中国考古资料中比

图 5-8-1 女神颈部装饰　　　　图 5-8-2 颈饰线描图(邓超绘制)

较少见,除了宗教图像外,陶俑中仅见于长武县博物馆藏郭村唐墓出土的两件彩绘双环髻女俑和彩绘黑人舞俑(图5-9)。

图5-9-1 彩绘陶舞女俑　　　　　图5-9-2 彩绘黑人俑
(照片由陕西历史博物馆提供)

此外,阿拉伯钱币萨珊迪尔汉姆钱币上的皇室人像(UbaydAllahibnZiyad 于679—680年铸于Rayy)颈戴一缀有三个花瓣的项链。马利克改革之前铸造的钱币也表现出类似的特征,反映出该母题在不同器物之间不断迁移。

从类型上看,陶器上模仿较多的是珠宝项链,而带扣、胸针(饰针)、手镯等似乎比较少见,且装饰器物的功能更加随意,如慕尼黑一件无釉陶罐肩部交错的卷涡饰(cartouches),鸟头朝向后部,内含格里芬的团形图案很随意地模印在上面。空隙间覆盖着尾滑线组成的几何化的花形纹饰、小环形或圆圈状,以及漩涡状母题。这些浮雕卷涡饰和团花形珠宝的形状和纹饰像一个金带扣。在萨珊皇室的画像上,一些动物也有类似的装饰。用模仿珠宝的方式装饰一件普通的陶器,这种方式还可以追溯至碎陶片和其他出土器物上。

三、渊源与演变

珠宝纹堆贴装饰的来源已模糊不清。有学者认为这些结构独特的纹饰在渊源上可追溯至遥远的西域地区,特别是波斯萨珊王朝时期或更古远的希腊化时期。有学者直接提出这种装饰方法多见于萨珊波斯时期的器物上,如金银器上常见的带框宝石和珠宝的浮雕母题装饰(萨珊式金银筐宝钿珍珠装饰,在细密的小金珠线内或鱼子纹边框围成的花结中镶嵌方形或椭圆形宝石或珍珠),或者是典型的徽章纹,后来被陶器等其他器类所模仿,尤其是伊斯兰时期。隋唐时期,丝绸之路繁荣,萨珊风格的金银器传入中国,对中国传统的金属制造业产生了巨大影响,其造型和纹样被金属器、陶瓷器所模仿。对此,齐东方等学者有较为详尽的研究。16—19 世纪,又被萨法维德(Safavid)、莫卧儿(Mughal)和卡加尔王朝(Qajar)或奥斯曼工匠继承,用镶嵌法将珍珠和宝石装饰于金银奢侈品表面(先用金丝编成外框,在框边上粘接细密的小金珠,再镶嵌宝石),以满足权贵或富裕主顾奢侈的生活需要。

这种纹饰的出现、流变与迁移,反映了"珠宝崇拜"现象遍见于世界各地的信仰和文化中,中世纪的中亚地区也不例外,古诗歌等文学作品中关于珠宝的记载比比皆是,从侧面反映出这些饰珠宝纹饰的陶器流行的原因。

对珠宝的崇拜源于其华丽与珍贵的特质,以及作为财富、地位、权力与权威的象征。

第一,掌握最高权力的人对珠宝享有绝对优先权。萨曼王朝[①]博学家比鲁尼曾说:"如果国王们没有其他增加权力的方式,他们就用奢侈的珠宝装点自己,以便被人民尊重,因为他们爱慕财富且对之心怀向往。""如果珠宝被不恰当

[①] 萨曼王朝(al-Sulalah al-Samaniyyah),又称萨曼帝国(874—999 年)。阿拔斯王朝时中亚地区建立的波斯—伊斯兰教封建王朝。10 世纪为中亚乃至世界强国之一,其领土以乌兹别克斯坦为中心,囊括哈萨克斯坦南部、土库曼斯坦、塔吉克斯坦、阿富汗,以及伊朗大部分,与西部的布韦希王朝遥相呼应。

之人所拥有,所有者就会被怀疑偷窃或盗掠。"①除了装饰身体外,国王的御座、帐幔、室内摆设、生活器具、殿堂、花园等也会用珠宝做装饰。11世纪,伊斯兰圣训录编撰者贝哈齐(Al-Bayhaqi,又称 Aḥmadibn Ḥusayn)将白益王朝苏丹阿布·卡利贾尔(AbuKalijar)②的御座比作一座花园,里面的金树长着玛瑙叶子,花儿用金银和很多种珠宝制成。波斯诗人玛努齐赫里(Manuchihri)在另一首诗中赞美伽色尼王朝(Ghazna)马苏德苏丹的宫殿,将它比作一座用石头建造的贴满珠宝的天堂亭阁。

第二,珠宝属于某些特定阶层或某一性别。有些珠宝还被等级化或性别化,如戒指和王冠与男人和国王联系在一起。腰带、肩带、头饰、手套和权杖上珍贵的石头与国王及其随从相联系,王冠(带状头饰)、手镯、臂钏、项链等则与妇女联系在一起。

第三,珠宝和贵金属被用来比喻某些生活器具,如高脚杯、长颈瓶、瓶类饮酒或倒酒器皿,以及斟酒人,如高脚杯被比喻为有光泽的珍珠,红酒被比喻为红宝石。阿巴斯王朝诗人阿布·努瓦斯(Abu Nuwas,756—814年)在诗中描绘道,"酒是一颗红宝石,高脚杯就是一颗珍珠"③。他将高脚杯比喻为一位面带彩妆、颈系珍珠的年轻女性,或像羚羊一样欢快的男孩,用旧酒坛形容一位头发灰白的老妇人。以色列博物馆收藏了一件11世纪法蒂玛时期的绘画,画上有位手持镶嵌着珍珠的高脚杯的仕女。10世纪阿巴斯王朝诗人伊本·穆卡塔兹(Ibn al-MuCtazz)将斟满酒的玻璃酒杯比喻为戴着珍珠腰带的新郎。

---

① Eva Baer. Jeweled Ceramics from Medieval Islam: A Note on the Ambiguity of Islamic Ornament, *Muqarnas*, 1989(6):83-97.
② 白益王朝苏丹,是 al-Dawla 苏丹皇子,曾任法尔斯、科尔曼和伊拉克埃米尔。1024年继承王位,统治今伊朗一带,1044年成为伊拉克苏丹。
③ Eva Baer.Jeweled Ceramics from Medieval Islam: A Note on the Ambiguity of Islamic Ornament, *Muqarnas*, 1989(6):92-93.

四、陶器上珠宝纹饰的位置、用途与模仿方式

（一）装饰位置

陶器上的珠宝纹多见于颈部、肩部与足部，相对应人体颈部的项链、手腕上的手镯、双耳的耳饰等。这种装饰从瓶或罐颈部悬垂下来，或肩部、足部扩散开来。人们不禁要问：匠人是否将器物看作鲜活的生命。遗憾的是各地博物馆藏这类器物并不能给出满意的答案，即使艺术家自己都回答不出来。他们可能是故意留给观赏者按照自己的理解进行诠释。

（二）用珠宝纹装饰普通陶器的现象及原因

1. 反映了一种拟人化的观念

工匠们采取拟人化的方法，在杯子和其他艺术品的肩部、柄部和足部等精心装饰珠宝母题，试图将这些器物转化成一种"活的物件"，好像他们是人体的组成部分。伊朗和中亚地区的工匠以新的方式利用和发展了这些观念。他们在陶器上装饰廉价的陶土，用来模仿珠宝的形状及制作技术，使贵金属和珠宝的功能从人的饰品转化为瓶、缸、罐等生活器物上呆板的装饰物。这种拟人化观念的早期形式也见于拜占庭类型"岩石圆顶"马赛克上一件双耳细颈椭圆土罐，其颈部绕一圈镶嵌珠宝的胸甲纹，S形的柄上三个垂悬的珍珠与耳坠连为一体。

拟人化的另一种表现见于诗歌中。陶器不仅外形上与人相像，而且还像人一样会说话，甚至会发出笑声。陶瓷和金属器物上的刻铭也证实了器物可以谈话与欢笑的观点。这些刻铭组成一些词句，如同被放入器物的嘴巴里，似乎在建议拥有者如何使用它，希望他身体健康或颂扬其品质。如一件8世纪早期的陶壶建议使用者用它洒水。一件13世纪中期，可能出自美索不达米亚北部的香炉这样讲述它的功能："在我里面是地狱之火，但没有传播气味。"一件出自古尔干的陶瓶要求使用者为他的健康而饮酒，一系列10—11世纪的陶碟内壁上则有"为你健康而吃"这样的句子。一件14世纪早期，可能是伊尔罕尼德王

朝时期的陶罐，流部刻有铭文，赞扬所盛水的特性："我解除人类的饥渴。""通过我被抛入烈焰中那天遭遇的美德来达到这点。"①此外，美索不达米亚一个金银镶嵌的笔盒，通过将下列颂扬的词句放入嘴部的方式，引起使用者对产品美丽外观的注意："如果我的生命期限是一天，我的美丽将没有持续的价值。我是一颗时代的珠宝，没有像我这样的珠宝。"

2. 一种功能性的表达

通过比较研究诗歌和可视性艺术中表达的观念，笔者发现装饰从一种介质转化为另一种介质及其功能的重要性。饰珠宝纹的陶器可以带来两个启示：一是用便宜的陶器代替珠宝及珠宝加工技术，不失为使一件器物变得更有价值的方法，因此也提升拥有者的地位。二是像诗人这样的艺术家，似乎将无生命的器物看作鲜活的生命。笔者相信，这些发现对研究当代社会、历史文化弥足珍贵。

这种以文字形式延伸器物内涵或功能的做法也是中国的传统，如甲骨文、陶文、金文、竹简、铜镜铭文等，特别是青铜器和铜镜铭文，表达了类似的情绪。

(三) 模仿的方式

一般来说，工匠们在陶器上较多地模仿珠宝的装饰技法，而非珠宝的形状，如花结、小簇花、片麻状花纹、水滴形、心形或盘状图案等为普遍性装饰母题。笔者相信，陶匠们不仅有意模仿金银器的材料和技术，而且还有意识地借鉴珠宝制作技术与工艺，说明装饰不仅仅用来美化与丰富一个特定器物的表面，还要用来传达特殊信息，表现器物的使用性或象征性功能，以及艺术审美或精神价值。为了更好地运用这种装饰方法，工匠们还充分考虑了潜在顾客（客户）的需求与使用环境，如社会或文化氛围，以便达到上述目标。

有些陶罐的肩部最初可能就是用珠宝来进行装饰的。这是工匠们模仿金银器的装饰方法，他们用宝石和珍珠将材质普通的陶器装饰一新。

---

① Eva Baer.Jeweled Ceramics from Medieval Islam: A Note on the Ambiguity of Islamic Ornament, *Muqarnas*, 1989(6): 92-93.

伊斯兰时期的工匠们显然已经非常娴熟地将装饰母题和技法从一种物质转化为另一种物质。

一种是用细金属丝模仿描金,造成一种金珠状表面的假象,可用于任何浮雕加工,特别是浆技法。

另一种是模仿金银器上的双螺纹圆圈、浮雕鱼子纹、盘金丝、模制金珠、花结等技法。花结由一条精致的绞结状浮雕线围绕而成,与围绕新月的金属缠丝装饰一样。12世纪叙利亚—美索不达米亚很多陶罐上也有类似的纹饰。类似纹样还出现在魏晋南北朝至隋唐时期,西来的外国工匠或掌握了此类技艺的中国工匠在用其他材料模仿金银器时也可选用此类纹饰。

(四)用途

装饰珠宝纹的陶器分两大类:一类是批量生产的陶碗、盘碟与瓶类生活用具,因价格便宜,普通的居民都可以在市场买到;另一类是单独定制的特殊器物,多为做工讲究、纹饰繁复细密、质量上佳的单色釉陶和无釉陶器,如耶路撒冷和纽约的kbbs(一种盛器,无釉,主要用作液体冷却器),有的上面还有刻铭。这类器物也可能在市场出售,但价格昂贵,也是特意为富裕的客户制作的。陶匠们在装饰陶器时,刻意模仿金属器上的珠宝纹母题与技法,使其外观更加精美,借此增加售价。换句话说,人群中肯定出现了这样一种需求,即对批量生产的、价格相对便宜,但装饰上又相对丰富且奢华的陶器的喜爱。唐三彩和陶瓷器上出现的珠宝纹也反映了这种观念。

五、结　语

将中国陶瓷器和三彩陶马上的珠宝纹与中东的类似器物作比较本身就是一件冒险的事情,但文化流传及迁移现象又让人们无法否定它们之间的联系。

为此,笔者想强调以下四点:

第一,魏晋南北朝至隋唐时期的陶瓷器中,堆贴纹源于中东乃至更遥远地区的装饰传统,显示出文化自信时代人们对外来纹饰的喜爱,以及因此而来的模仿。用堆贴方法装饰马匹是其中之一,唐代墓葬发现的很多三彩或彩绘陶马就有这样的装饰,表现出马在唐代社会生活中的重要性,以及人们对马的珍爱。而女俑、壁画、釉陶器和三彩陶器上出现的堆塑装饰则被认为是描摹墓主人生前所用器物上的图案,也说明异域装饰手法对人们日常生活器具的影响。

第二,正如其他生活器皿一样,陶马或三彩马辔饰中的吊坠也能在最初的珠宝纹中找到原型。无论是遥远的发源地,还是流行范围颇广的输入地,珠宝纹与其变体或模仿纹样都是基于其珍贵性及其所蕴含的高贵品质。

第三,令人不解的是,本应装饰珠宝的女性形象却没有佩戴珠宝首饰。如唐代墓葬出土的女性陶俑皆是如此,笔者曾就这一问题请教过多位学者,也没有合理的解释。于是冒昧揣测,可是当时胡风流行,改变了已有的观念和时尚。同时也显示出女性对美的新追求,即展现女性本身的美(面妆、发饰、雪白的肌肤与自然美),无需首饰点缀,如唐代女性开放的服饰,刻意表现了女性圆润、细腻的肌肤之美,女性之美所表现出来的超级自信不需要任何饰物去分享,最为重要的是,唐朝社会开放,对等级观念不似前代那么强烈,宽容的社会培养了女性的自信与美,除了一些重要场合,并不对女性穿着特别限制。

第四,中世纪的工匠在廉价的陶器上装饰珠宝纹,而隋唐工匠则将这种纹饰创造性地用于其他器物的装饰,尽管历史文化环境不同,却反映出共同的审美观念。

第三节 西安何家村唐代窖藏文物中的西方元素

1970年10月,西安南郊何家村出土一千余件(组)唐代珍贵文物,包括271件(组)金银器,银铤8件,银饼22件,银板60件,金银铜钱币466枚,玛瑙器3件,琉璃器和水晶器各1件,玉带板9副,蹀躞带1副,玉镯2副,金饰品13件,以及金箔、麸金、玉材、宝石、朱砂、石英、琥珀、石乳等药材18种,甚至还有未完成的半成品和金银器部件①。文物数量大,种类多,等级高,制作精美,被称为划时代的考古发现。出土文物皆收藏于陕西省博物馆,1991年移至新建成的陕西历史博物馆,其间,曾有过多次不同规模的展出,首次亮相是在该馆会议室举办的"唐代何家村珍贵文物"临时展览,后接着在西展厅举办展览,1971年赴北京宫博物馆参加"全国出土文物珍品展",此后少量文物赴国外展览(详见吴镇烽文)。2003年,部分文物于北京大学赛克勒博物馆展出,2011年,陕西历史博物馆挑选其中的三百余件进行长期展出②,引起社会各界的热烈关注。

一、概 况

由于发掘报告尚未出版,学术界围绕窖藏和出土文物的讨论一直延续至今,成果分为介绍性文章和专论性文章,约百余篇。前者主要包括窖藏的性质、埋藏时间、地点和主人等,后者包括金银器、玉器、钱币、玛瑙等的功能、属性、造型、纹饰、制作工艺、文化意义与渊源等。

从时间上看,近四十年的研究并没有呈现出明显的阶段性特征。为叙述方便,笔者划分出20世纪80—90年代和2000年以后两个时段。第一阶段的讨论引人注目,研究范式和旨趣也带有明显的时代特征。2000年以后的研究内容和方法大大提高,成果数量和质量明显增长,尤其近年来因新科技和新理论的介入出现了综合性的成果。参与讨论者包括国内外各个领域的学者,研究视角

---

① 陕西历史博物馆、北京大学文博学院、北京大学震旦古代文明研究中心编:《花舞大唐春——何家村遗宝精粹》,北京:文物出版社,2006年,第2页。吴镇烽:《何家村盛唐遗宝重见天日记》,《文博》2009年第2期。但陕西省博物馆、文管会革委会写作小组的《西安南郊何家村发现唐代窖藏文物》(《文物》1972年第1期)称金银器270件。半成品有6件:鎏金雀鸟纹银碟、线刻鸳鸯纹银盒、鎏金线刻飞廉纹银盒、鎏金线刻小簇花银盒、线刻折枝花银盒、线刻折枝花小银碗。金银器部件包括银匜流口、高足杯底、银碟底、皮囊壶银链、内底和装饰脱落的银碗。此外还有银饼、银板原料等。
② 吴镇烽:《何家村盛唐遗宝重见天日纪实》,《文博》2009年第2期。1970年曾在陕西省博物馆举办2次展览,在西安丈八宾馆展出1次,1971年在北京展出1次。此后个别文物曾出省、出国巡展过,享誉国内外。2004年在北京大学塞克勒博物馆展出其中65件珍品。

和方法广泛而多元,主要从考古学、历史学、美术学、宗教学、音乐学、材料学、机械学等方面进行探讨,深入挖掘这批文物与丝绸之路、世界文明交流互动等方面的价值与影响。

经过多年研究,学者们在以下六个方面达成了一定的共识:第一,这批器物为皇室或皇帝收藏(国库),器物年代不一,既有唐代不同时期制作的,也有前朝流传下来的。第二,器物渊源复杂,构成多样。既有外来的贡奉品(贸易品),也有当地模仿西方器物的产品,还有不同材质的器物之间存在相互模仿的现象。第三,器物的造型、纹饰、功能、文化渊源与意义具有非常浓厚的时代特征,均为唐代制造技术的集大成者,反映了中西文化交流激荡出的多元融合的艺术风格,开创了中国古代金银器制造的高峰期。第四,器物在整体上构成了集收藏、炼(食)丹、奢华品位于一体的庞大体系。第五,有些器物是汉唐丝绸之路交流的主要物品,且为主要供皇宫和显贵享用的珍稀的奢侈品,反映出萨珊波斯、东罗马帝国和唐朝统治上层通过礼物交换,表达各自的统治理念、权力观念和信仰习俗。笔者主要分析金银器、钱币、玉器、玛瑙器、医药、制作、宗教和其他方面所反映的西方文化元素。

二、各类器物中的西方元素

(一)金银器

金银器分为金器、银器和鎏金银器等,总数 271 件,包括食器、饮器、药具、盥洗器、日用品、装饰品、药物、钱币及其他。

1. 分期问题

段鹏琦、齐东方等在 20 世纪 50 年代瑞典学者俞博首次提出的唐代四种金银器风格(中国传统风格、波斯萨珊风格、印度风格、中国唐代创新风格)的基础上,提出了何家村窖藏金银器在造型、纹饰和功能上的四个分期,并对其进行综合性的分析与研究。段鹏琦从纹饰出发将何家村金银器分为四期:高宗武则天时期、中宗至玄宗时期、玄宗末至代宗时期和德宗时期①。冉万里在唐代金银器发现与研究的大背景下强调何家村金银器的独特地位与重要价值。他认为,陕西是出土唐代金银器较多的地区,如西安东北郊和南郊、耀县柳林背阴、蓝田西南巩村和汤峪、扶风法门寺、临潼庆山寺等,地理分布上形成与历史事实大致相符的情况,也造成了最集中、最发达的地区反而成为最大的关注目标,因争夺、竞争而造成更大的流失与分离②。以上研究在中国古代金银器发展的大框架下,为窖藏器物建立起器型、纹饰、技术、人员等方面较为清晰的演变脉络。

2. 外来器物

由于这批珍宝的珍稀性,很多学者不得不把目光延伸至遥远的欧亚大陆,在世界历史的形成与发展中寻找其渊源。经过比较研究,学者们基本认同窖藏器物包含明显的外来因素,其中明显可见萨珊波斯、粟特、突厥、拜占庭、嚈哒等文化元素,但对于哪些是外来的,哪些是模仿的,哪些是创新的,则有不同看法。夏鼎认为西安何家村窖藏出土的三件八棱鎏金银杯来自萨珊波斯③。日本学者桑山正进提出唐代金银扳指杯与粟特器物有诸多联系④。齐东方认为唐代金银扳指杯与粟特银器非常相似,他以杯把有无粟特器物特征和特征强弱作为标准,将唐代金银扳指杯划分为三组,分别是粟特器物、粟特工匠在唐朝的制品、在粟特影响下进行改造的创新制品,这类器物还有多瓣型碗、高足杯、八棱杯、多曲盘等⑤。赵德云也将6件扳指杯与其他地区的同类器物进行综合分析,认为扳指杯最初源于古希腊罗马,随着丝绸之路东西方文化的交流,逐渐在亚欧大陆传播,"萨珊波斯、粟特等的扳指杯,只是其'流',而非'源';中国扳指杯,在造

---

① 段鹏琦:《西安南郊何家村唐代金银器小议》,《考古》1980年第6期。
② 冉万里:《唐代金银器社会角色的文化诠释》,《西北大学学报》(哲学社会科学版),2009年第4期。冉万里:《20世纪唐代金银器的发现与研究评述》,载冉万里主编《西部考古》,北京:科学出版社2013年,第321—340页。
③ 段鹏琦:《西安南郊何家村唐代金银器小议》,《考古》1980年第6期。
④ 桑山正进:《一九五六年来出土唐代金银器编年》,《史林》(六十卷六号)1977年。转引自齐东方:《唐代粟特式金银带把》,载齐东方著《唐代金银器研究》,北京:中国社会科学出版社,1999年,第345、346页。
⑤ 齐东方:《唐代粟特式金银带把》,载齐东方著《唐代金银器研究》,北京:中国社会科学出版社,1999年,第345、346页。

型上具有一些细部的差别,实际上可能反映了古希腊罗马工匠的扳指杯传入中国的不同途径和方式,对其进行深入研究,不仅可以帮助我们理解这一类器物的发展演变,也可以探寻中国中古时期中西文化交流的一些细节信息"①。

3. 唐代模仿器物

夏鼐认为刻花高足银杯是中国工匠的模仿品②。齐东方认为带把金银杯为萨珊制品或在长安的萨珊工匠所造③。申秦雁提出唐代玄宗至德宗时期,唐代金银器已经基本摆脱了外来文化的直接影响,以较为成熟的制造工艺完成了金银器的中国化,因此,这一时期金银器的形制和纹样与西方器物和中国传统器物均有较大差别,属于"创新作品"④。可见,西方金银器经历了舶来品、模仿品和唐代新型金银器的不同发展阶段,且对陶瓷器的造型和纹饰产生重要影响。

4. 比较性研究

齐东方将何家村金银器与国内外金银器窖藏进行比较研究。如色雷斯宝藏、阿姆河宝藏,以及遂溪县边湾村金银器窖藏⑤、江苏丹徒丁卯桥金银器窖藏⑥等,勾勒出唐代金银器在造型、纹饰和技术的纵向演变和横向流传⑦。程旭从唐代与西域交往的过程入手,探讨以贸易、朝贡、战争、礼物等多种形式进行金银器的传播与共享⑧。谭前学、朱天舒等也有相关论述⑨。

5. 单个器物研究

单个器物的研究集中在舞马衔杯纹皮囊银壶、金盆、鸳鸯莲瓣纹金碗、鎏金鸳鸯纹银匜、鸳鸯纹银熏囊等器物上,但艺术风格和审美价值方面的鉴赏性

---

① 赵德云:《唐代扳指杯渊源考》,《华夏考古》2006年第4期。
② 夏鼐:《近年中国出土的萨珊朝文物》,《考古》1978年第2期。
③ 齐东方:《法门寺地宫的发现与唐代金银器研究》,《文博》1991年第4期。齐东方:《唐代粟特式金银器研究——以金银带把杯为中心》,《考古学报》1998年第2期。
④ 申秦雁:《从何家村窖藏看唐式金银盒的形成》,《西部考古》第一辑,西安:三秦出版社,2006年,第473—480页。
⑤ 刘学爱:《南海丝绸之路见证物—遂溪县边湾村窖藏波斯文物》,《岭南文史》2004年第3期。
⑥ 刘建国、刘兴:《江苏丹徒丁卯桥金银器窖藏》,《文物》1982年第11期。
⑦ 齐东方:《丁卯桥和长辛桥唐代金银器窖藏刍议》,《文博》1998年第2期。
⑧ 程旭:《朝贡·贸易·战争·礼物——何家村唐代金银器再解读》,《文博》2011年第1期。
⑨ 谭前学:《西安白庙村唐代金杯及其有关问题》,《文博》2002年第3期。

文章较多，无须赘述。也有一些专题讨论，如齐东方对高足银杯进行研究分析，在唐代社会环境下进行功能分析与价值判断[1]。王子今结合何家村出土这件器物的文化内涵和时代背景，提出双狐纹银盘应该称"金涂两獾双桃银盘"或者"金涂双獾双桃银盘"[2]。申秦雁对金银盒进行研究[3]，刘正邦重点介绍了刻画纹金碗等[4]。

6. 制作情况

一冰通过分析唐代炼银方法来分析第二瓮所覆盖的16斤灰白色渣块，他认为这是唐代灰吹法炼银的渣块[5]。齐东方详细讨论了窖藏金银器的制作工艺，包括范铸、捶揲、鎏金、錾刻、掐丝、金珠焊缀、焊接、铆接、切削、抛光等。他认为这批金银器是皇室作坊的制品，而韩建武和贺达炘在齐东方关于制作工艺的基础上，提出也有来自地方作坊的供奉品[6]。赵瑞廷认为何家村金银器制作工艺中有诸多中国传统[7]。申秦雁讨论了除上述工艺之外的镶嵌、镂空等工艺[8]。程旭通过与法门寺金银器比较来分析何家村金银器的制作特点与工艺特征[9]。梁子认为何家村窖藏的制作和收藏应与少府监下的铸钱院、中尚署等机构有关，其世界意义来自于少府监负责对外贸易的职能与活动[10]。韩建武认为何家村窖藏的管理者是"掌供郊祀圭璧及天子器玩，后妃服饰雕文错采之制，凡金木

---

[1] 齐东方：《唐代银高足杯研究》，《考古学研究》（二），北京：科学出版社，1994年，第206—218页。
[2] 王子今：《说何家村"金涂两獾双桃银盘"》，《故宫博物院院刊》2011年第1期。
[3] 申秦雁：《从何家村窖藏看唐式金银盒的形成》，《西部考古》第一辑，西安：三秦出版社，2006年，第473—480页。
[4] 刘正邦：《唐代刻花金碗》，《历史教学》1994年第6期，第44页。
[5] 一冰：《唐代冶银术初探》，《文物》1972年第6期。
[6] 韩建武、贺达炘：《巧夺天工——何家村金银器的制作工艺及作坊》，载齐东方、申秦雁主编《花舞大唐——何家村遗宝精粹》，北京：文物出版社，2003年，第20—31页。
[7] 赵廷瑞：《唐代金银器对中国传统金属工艺的承接》，《内蒙古师范大学学报》（自然科学汉文版）2006年第4期。
[8] 申秦雁：《对唐代金银器工艺的几点认识——文献结合实物的一种观察》，《陕西历史博物馆馆刊》第二十三辑，西安：三秦出版社，2014年，第325—329页。
[9] 程旭：《从何家村到法门寺：金银器工艺的进步与发展》，《中国国家博物馆馆刊》2016年第10期。
[10] 梁子、程云霞：《何家村窖藏：制作机构及其世界性意义》，《西北大学学报》（社会科学哲学版）2016年第1期。

齿革羽毛,任土以时而供"的中尚署①。谭前学认为,窖藏金银器由专供皇室和高级贵族奢侈生活的官府手工业作坊负责。除了少府监、掌冶署外,还有文思院②。杨一一通过科学检测对金梳背的制作工艺进行分析与研究③。

此外,彭紫君④、庞永红⑤、长启⑥、吴婉莹⑦等分别对金银器纹饰进行了专题研究,基本厘清了何家村窖藏金银器的源处、流传、演变、中国化过程,并通过对何家村器物与其他发现和国内外收藏进行共性和个性研究,从古代世界文化交流的视角来看金银流通给唐代带来的信仰习俗和思想的变迁,以及对后世的影响等。

(二)玉器玛瑙器

包括兽首玛瑙杯、玉带銙、玛瑙臼、水晶器、玉镯等。韩建武对36件(组)玉器宝石器中的24件(组)器物进行了详细、系统的介绍⑧。

1. 兽首玛瑙杯

这是何家村窖藏出土器物中讨论最多的文物。德国克劳斯·帕拉斯卡(Klaus Parlasca)是最先研究兽首玛瑙杯的国外学者,他提出兽首玛瑙杯可以在埃及找到早期渊源⑨。孙机最初认为此杯为中国工匠所造,后来又提出其中含有萨珊波斯元素⑩。尹志强介绍了兽首玛瑙杯的造型和纹饰特征⑪。王子今详细梳理了文献中犀牛角杯的使用情况,提出玛瑙兽首杯与同出的2件玛瑙长杯,参考《国朝宫史》"犀杯一,犀捧二"的器用组合,可推知与"犀捧"(意为承

---

① 韩建武:《西安何家村唐代窖藏几个问题的再探讨》,《收藏家》2007年第7期。
② 谭前学:《唐代金银器的社会意义及制作特点》,《文博》2004年第1期。
③ 杨一一:《何家村窖藏唐代金梳背制作工艺研究》,北京大学2016年硕士学位论文。
④ 彭紫君:《西安南郊何家村金银器纹饰考》,湖北美术学院2017年硕士学位论文。
⑤ 庞永红:《唐代金银器装饰图案论析》,《西北大学学报》(哲学社会科学版)1996年第2期。
⑥ 长启:《西安市出土唐代金银器及装饰艺术特点》,《文博》1992年第3期。
⑦ 吴婉莹:《何家村窖藏出土的金银器装饰纹样研究》,陕西师范大学2017年硕士学位论文。
⑧ 韩建武:《西安何家村唐代窖藏宝石玉器》,《收藏家》2001年第3期。
⑨ Klaus Parlasca.Ein hellenistisches Achat-Rhyton in China,*Artibus Asiae* 37,4(1975):280-90.
⑩ 孙机:《论西安何家村出土的玛瑙兽首杯》,《文物》1991年第6期。孙机:《兽首玛瑙杯》,载《中国圣火:中国古文物与东西文化交流中的若干问题》,沈阳:辽宁教育出版社,1996年,第178—197页。
⑪ 尹志强:《兽首玛瑙杯》,载《国宝大观》,上海:上海文化出版社,1990年,第42—43页。

接)有关,颇有新意①。佛朗西斯·刘易斯(Fran ois Louis)则在中国古代咒觥系统和西方来通系统中为兽首玛瑙杯寻找渊源,并对有关窖藏主人的蠡测进行评论②。他以中国古代收藏史的视角进行的比较性研究展现出新的研究范式。刘文锁在世界范围内发现的来通系统中对兽首玛瑙杯进行类、型和式的分析③。韩香则从传播与变迁的角度讨论兽首玛瑙杯的意义④。高启安从中国古代饮酒习俗的角度入手,提出兽首玛瑙杯应为罚酒器⑤。丁宁在汉代至宋代的玛瑙制品中强调兽首玛瑙杯的重要性⑥。

2. 玉带銙

韩伟讨论了10副完整玉带銙的材料来源、与唐代革带制度的关系、价值及复原等问题⑦。杨瑾讨论了伎乐纹玉带銙的渊源、流传、功能与价值,特别强调胡人伎乐作为个人或群体的象征意义⑧。刘思哲认为蹀躞带是北朝流传之物,而且还是北周时期制作的、仅限于九命官员拥有或佩戴的装饰,且"作为传世品最终为唐代中央政府所收藏"⑨。

3. 玉石玛瑙器的制作技艺

卢兆荫发现玉器除了模仿金银器造型、纹饰、用途之外,还有因材制宜模仿纹饰的现象。忍冬纹八曲玉长杯、八曲水晶长杯、素面玛瑙长杯具有浓厚的

---

① 王子今:《说犀角杯:一种东西文化交流的文物见证》,《四川文物》2008年第1期。
② 佛朗西斯·刘易斯著,杨瑾译:《何家村来通与中国角形酒器(觥):醉人的珍稀品及其藏集研究史》,《陕西历史博物馆馆刊》第二十五辑,西安:三秦出版社,2017年,第259—280页。
③ 刘文锁:《角杯与来通(Rhyton)》,载刘文锁著《丝绸之路——内陆欧亚考古与历史》,兰州:兰州大学出版社,2011年,第256—280页。
④ 韩香:《绮席卷龙须,香杯浮玛瑙——何家村出土玛瑙杯与中西文化交流》,《西北民族论丛》第八辑,北京:中国社会科学出版社,2012年,第95—103页。韩香:《从波斯到中国——丝绸之路上来通角杯的传播与变迁》,《丝绸之路研究集刊》第一辑,北京:商务印书馆,2017年,第108—121页。
⑤ 高启安:《来通传来与唐人"罚觥"——以〈纂异记·张生〉为线索》,《云南民族大学学报》2018年第6期。
⑥ 丁宁:《汉至宋玛瑙制品》,陕西师范大学2016年硕士学位论文。
⑦ 韩伟:《唐代革带考》,《西北大学学报》1982年第3期。
⑧ 杨瑾:《唐代玉带銙上的胡人伎乐纹形象》,载《丝绸之路集刊》,北京:商务印书馆,2017年,第108—121页。
⑨ 刘思哲:《西安何家村唐代窖藏九环玉带制作时代考》,《考古与文物》2013年第4期。

萨珊风格,系仿金银器的制品①。董洁系统讨论了兽首玛瑙杯、镶金玉臂环、九环蹀躞玉带的工艺特点、制作单位和管理部门,她提出"属朝廷管辖的官府手工作坊制作",但金属与玉石的结合早在希腊迈锡尼、克里特文明就已出现,何家村类似器物的工艺渊源值得再讨论②。

4. 材料源地

卢轩等采用先进的科技检测手段对窖藏宝石及玻璃碗进行研究,提出了一些新的认识。他们认为玻璃碗来自中亚,黄精为蓝宝石,而非以前认为的黄玉。所谓"玫瑰紫宝石",经鉴定为红宝石③,更新了学界对这些宝石渊源的认知。

(三)钱币

何家村共出土 39 种 466 枚春秋战国时期的钱币。有流通币,有宫廷撒金会金银钱,有萨珊波斯、东罗马、阿拉伯、日本、高昌等国钱币,是中国钱币收藏史上一次空前绝后的大发现。陈尊祥先生认为日本和同开珎、东罗马金币和萨珊波斯银币的来源可能与章怀太子墓客使图中的三位外国使臣相对应,钱币应该是邠王李守礼的父亲章怀太子李贤的收藏品④。申秦雁认为金开元通宝在唐代不作为流通币使用,它们在宫廷中的使用主要流行于唐玄宗时期,作为赏赐、游戏、占卜、洗儿钱、撒帐之物⑤。韩建武等介绍了 40 余种 500 余枚金银铜钱币中 35 枚最具代表性钱币的价值与意义⑥。

(四)医药类器具

耿鉴庭按照用途对窖藏中的医药类文物进行了分类,包括丹砂、石钟乳、白石英、珊瑚、密陀僧、琥珀、金屑与金箔等药物,并对药物和药物产地及炼丹

---

① 卢兆荫:《略论唐代仿金银器的玉石器皿》,《文物》2004 年第 2 期。
② 董洁:《唐代金玉结合器物再探》,《考古与文物》2017 年第 4 期。
③ 卢轩等:《何家村唐代窖藏宝石及玻璃碗检测报告》,《考古与文物》2017 年第 6 期。
④ 陈尊祥:《西安何家村唐代窖藏钱币的研究》,《中国钱币》1984 年第 3 期。
⑤ 申秦雁:《唐代金开元及其用途考》,《考古与文物》2001 年第 3 期。
⑥ 韩建武等:《西安南郊何家村唐代窖藏出土的钱币》,载《西部金融·钱币研究——2008 年陕西省钱币学会论文汇编》2008 年,第 37—46 页。

等问题进行探讨①。吴德铎对耿鉴庭的观点提出质疑,他认为石榴罐并非药具,而是蒸造烧酒的蒸馏器,窖藏出土药物为九种(还有颇黎),而非耿鉴庭所说的八种,窖藏主人不仅热衷丹药,而且参与炼丹活动②。戴应新、韩伟与吴德铎等就石榴罐作为蒸馏器的问题进行了讨论③。爱德华·谢弗(Edward Schafer)认为陕西省博物馆、文管会革委会写作小组在《从西安南郊出土的医药文物看唐代医药的发展》一文中提到,密陀僧也是从波斯传入的一种氧化铅结晶体。韩建武经过仔细观察后,认为有两种结晶体,其中质地疏松的部分为密陀僧,而质地坚硬者为炼丹后的遗留物④。此后虽有类似研究,但均未超越以上学者。

(五)宗教器具

沈睿文认为何家村窖藏与道教遗存有关⑤。武玮女士等认为装有丹砂、石钟乳、紫石英、白石英、金屑和金箔等药物的金银盒、罐等器皿,银双耳锅、金流锅和银石榴罐等则属于炼制丹药的器物,多为道教用具⑥。文军通过与佛教造像上佛座的莲花纹饰、法门寺供养器上的莲花纹饰,以及法门寺特色舍利容器进行比较,认为何家村金银器属于皇家专用,且属于皇家佛教供养器物⑦。

(六)其他器物

秦波认为窖藏出土的银铤、银板和银饼(20块)与税山、窟课、采丁课和贡银制度相关⑧。韩建武讨论了69件带墨书题记的器物名称、埋葬情况、器物来源、检校藏品及其对唐代衡制、赋税制度的重要意义和较高的书法价

---

① 耿鉴庭:《西安南郊唐代窖藏里的医药文物》,《文物》1972年第6期。
② 吴德铎:《何家村出土医药文物补证》,《考古》1982年第5期。
③ 戴应新、韩伟等:《关于〈何家村出土医药文物补正〉一文的讨论》,《考古》1982年第5期。
④ 陕西省博物馆、文管会革委会写作小组:《从西安南郊出土的医药文物看唐代的医药发展》,《文物》1972年第6期。韩建武:《西安何家村唐代窖藏几个问题再探讨》,《收藏家》2007年第7期。
⑤ 沈睿文:《一个与道教有关的遗存——何家村窖藏再认识》,《中国文物报》2003年6月13日第7版。
⑥ 武玮:《唐代金银器中的道教文化》,《殷都学刊》2006年第2期。
⑦ 文军:《何家村窖藏出土唐代金银器属性探讨——以莲花图案为例》,《文博》2016年第5期。
⑧ 秦波:《西安近年来出土的唐代银铤、银板和银饼的初步研究》,《文物》1972年第7期。

值①。王莉讨论窖藏中金银币与赏赐、占卜、婚庆与洗儿等宫廷习俗的关系②。此外，还有一些综述类研究，如韩伟著《海内外唐代金银器萃编》（三秦出版社1989年），齐东方著《唐代金银器》（中国社会科学院出版社1999年），齐东方、申秦雁主编《花舞大唐春——何家村遗宝精粹》（文物出版社2006年），陕西历史博物馆编《大唐遗宝——何家村窖藏出土文物精品》（人民出版社2010年）等。

三、关于何家村窖藏文物蕴含的西方元素的思考

（一）各类器物所蕴含的西方文化影响得到充分认识

外来影响中包括器物本身为舶来品、造型、纹饰、制作工艺等来自西域或模仿。

1. 舶来品

舶来品主要有来自西亚的兽首玛瑙杯、堆贴纹玻璃杯、水晶八曲长杯（2件）、玛瑙长杯、罗马式狩猎纹高足银杯（3件）、萨珊波斯风格的胡人伎乐纹八棱金杯与鎏金银杯、琉璃碗、水晶杯（琉璃盃）、粟特式素面罐形带把银杯、罽宾国风格的金锁，以及萨珊波斯银币、拜占庭希拉克略金币、阿拉伯金币、日本和同开珎等。

2. 原料来自西域

原料来自西域的文物，如10副玉带銙中有来自中亚骨咄国的白蹀躞带、玛瑙、宝石、和田白玉，以及16块颇黎（玻璃）。

3. 西方的造型

西方的造型大致包括多棱杯、多曲长杯、胡瓶、皮囊壶、高足杯、玉带銙、臂钏、高圈足、带鋬的把手、多曲口沿等，可分为罗马系统、萨珊波斯系统、拜占庭

---

① 韩建武：《西安唐何家村窖藏金银器上的墨书题记》（上、下），《收藏家》2017年第4、第5期。
② 王莉：《何家村唐代珍宝与宫廷习俗》，《收藏界》2010年第7期。

系统、突厥系统等。出现玉器、水晶、玻璃器、玛瑙器模仿金银器造型和纹饰的现象,与唐代模仿外来器物的风尚相吻合。

4. 西来的纹饰

西来的纹饰主要有:①人物:胡人伎乐(乐者、舞者、饮酒、献宝)、胡人头像;②动物:摩羯、森穆夫、狮子、海兽;③植物:忍冬纹、蔓草纹、葡萄纹、莲瓣纹、生命树;④几何纹:连珠纹、徽章纹、对鸟对兽纹等装饰方法;⑤技术方面,特别是金银器中的捶揲成形、浮雕装饰、纹饰鎏金、堆贴、金框宝钿珍珠装等,上述诸方面在中亚、西亚乃至希腊罗马都可以找到早期渊源。金银制造技术对中国的陶瓷器产生了重要影响,出现了陶瓷器模仿金银器的现象①。

(二)大多数学者赞同各类器物均包含复杂而多元的西方元素

具体来说,有的器物或制作者来自西域,是纯粹的舶来品;有的造型、装饰和制作技术源自西方,呈现出明显的多元文化融合的特征,可以在遥远的萨珊波斯、拜占庭、中亚古国找到理念与实践上的共鸣,更显示出两河流域、埃及、希腊及希腊化时期长时期和远距离的文化迁移与交流、碰撞及融合,而居于接触地带的欧亚草原民族,如斯基泰、匈奴、突厥、回鹘等作为中介或媒介,也作出了独特的贡献。

(三)不少学者深度诠释各类器物作为视觉载体所承载的对话、交流等媒介作用

特别是不同艺术与思想观念、不同社会阶层之间的对话,当代社会生活方式的表达与交流互动,以及器物蕴含的文化信念反映出东西方经丝绸之路而产生的各种观念的碰撞与融合。同样,各类精美的异域器物元素在唐朝多元文化交错的时代中体现出主流与边缘、享用者与制作者、管理者与工匠、个人与组织、组织与宫廷等复杂结构共同作用的最终成果与物质呈现形式,既有中央官府顶级工匠的创造,也不排除有些器物出自地方官办作坊和民间工匠之手,

---

① 杰西卡·罗森著,杨瑾译:《中亚金银器及其中国陶瓷器的影响》,《陕西历史博物馆馆刊》第三辑,西安:三秦出版社,1996年,第203—213页。

但金银珍宝所蕴含的无疑是权力、地位与财富的象征。

(四)学者们均认识到这批器物存在的各种差异性

如何家村窖藏虽埋藏于8世纪后期,但窖藏中的文物并非同一时期的器物。既有前代的传世品,如兽首玛瑙杯、八曲水晶长杯、钱币、蹀躞带、金镶玉臂钏等,也有当代作品,如各类银盒、银盘、盆、熏炉、匜等,反映出唐代人崇尚"珍稀""绝域"的财富观与价值观,以及征服、拥有、权力、战胜等更深层次的意义。

(五)推陈出新

随着新材料、新方法和新技术手段的运用,学者们对文物的认识不断提高,出现了不少新观点,完善原来的认知。如高启安先生提出兽首玛瑙杯可能是罚酒器或祭祀器,还可能是前代舶来品。王子今认为双狐纹银盘应该称"金涂两獾双桃银盘"或者"金涂双獾双桃银盘",表达唐人"两欢"语汇[①]。再如,金银盒除了化妆盒或香料盒外,还可能是高级丹药盒。赤金走龙除了是装饰品外,还是道教法器。飞廉纹银盘中鸟身兽足的有翼神兽除了被认为是中国传统文化中的雨神飞廉外,还可能是祆教神祇森穆夫或其变体。

(六)不足之处

纵观近四十年的研究,成果颇丰,在突破局限、探索研究范式方面自觉革新,用系统思维来重新认识研究对象,促进了窖藏文物的研究,但仍存在不少问题。第一,一些关键问题仍悬而未决,如由于缺乏确凿证据,窖藏主人的争论依然停留在猜测阶段。第二,研究深度不够,已发表成果中半数为鉴赏类文章,自然科学研究手段介入已有了好的开端,但仍需进一步加强。第三,比较性研究仍有很大空间,如与1926年大英博物馆收藏15件唐代金银器的比较研究,特别是团花纹羽觞、摩羯纹五瓣银碗与何家村同类器物似有关联[②]。

---

① 王子今:《说何家村"金涂两獾双桃银盘"》,《故宫博物院院刊》2011年第1期。
② 包括银盘、银碗、羽觞、壶等,其中一银盘刻有"乾符四年王大夫置造镇司公廨重二两半分",年代为唐僖宗乾符四年(877年)。

四、何家村文物中蕴含的西方元素有待进一步挖掘

对于未来的研究,笔者不揣冒昧地提出以下几点建议:

第一,在丝绸之路和中西文化交流的大背景下,继续探寻作为功能性文化符号的器物在长时期、多空间迁移与传播过程中的变化及其背后的动力,观察多元文明冲突、交汇与融合的轨迹,借此拓展我们对唐文化开放性、包容性、兼容性和多元性的更深刻理解。正如冉万里所言,何家村窖藏"明显的具有收藏和保值功能的奢侈品,而东西文化交流的物品的广泛性,让学者们逐渐将视野扩大到欧亚大陆,才能解决自己国家出土物的来源,或者因出土物而所引出的新的历史问题"①。

第二,从社会经济史的角度探索唐代金、银、玉器的发展情况,原料来源、加工与制作技术、行业组织运作系统、产品与人员管理、艺术创作、工匠的来源与结构关系等。

第三,从新社会史"自下而上"的理论范式来考察制作者、监督者、拥有者、使用者及传播者的情况,"以物见人",探讨其中所包含的权力运行机制、思想观念与人际关系。

第四,鼓励跨学科研究。除了历史学、考古学、美术学之外,采用新材料特别是考古发现和著名博物馆藏品,引入更多学科,吸引更多国内外学者参与研究,采用宗教学、历史地理、语言学乃至自然科学等学科的新观念与新方法,以实现研究范式的超越与重构。如 19 世纪早期在今乌克兰 Lutsk 窖藏发现 3 件银来通,其中 2 件为高鼻羚羊形状,美国大都会博物馆收藏有 1 件。据说是 7 世纪萨珊伊朗东北地区作坊的产品。但萨克勒博物馆藏 1 件羚羊形来通的年代被认为是 4 世纪,原因是技术和造型特点:鎏金和图案填充技术。一些专家

---

① 冉万里:《丝绸之路豹斑——不起眼的交流,不经意的发现》,北京:科学出版社,2016 年,第 2 页。

认为,这是 7—8 世纪粟特和大呼罗珊画用来描绘动物的皮毛影线技术,并非 4 世纪萨珊波斯银器的特点①。

第五,尝试以实验的方法探讨一些器物的真实功能。如贝蒂·横塞莱科(Betty Hensellek)曾复原了 1 件银兽首来通杯,证实来通杯饮酒时要将杯子举到离嘴巴 10—15 厘米的地方,才能保证酒完全进入饮用者的口中②。

第四节 兽首玛瑙杯与丝绸之路文化交流

1970 年,西安何家村唐代窖藏出土的一千余件(组)器物中,有四件(组)玛瑙器,分别为镶金牛首玛瑙杯(高 6.5 厘米、长 15.6 厘米,后称兽首玛瑙杯,图 5-10-1)、玛瑙羽觞(高 4 厘米、长 11.2 厘米、宽 6.8 厘米,图 5-10-2)、玛瑙臼(高 4.2 厘米、长 18.5 厘米、宽 6.6 厘米,图 5-10-3)、白玛瑙铰具(15 块)和 6 块绿玛瑙③。由于窖藏器物归属问题一直悬而未决,这些玛瑙器的渊源、功能、文化意义、流传过程与历史价值至今尚无定论,而兽首玛瑙杯因为是孤品而众说纷纭。孙机、王子今、克劳斯·帕拉斯卡(Klaus Parlasca)、佛朗西斯·路易斯(François Louis)、高启安、韩香、刘文锁和丁宁等从不同角度进行过专题性讨论,但对其作为一种文化现象在长时期和多空间中迁移、流变与转化方面涉及不多④。笔者从文化交流视角做进一步观察,在东西方动物角崇拜、玛瑙

---

① Betty Hensellek. A Sogdian Drinking Game at Panjikent, Iranian Studies, 2019, 52:5—6, pp.837—857.
② Betty Hensellek. A Sogdian Drinking Game at Panjikent, Iranian Studies, 2019, 52:5—6, pp.837—857.
③ 陕西省博物馆、文管会革委会写作小组:《西安南郊何家村发现唐代窖藏文物》,《文物》1972 年第 1 期。
④ 孙机:《论西安何家村出土的玛瑙兽首杯》,《文物》1991 年第 6 期。王子今:《说犀角杯:一种东西文化交流的文物见证》,《四川文物》2008 年第 1 期。刘文锁:《角杯与来通(Rhyton)》,刘文锁著《丝绸之路——内陆欧亚考古与历史》,兰州:兰州大学出版社,2011 年,第 256—280 页。韩香:《绮席卷龙须,香杯浮玛瑙——何家村出土玛瑙杯与中西文化交流》,《西北民族论丛》第二十辑,北京:中国社会文献科学出版社,2012 年,第 95—103 页。韩香:《从波斯到中国——丝绸之路上来通角杯的传播与变迁》,《丝绸之路研究集刊》第一辑,北京:商务印书馆,2017 年,第 108—121 页。丁宁:《汉至宋玛瑙制品》,陕西师范大学 2016 年硕士学位论文。

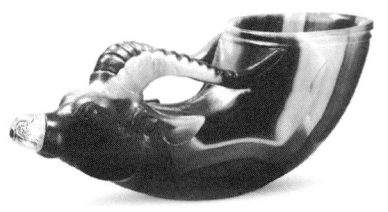
图 5-10-1 兽首玛瑙杯

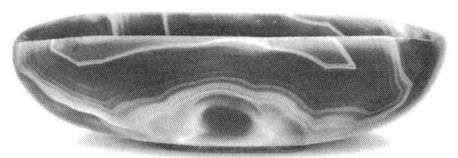
图 5-10-2 玛瑙羽觞

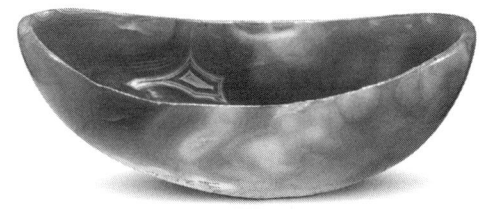
图 5-10-3 玛瑙臼

(照片由陕西历史博物馆提供)

观和角形器物系统中,追溯其随着战争、商贸、朝贡、宗教等活动迁移、扩散的轨迹,探讨其在表现造型与功能等方面的特征。

一、有关兽首玛瑙杯的诸多观点

目前学界对兽首玛瑙杯的讨论主要集中在文化渊源、功能和造型三个方面。

(一)文化渊源

1. 托勒密王朝时期埃及说

最早讨论兽首玛瑙杯的是著名希腊和罗马艺术研究学者克劳斯·帕拉斯卡。他在1975年发表的《中国发现的一件希腊化风格的玛瑙来通》中指出,何家村兽首玛瑙杯造型受波斯影响,但原型不早于阿契美尼德王朝,也不晚于萨珊王朝。最相似的例子是埃及发现的一件9厘米长的小牛首玛瑙来通(图5-11,同出土的还有其他7件玛瑙器),因此,兽首玛瑙杯带有公元前2世纪希腊化中期托勒密王朝时期埃及的艺术特征,在埋入地下时显然已经是一件保存了900

多年的古老文物①。杰佛里·迈兹（Geoffrey Metz）与比尔吉特·斯彻勒（Birgit Schiller）认为阿曼霍特普三世（Amenhotep Ⅲ）和阿克何纳托时期埃及已经普遍制造来通。考古发掘的第十八王朝至第十九王朝的陶质和彩色釉陶来通就有14件，其他地区也发现玻璃和玛瑙模仿品，勒克米尔陵墓壁画中也有来通图像②。

2. 希腊说

杰佛里·迈兹与比尔吉特·斯彻勒参照克利夫兰艺术博物馆藏公元前480—470年希腊羊首来通（图5-12）来分析埃及发现来通的渊源，认为它们并非本地发明，而是吸收了爱琴海地区器型和赫悌纹饰风格，如瞪羚或野山羊雕塑装饰可能受克里特的米诺斯文化影响，特别是流部的处理③。格丽斯·尼尔森

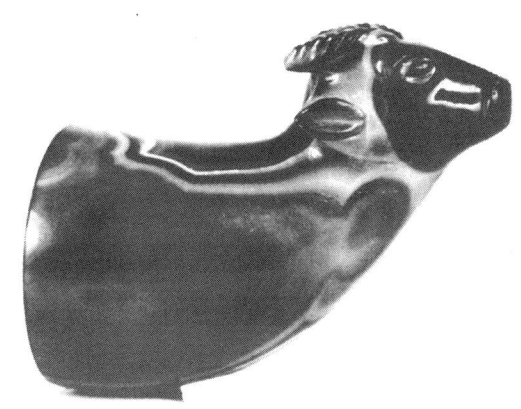

图 5-11　牛首玛瑙来通

图 5-12　羊首来通

---

① Klaus Parlasca. Ein hellenistisches Achat-Rhyton in China, *Artibus Asiae*, 1975(4):290.
② Geoffrey Metz and Birgit Schiller. An Egyptian rhyton from the Eighteenth Dynasty, *The Journal of Egyptian Archaeology*, 2011(97):233-240.
③ Geoffrey Metz and Birgit Schiller. An Egyptian rhyton from the Eighteenth Dynasty, *The Journal of Egyptian Archaeology*, 2011(97):233-240.

图 5-13　牛首来通

（Grace Nelson）和侯克尔（J. Hooker）认为埃及来通在观念和造型上受迈锡尼和克里特文化的长期影响[①]。赫伯特·霍夫曼（Herbert Hoffmann）指出希腊阿提卡风格对伊斯特鲁坎来通产生影响，如克利夫兰艺术博物馆藏意大利南部阿普利亚（Apulian）Tarentine 公元前 4 世纪的牛首来通（图 5-13）和古罗马祭祀家庭的守护神祇也手持来通[②]。马尔沙·卡特（Martha L. Carter）认为希腊风格对伊朗塞琉古—帕提亚时期来通也有重要影响[③]。

3. 美索不达米亚说

韩香认为角形杯是东方的产物，在美索不达米亚地区出现较早，广泛流行于希腊化时期，随着希腊文明的扩散，希腊文化在美索不达米亚至西亚（伊朗）甚至外阿姆河流域一带流传，如大英博物馆藏石浮雕中的阿尔马内斯（Arbnas）王右手持一个羊首来通杯[④]。多尔西·舍普赫德（Dorothy G. Shepherd）强调近东和中东地区自公元前 2000 年起的塔库克风格（takuk，تكوك）对希腊来通产生影响，后被波斯继承下来[⑤]。

4. 伊朗波斯或犍陀罗说

佛朗西斯·路易斯认为兽首玛瑙杯与埃及玛瑙来通在造型和风格上都无

[①] J. T. Hooker. The Mycenae Siege Rhyton and the Question of Egyptian Influence, *American Journal of Archaeology*, 1967(3): 269-281.

[②] Herbert Hoffmann. An Etruscan Rhyton in Vienna, *American Journal of Archaeology*, 1959(2): 180-181.

[③] Martha L. Carter, Three Silver Vessels from Tibet's Earliest Historical Era: A Preliminary Study, *Cleveland Studies in the History of Art*, 1998 (3): 22-47.

[④] 韩香：《从波斯到中国——丝绸之路上来通角杯的传播与变迁》，《丝绸之路研究集刊》第一辑，北京：商务印书馆，2017 年，第 107 页。

[⑤] Dorothy G. Shepherd. Two Silver Rhyta, *The Bulletin of the Cleveland Museum of Art*, 1996(8): 289-317.

法对应。他将兽首玛瑙杯置于中国传统的兕觥系统和西方来通系统中进行综合比较分析,指出兽首 S 形弯角属于现已濒临灭绝的波斯鹅吼羚(西藏瞪羚),它们分布于从土耳其穿越伊朗、巴基斯坦到中国的新疆、甘肃与内蒙古等广大地区。制作兽首玛瑙杯的工匠采用了典型的希腊自然主义艺术风格,描摹出无拘无束的自然意境与勃勃生机。其产地和时代最有可能是 6—8 世纪早期大犍陀罗北半部和古代吐火罗斯坦南部地区,类似的造型见克利夫兰艺术博物馆藏印度马图拉 1—3 世纪红砂岩栏杆柱纹饰描绘的伎乐表演场景中饮酒作乐的希腊酒神狄奥尼索斯手中所持来通(图 5-14),旁遮普出土的银器上亦有类似的兽首来通图像①。齐东方先生则认为此杯造型源于玛瑙制造业发达、供应唐朝市场,或为来自伊朗的舶来品,原型参见克利夫兰艺术博物馆藏公元前 7 世纪晚期伊朗米底亚的羊首来通(图 5-15)和 4—6 世纪伊朗萨珊王朝鎏金银碗,外壁饰一裸体小人在伎乐的陪伴下从来通中喝酒的场景(图 5-16)②。马尔沙也认为阿富汗地区悠久的银器制造传统也应该考虑进来③。

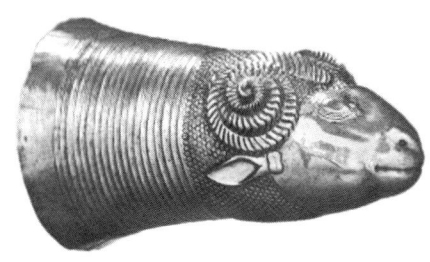

图 5-14　石雕下方手持来通的狄奥尼索斯　　　　图 5-15　羊首来通

---

① François Louis. The Hejiacun Rhyton and the Chinese Wine Horn (gong):Intoxicating Rarities and Their Antiquarian History, Artibus Asiae, 2007(2):201-242.
② 齐东方:《何家村遗宝的埋藏地点和年代》,载《花舞大唐春》,北京:文物出版社,2006 年,第 11—18 页。
③ Martha L. Carter. An Indo-Iranian Silver Rhyton in the Cleveland Museum. Artibus Asiae.1979 (4):309-325.

图 5-16　鎏金银碗外壁双手持来通(角)的人物

图 5-17　鎏金银来通

5. 唐朝说

孙机并不赞同帕拉斯卡埃及渊源说的观点。他认为兽首玛瑙杯可能是隋朝或唐初对粟特模型的仿制品,也可能是 8 世纪早期生活在长安的粟特工匠所造,类似的例子见克利夫兰艺术博物馆藏中亚或吐蕃 8 世纪早期鎏金银器(图 5-17)①。

6. 中亚说

孙机认为兽首玛瑙杯末端为粟特风格,是乌兹别克斯坦、塔吉克斯坦和中国西北地区的典型风格,片治肯特古城 25 号房址东壁壁画中一男性人物右手持的兽首来通即是一个典型例子(图 5-18)。他还认为赛克勒艺术馆收藏的来通本身就是这种中亚器物群的一部分,年代约在 5 世纪②。上文齐东方也提出有中亚渊源。

7. 欧亚草原说

朱利乌斯·博科尼(Julius Pokorny)认为,兽首玛瑙杯可能源于自史前时代就广泛出现在欧亚地区的角质饮器,而锥形来通早在青铜时期或公元前 2000

---

① 孙机:《论西安何家村出土的玛瑙兽首杯》,《文物》1991 年第 6 期。
② 孙机:《论西安何家村出土的玛瑙兽首杯》,《文物》1991 年第 6 期,第 90 页。

图 5-18-1　壁画中手持来通的人物

图 5-18-2　壁画中的来通图像

年就出现在爱琴海及周边地区①。

上述观点皆无定论,足见兽首玛瑙杯文化渊源复杂而模糊,类似造型器物分布范围非常广泛,追溯其具体发源区域显然困难重重,但是从 20 世纪 70 年代、80 年代的"西方舶来品说"到 90 年代的"唐代模仿外来器物说",再到近年来的"4—8 世纪萨珊和粟特文化说"以及"多元起源说",说明研究的视角和方法在不断发展,文化渊源探索越来越理性。

---

① Julius Pokorny. *Indogermanisches etymologisches Wörterbuch*, Bern:Francke. 1959. p.1003.

(二) 功 能

这些器具有储存器、倾注器、祭祀用具（鬯酒器）、宗教器具（佛教七宝）、饮酒器、罚酒器、丹药器等说法。古希腊人把来通当作过滤的"漏斗"，把用于祭祀的葡萄酒等液体注入另外的容器中，据说也有防止中毒的功效。贺达炘结合何家村窖藏出土大量炼丹用的药物和药具也认为兽首玛瑙杯有此功能。他认为，唐代贵族迷信炼丹术，狂热地崇拜来自西方的奇人异士，唐太宗更是如此。为了减少丹药的副作用，提高安全性，人们选择一些能综合药效的器皿，即所谓的解毒用具。玛瑙被认为就是这样的材料，玛瑙杯在西方最原始的意义中被赋予了解毒的功能，"兽首玛瑙杯很有可能就是胡僧进贡给贵族用来饮用长生药，又可解毒的神杯"[1]。高启安则认为，"来通"是一种西方角形饮酒器，造型构造特殊，尖端有流，不能放置，可体现对违令者的处罚，因此大行其道。兕觥作为专用罚酒器，其实是东西方饮食文化交流的一个特殊事例[2]。

(三) 造 型

刘文锁参照孙机对兽首杯的五型分类法，提出四型三期的观点。四型为兽角型、兽首型（包括 A、B、C 三个亚型）、人首型、兽或禽身型，三期为早期——希腊式和波斯式、中期——阿富汗式和斯基泰式、后期——中国式和其他地区式，基本上涵盖了目前存世的主要造型，兽首玛瑙杯属于二型三期[3]。

二、古代东西方玛瑙观下的兽首玛瑙杯

玛瑙在广义上属于玉料家族，被称为半宝石或非主流玉器。兽首玛瑙杯属于缠丝玛瑙（或条纹玛瑙）中的棕缟玛瑙，紫褐底色与白色平行条带相间，非常

---

[1] 贺达炘：《唐代兽首玛瑙杯》，《文明》2002 年第 2 期，第 18 页。
[2] 高启安：《来通传入与唐人"罚觥"——以〈纂异记·张生〉为线索》，《云南民族大学学报》2018 年第 6 期。
[3] 刘文锁：《角杯与来通（Rhyton）》，《丝绸之路——内陆欧亚考古与历史》，兰州：兰州大学出版社，2011 年，第 256—280 页。

罕见。古代西方的玛瑙制品较早见于希腊罗马地区，主要有印珠、小雕像和装饰品，后传至希腊化地区，如希腊罗奔尼撒半岛公元前 1450 年左右的古墓中出土的玛瑙制品（3.5 厘米），其微雕画面"皮洛斯的争战玛瑙"（Pylos Combat Agate）具有浓烈的米诺斯文化元素。公元前 2 世纪，埃及托勒密王朝已出现浮雕宝石"法尔内塞杯"，而玛瑙印珠流行时间很长，可上溯到公元前 3000 年的古埃及和两河流域，下见于萨珊王朝、印度和拜占庭时期的罗马等地区。

中国的玛瑙最早见于新石器时代，如河北迁西县西寨新石器时代遗址和安徽含山凌家滩遗址[①]，此后各个时期均有发现，多为礼仪用具（玉钺、玉琮、玉猪龙等）、小件饰物（腕饰、玦、璜、串饰、珠子、印、管或柱状物、微雕动物）和生活用具（碗、耳杯、珰、带钩），至春秋战国，多为生活用具，有些带有外来风格，如陕西西安市南郊马腾空村汉墓出土一件镶嵌 4 块褐地缠丝玛瑙的镂空金牌饰（车马器），可能为匈奴贵族之物。

在中国古代文献中，玛瑙又称马脑、马瑙、码瑙。最早见于佛典，为佛教七宝之一。鸠摩罗什译《阿弥陀经》称"玛瑙"，玄奘译《称赞净土经》称"湿摩揭拉婆（梵语 a'ma-garbha，玛瑙）"[②]。《太平御览》卷八〇八"马脑条"记载："魏文帝曰马脑勒赋，曰玉属也，出自西域，文理交错有似马脑，故其方因以名之。"[③]更多记载见于《三国志·魏书》注引《魏略·西戎传》《魏书·波斯传》《北史·西域传》《北齐书·元弼传》《隋书·波斯传》《旧唐书·康国传》《旧唐书·波斯传》《旧唐书·裴行俭传》《新唐书·波斯传》和《新唐书·拂菻传》等，多为波斯、吐火罗、康国、罽宾的贡奉品，其他则来自贸易、战争、赏赐等，造型主要有盘、杯、碗、瓶、榼、锺、柜等，以杯居多，多为饮食器具。

据《洛阳伽蓝记》记载："琛常会宗室，陈诸宝器，金瓶银瓮百余口，瓯、檠、盘、盒称是。自食酒器，有水晶钵、玛瑙杯、琉璃碗、赤玉卮数十枚。作工奇妙，中

---

① 陈环：《迁西西寨新石器时代遗址出土一组玛瑙石器》，《文物春秋》1989 年第 1 期。包括抄袖人头像、裸乳女人像、猴头像、蛙形、骆驼头形、蛋形、水果形、棋子形、杯形、眼球形、坠形、拍形等一百余件。
② 林梅村：《珠宝艺术与中外文化交流》，《考古与文物》2014 年第 1 期，第 76—88 页。
③ ［东魏］杨炫之著，杨勇校笺：《洛阳伽蓝记校笺》，北京：中华书局，2008 年，第 179 页。

土所无,皆从西域而来。"①

据《隋书·西域传》记载:"炀帝時,遣使司隶从事杜行满于西番诸国。至罽宾,得玛瑙杯,王舍城,得佛经……"②

据《册府元龟》记载:"开元十八年,渤海靺鞨遣使乌那达初来朝,献玛瑙杯一。""开元十八年,吐蕃赞普曾上表"谨奉金胡瓶一……马脑杯一。"③

此外,南北朝至元代的诗歌中也有很多描述玛瑙的诗句(82首),如南北朝庾信《杨柳歌》曰:"衔云酒杯赤玛瑙。"梁朝何逊《长安少年行》曰:"玉羁玛瑙勒。"张镒《过杨伯虎即席书事》曰:"招携玛瑙杯。"唐元稹《春六韵》曰:"杯誇玛瑙烘。"毛文锡《月宫春》曰:"低倾玛瑙杯。"《丁亥夏吟集》次吴梅村杂感其六《葡萄》曰:"零丹玛瑙盘中赏。"以及白居易的"玛瑙罍"和杜甫的"玛瑙盘"。

由于珍稀,玛瑙流通于高级阶层。《唐律疏议》卷二《杂律》中有"器物者,一品以下,食器不得用纯金、纯玉"的法令④。《唐会要》卷三一《杂录》中规定:"神龙二年九月,议制令诸一品以下,食器不得用浑金玉。"⑤存世品也多发现于长安等政治中心,如西安博物院藏深红褐色与白色缠丝玛瑙钵(图5-19,高7.5

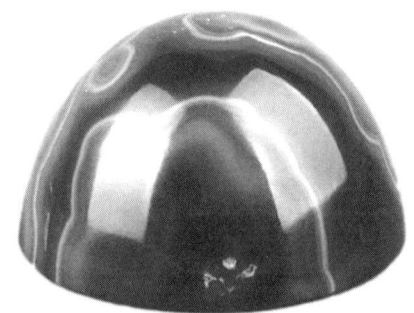

图 5-19 玛瑙钵
(照片由西安博物院提供)

---

① [唐]欧阳询:《艺文类聚》,上海:上海古籍出版社,2010年,第1441页。
② [唐]魏征:《隋书》卷八三《西域传》,北京:中华书局,1996年,第1841页。
③ [北宋]王钦若:《册府元龟》卷九七一《外臣部·朝贡》四,北京:中华书局,1960年,第11408页。
④ [唐]长孙无忌著,刘俊文点校:《唐律疏议》卷二六,北京:中华书局,1983年,第488页。
⑤ [唐]苏冕:《唐会要》卷三一,北京:中华书局,1990年,第572页。

厘米,口径13.5厘米,敞口、深腹、圆底)。有一部分是发现于佛教塔基地宫的宗教用品(宗教供养品和容器)。

三、从动物角崇拜到来通:兽首玛瑙杯的文化渊源

兽首玛瑙杯的渊源应该与古代东西方的动物角及角形饮器(杯系)有关,即以动物角为饮器、盛器或乐器,有的单独使用,有的与兽首相结合。前者最早的例子为旧石器时代伯里戈德文化期劳塞尔的立姿女神石刻,她右手举着一个牛角形来通,左手抚腹,可能与祈求多产和丰收有关(图5-20)。公元前1500年,角形饮器已出现在克里特,传入希腊后与兽首结合,形

图5-20 手持来通的女神

成一种上宽下窄、形如漏斗的盛装器——"来通",主要有人形、动物形、人与动物或禽鸟复合形。这种器型后来似乎在古代世界各地流传,从希腊到小亚细亚,远至印度和埃塞俄比亚,东传至美索不达米亚和西亚地区,乃至中国,分布极为广泛。传至中国后,则与兕觥系统再次融合,形成新造型、新功能和新意义。

(一)动物角崇拜

西伯利亚和蒙古近年来的考发掘古表明,早在青铜时代之前,草原地区就已经出现了对动物角的崇拜。角代表着森林与草原的神秘性,蕴含着雄性力量与审美,故被作为图腾符号、祭祀神器和信仰符号。最初是岩羊造型,后也用马、牛、狮等头部或与各类怪兽结合,形成流传甚久,传播范围极其广泛的角杯

文化。如阿尔泰山巴泽雷克和图瓦阿尔赞墓穴发现的鹿石和草原格里芬造型。在希腊文明中,动物角似乎与酒神狄奥尼索斯有关。希腊神话中就有酒神及其军队陷于非洲沙漠,朱庇特化身公羊奋力解救的故事。崇拜酒神的地区会建立神庙,供奉代表公羊的角,也用牛角或其他动物的角进行祭祀活动。中国商代先民也认为角具有沟通天地的神性,形成以动物角或角形器为中心的角崇拜,祭祀各种神祇和祖先(两只牛角须油光发亮,形状平齐对称,长短适合手握)、宴请宾客(一尺长)。《诗经·周颂》云:"杀时犉牡,有捄其角,以似以续,续古之人。"[①]即杀公牛取角,祭祀天地社稷,获取各种神助或神力。甚至在青铜器器型和纹样中,很多动物都添加了角或将某部分做成角形或动物头形。宋《三礼图集注》绘有多种用牛角制作或仿角饮器,称兕觥(图5-21),后来甚至用角代表公正或惩罚的象征。白光认为,青铜器上的角兽纹饰,反映从图腾的无意识崇拜到宗教的有意识崇拜,再到祖先神的崇拜和政治指代[②]。

图 5-21　文献中兕觥线图

[①] 孙静主编:《诗经》,北京:百花文艺出版社,2016年,第415页。
[②] 白光:《古代的角兽崇拜》,《社会科学战线》1994年第2期。

(二)从动物角到"来通"

1. 概念

词源学上的"来通(rhyton)"最早出现在古希腊阿忒纳乌斯(Athenaeus)的著作中,称ἀπὸ τῆς ῥύσεως,意为"来自于流淌"[①]。里德尔(Liddel)和斯科特(Scott)认为,rhyton标准词源是希腊语rhein,ῥυτόν(*rhytón*或*rhŭtón*),意为"流",rhein又源自印欧语sreu-,意为"流"。因rhutos意为"溪流",中性词rhuton应为某种与倾倒有关的器物,与英语词汇pourer"倾倒器"同。史密斯(Smith)将其归类为一种角状饮器系统(keras)。尽管迈锡尼希腊文(最早以希腊线形B字体书写的最古老形式文字)中并无rhyton一词,但克诺索斯KNK872碑的器物清单中,牛头状来通被拼写为ke-ra-a,有学者在中间加入一个迈锡尼元音,将其复原为形容词kera(h)a[②]。

2. 类型

来通主要分为四大类:一是底部无流的"舀"器;二是以牛、马、鹿、犬等科动物头部为末端的有流漏器和无流饮器,上端为弧形敞口(亦为注口)。特征是在不放倒的情况下液体不会倾洒出来,差别在于器身长度、下部兽首设计和有无握手等细部;三是用来盛放酒、油脂和祭献溶液的容器。四是交换(馈赠)礼物或商品。贵金属质地的来通是统治者之间相互赠送的礼仪性礼物。史载,赫悌国王苏佩卢留玛斯(Suppiluliumas)给埃及国王胡里亚(Hurriya)赠送了一个带牡鹿头的来通(与米诺斯不同,赫悌和埃及人喜欢用动物头作来通的底部)。埃及阿赫亚瓦(Ahhiyawa)王也给赫悌王赠送了两件来通,赫悌王将其中一件送给了阿玛纳(Amarna)[③]。在爱琴海地区,这些器物还用于出行巡游等礼仪场合。此外,玛瑙具有"辛、寒"等药用功能,被当作辟邪健体的药具。

[①] Henry George Liddell, Scott Robert. *A Greek-English Lexicon*, Oxford, 1819.
[②] Smith, William; Wayte, William; Marindin, GE, eds.."Rhyton", *A Dictionary of Greek and Roman Antiquities*, Volume II (3rd Revised). London: John Murray, 1901.
[③] Geoffrey Metz and Birgit Schiller. An Egyptian rhyton from the Eighteenth Dynasty, *The Journal of Egyptian Archaeology*, 2011(97): 233-240.

3. 用法

水平状来通可以直接倾倒浸入液体中,注满后再立起来,如图特摩斯三世(Thutmosis Ⅲ)和阿曼霍特普三世(Amenhotep Ⅲ)时期霍伦海布(Horemheb)墓的宴饮场景中,侍者左手握来通把手,右手托住底部,作倒酒状。而底部有孔的垂直状来通要用大拇指将底部的流堵住,装满溶液后举起来,松开大拇指,让液体流进嘴里(或在酹酒仪式中洒到地上),就像从酒囊中饮酒一样。有时两手或两人同时操作,或用链子、绳索为辅助。动物首型来通装满液体时,液体从动物口中流出,进入饮者口中,隐喻神力进入体内,转化为感官体验,以示对神灵的无比敬畏,如庞贝遗址壁画、片治肯特和阿芙拉西卜遗址壁画中举来通者,韩香猜测的"最好姿势就是躺卧"值得商榷[①]。中国发现的角形饮器多为底部无孔,偶见尖端开孔[②],春秋战国时期出现用角形器饮酒的人物图像,孙机、孔德成、屈万里、朱凤瀚、陈洪波等研究者都举出了数例,如山西潞城战国墓、江苏省六合县春秋晚期吴国墓葬和洛阳汉代画像石等。

四、兽首玛瑙杯:"来通"流传过程中功能与意义之转换

来通自出现后,经由多种渠道(直接或间接),"漫游"于世界各地,成为一种广泛出现的文化现象。在此过程中,造型、纹饰和意义发生了或多或少的变化:从最初的动物崇拜到酒神崇拜,再到其他宗教崇拜,反映了不同地区对自然界与人的统治,以及宇宙秩序协调者之间关系的普遍性认知与个性化构筑。

(一)传播途径

来通扩散与迁移的主要途径是战争、贡奉、礼物交换或商品贸易。用传播

[①] 韩香:《从波斯到中国——丝绸之路上来通角杯的传播与变迁》,《丝绸之路研究集刊》第一辑,北京:商务印书馆,2017年,第93—107页。
[②] [美]佛朗西斯·刘易斯著,杨瑾译:《何家村来通与中国角形酒器(觥):醉人的珍稀品及其藏集研究史》,《陕西历史博物馆馆刊》第二十五辑,西安:三秦出版社,2017年,第97页。

学理论来看,先由已接受者传播给潜在的接受者(传染扩散),在不同空间等级中由高至低或由低至高扩散(刺激扩散),有的在传至他地后摒弃具体形式而保留思想实质。在扩散过程中,随着人移动的距离拉长,来通出现不断趋同或趋异的现象。总体趋势是沿着连接欧亚的交通线路及无数区域性支线构成的复杂体系与网络流传开来,前者如著名的青金之路、皮毛之路、玉帛之路、陆上丝绸之路、草原丝绸之路、绿洲之路、黑貂之路等,后者如兴都库什地区连接佛教、印度教和地方神教等的贸易线路,包括乌斯库尔(Ushkur)、阿卡努尔(Akhnur)、Ghorband 山谷、喀布尔峡谷、犍陀罗和周围小国,8 世纪的印度北部和中亚佛教艺术已大量融合了坦陀罗(Tantric)元素,喀布尔谷地此前曾是贵霜时代著名的希瓦崇拜地区,此时已是印度教影响地区,形成一种"国际现象"或"国际风格"。

(二) 分布范围

目前存世的来通分布地区十分广泛,主要有:爱琴海地区(米诺斯文化区、克里特和迈锡尼文化、色雷斯地区)、意大利庞贝和伊斯特鲁坎地区、托勒密时期的埃及和伊朗地区(阿契美尼德、亚述、巴比伦、波斯)、阿富汗地区、黑海北岸斯基泰地区、地中海东岸叙利亚地区(安条克地区)、中亚地区(撒马尔罕、阿什巴哈德尼萨古城)、中国(西安何家村窖藏、南越王墓、新疆阿图什古墓、四川邛窑)、日本(正仓院藏古琴)等。

(三) 功能和意义的转化

1. 从普世性的崇拜符号到特定的信仰标识

早期先民用动物角或模仿动物角的器具祭祀自然界诸神祇,后来不断融入流传地区的文化需求,由神祇专有变为国王、显贵和神祇共有的复合功能和意义。如 1—3 世纪犍陀罗地区用丰饶角祭祀贵霜守护神珂多克索(Ardoksho),商代国王用兕觥盛满黑黍酿成、味道香醇的酒祭祀天神、地祇、人神,庆祝胜利、婚姻、生产、皇帝继位、册封等重大事件。从大英博物馆藏持来通 Arbnas 王、乌尔王朝统治者乌尔那姆和亚述巴尼拔国王,以及克利夫兰博物馆藏多曲银杯纹饰中的人物,到片治肯特和阿芙拉西卜壁画上的王或神祇,再到安阳、西安、太原和天水石葬具中身份不明的人物,共同的特征是他们的姿势皆超出饮酒之外的特殊含义,更多地表达出与神祇沟通的神秘性。

2. 从特定的信仰标识到多重象征的表述

公元前1000年,伊朗阿姆拉什(Amlash)的陶状或壶状来通、帕提亚晚期或萨珊朝早期(2世纪晚期至3世纪)尼普尔和Raiy遗址的各式来通、5—6世纪嚈哒人统治的阿富汗Seqt-Abad遗址各种造型均反映了从敬畏、祭祀主宰宇宙的神祇到神祇(国王)对动物及其所代表的神力的征服、驾驭与控制①。马尔沙认为,克利夫兰银来通表现的是杜迦女神(Mahisdsuramardini)战胜恶魔水牛的场景(图5-22)。在笈多浮雕中,她被表现为神力无边的多臂神祇,将化身为水牛的恶魔军队首领的头颅斩下,并站在凶猛的水牛头上。女神战恶魔可能有政治含义,当时土著军队正抵抗以水牛为图腾的Huna人的入侵,王后像杜尔迦女神一样带领军队抗击敌人,说明女神崇拜在笈多时期的成熟发展②。

图5-22 人头牛首来通

3. 从希腊罗马的酒神崇拜到中亚乃至中国的宗教象征

最早的酒神崇拜据说是来自从南俄草原辗转迁入巴尔干的色雷斯游牧部落,再传入希腊,也有人认为源自克里特—迈锡尼文明,成为希腊神话系统及希腊化时期的遗产。不论哪种说法,都以古代希腊诸神中著名的狄奥尼索斯或

---

① Dorothy G. Shepherd.Two Silver Rhyta, *The Bulletin of the Cleveland Museum of Art*,1996(8):289-317.
② Martha L. Carter.An Indo-Iranian Silver Rhyton in the Cleveland Museum,*Artibus Asiae*,1979(4):309-325.

罗马人的巴克科斯为崇拜对象。狄奥尼索斯不仅是酒神,还是狂欢之神、狂迷之神、狂巅的酒神祭司、面具之神(身份、角色转换),他掌握着自然界所有的秘密,包括酒的历史,导师是半人半羊形骑驴的山林之神塞特,随从是羊耳羊尾的萨提儿,特征是葡萄花环、神杖和大酒杯,有女祭司和长笛演奏者,他乘坐黑豹驾的车在世界各地漂泊:从希腊到小亚细亚,远至印度和埃塞俄比亚,所到之处,他教人种植葡萄和酿造葡萄酒,因此成为古希腊酒神节祭祀的对象,形成尼采所谓的痛苦与狂欢交织的癫狂精神,或称"酒神精神"[1]。从希腊罗马到中亚再到中国,葡萄与葡萄酒具有多种寓意,表达着天、神、人之间复杂的信仰关系。

4. 从专祀神具到宫廷礼物

马修·卡纳帕(Matthew Canepa)指出,3—8世纪,罗马、萨珊和中国以匈奴、突厥和粟特等中间地带为中介,直接或间接进行长期交流。外国器物辗转流传,供遥远的贵族享用,外来题材融入新环境的建筑饰件、器物或服饰中。"西方的"或伊朗文化在初唐视觉文化中特别流行。萨珊晚期的织物或长安兴化坊何家村窖藏发现的金属和玉石类小件奢侈品是献给贵族和宫廷官员的礼物。"这些帝国的君主们使用各种礼仪的、视觉的和漫不经心的技巧获取彼此的文化和意识形态器物,建立等级秩序和内部统治形象,表达和实施竞争性的宣言。跨文化交流过程最终不仅产生文化材料的交流,在彼此不同历史时期,两个王国礼仪—视觉实践的融合形成一种文化和宗教语言之外的争论和合法性。在萨珊末代国王逃到唐朝,王朝残部理论上已融进唐朝宫廷系统中。外交交流再次提供了了解这个过程的绝佳例子,两个宫廷的礼仪体制合二为一。从历时性角度看,几个文化和政治疆域重叠的地区不仅关注彼此的宫廷实践、徽标和事业发展模式,而且以所有宫廷都能明白的形式来表达权力。"[2] 兽首玛瑙杯为我们分析观念、母题和实践流动背后的动力提供形象的实物资料,借此观

---

[1] 周国平:《悲剧的酒神本质:尼采的悲剧观》,《云南大学学报》(社会科学版)2005年第5期。
[2] Matthew P. Canepa.Distant Displays of Power:Understanding Cross-Cultural Interaction Among the Elites of Rome,Sasanian Iran,and Sui-Tang China,*Ars Orientalis*,2010(3):144.

察精英阶层如何通过文化材料来彼此挑战、对话,在欧亚大陆产生新的错综交织的权力关系。

(四)从被顶礼膜拜到被模仿

天然的动物角被用作特殊盛器或饮器,由最初的祭祀神器逐渐兼有体现身份地位和权力的饮器。角杯与来通杯两种不同的器物系统在欧亚文化交流中出现了相互影响与融合的现象,出现了被不同地区观念和不同文化模仿的现象。模仿方式主要有源地模仿和异地模仿。前者由陶来通到玻璃、象牙和金银来通等,反之亦然;后者为西亚、中亚、中国等地的模仿,分为器物类和图像类。器物类主要有陶瓷器(陶、三彩陶、瓷器)、玉器;图像类主要有石刻、壁画等,模仿中根据材质和制作技术,取长补短,选择最适合的造型、主题和纹饰,因而有所删减、省略或刻意规避。中国出现的来通多为可手握或持的小型饮器,偶有大型盛器(南越王墓玉来通)。

1. 器型模仿

主要有金属材质(金、银、铜)和陶瓷类(陶、三彩陶、釉陶、瓷),如四川大学博物馆藏三彩抱来通俑(图5-23-1)、大英博物馆藏白瓷狮首来通杯、加拿大安大略博物馆藏白瓷牛首杯、陕西和洛阳等地唐墓出土的三彩杯和瓷杯(图5-23-1、5-23-2,下端均无流)[①]。表明除了兽首玛瑙杯造型外,还有其他与西方造型相似的金属来通或工匠们见过类似器物,故而模仿其造型和装饰母题。此外,还有玉、玛瑙、玻璃、象牙等材质,成为隋唐器物系统中模仿西方金银器的普遍现象。

2. 图像再现

包括石刻、壁画、玉器和金属制品上的图像。片治肯特壁画和美国波士顿艺术博物馆藏北齐石刻中来通图像上部皆绘清晰的联珠纹样,应该是模仿金属质地来通。与兽首玛瑙杯造型最相似的是李寿墓石椁线刻图像中提罐持杯侍女手中的兽首杯,从右手臂上举姿势来看,应该是脆弱的玛瑙、玻璃或玉。克

---

① 西安市文物保护考古所:《唐姚无陂墓发掘简报》,《文物》2002年第12期。

图 5-23-1　抱来通俑　　　　　图 5-23-2　三彩角杯

图 5-23-3　三彩角杯
（照片由陕西历史博物馆提供）

利夫兰银碗纹饰中有一右腿半蹲的男性，右手高举兽首杯，兽首对着嘴部。保加利亚索菲亚附近出土银瓶纹饰中有一半蹲男性（两腿分开，左腿下垂，右腿屈踞），左手高握来通兽首中部，兽首对着其头部，右手托碗（或长杯）。日本正仓院藏古琴上坐地胡人右手举上尖下宽的弧形角杯，阔口部对准嘴部，角杯表面还有短线状纹理，似为描摹动物角上的天然纹理或夹色线条，何家村出土伎乐纹八棱金杯纹饰中有一男性，右臂高举上尖下平的饮器，嘴对着宽口，作饮酒状（笔者认为是演出场景中配合乐队演出饮酒情节，是整个演出内容的组成部分）。西安发现的唐代玉带銙上亦有类似图像，多为歌舞场景中的醉酒表演或演出中祭祀酒神的场景①。

因此,兽首玛瑙杯不仅是饮器,也是具有特殊宗教意义的媒介,与酒搭配,构成最虔诚的祭祀礼仪。上文所举例子中,兽首玛瑙杯从神祇之物到献祭神祇之物,再到王公贵族的特殊宴饮之物,原本神圣的宗教礼器逐渐褪去神秘,变成宴饮之物。

(五)几点认识

第一,在这些带有浓烈宗教色彩的遗存中,持来通人物的位置、角色与作用具有明显的中心性特征,即使后来变成符号或纹样亦是如此。

第二,持杯者皆为男性,可见性别角色,即掌握祭祀与酒神力量的是男性,他们是中心人物,皆为右臂高举,有的右臂伸开高举杯,兽头朝向持者(伎乐纹银杯和正仓院古琴上角杯敞口对着嘴部),敞口朝上,应该具有特殊含义。

第三,来通杯出现多与宴饮(歌舞、葡萄、其他饮器)场景有关。中心人物在祭神或宴饮中常做邀神、敬神和愉神之举,可能是宴饮之前的仪式性动作(中亚的酒神崇拜或以酒祀神)。卡特认为,克利夫兰博物馆藏鎏金银碗(4—6世纪伊朗萨珊王朝)外壁纹饰描绘的裸体小人在伎乐的陪伴下单腿跪地,正举来通杯邀神,与希腊神话中狄奥尼索斯或巴克斯崇拜有关,希腊人把这一习俗带到伊朗,被吸收到安娜希塔崇拜中②。该馆还收藏一件1世纪至320年印度马图拉的红砂岩栏杆柱,该柱装饰有手持来通(残)的狄奥尼索斯在伎乐伴奏下饮酒作乐的场景。西安附近隋墓新出土的两件红陶骆驼的囊袋(胡)两面皆有圆拱形葡萄架,架下两人搀扶一醉酒人物,发掘者认为是酒神狄奥尼索斯的形象,让人不禁回想起商周时期人们用青铜器和玉器盛酒祈求与神同在的场景③。这类图像皆有乐舞相伴,应该是乐舞、宴饮与酒结合的多种寓意。

---

① 杨瑾:《唐代玉带銙上的胡人形象》,载《丝绸之路研究集刊》,北京:商务印书馆,2017年,第108—121页。
② Martha L. Carter. An Indo-Iranian Silver Rhyton in the Cleveland Museum, *Artibus Asiae*. 1979(4):309-325.
③ 葛承雍:《"醉拂菻":希腊酒神在中国——西安隋墓出土驼囊外来神话造型艺术研究》,《文物》2018年第1期。

第四，中国发现的来通杯也有不同的造型、材质、功能和用途。即使同一场景中也出现不同造型。分为兽首状和角状，前者兽首朝下，图像中的人物手举来通杯，为兽首玛瑙杯的用法提供了参考；后者有弯度，接近动物角状，有有流和无流两种，皆大口朝下，下部无流。

第五，来通杯属于觥觚、来通和玛瑙三大系统融合之物，器物和图像显示的来通也分为兽首型和角型两大类。功能也应该从最初的宗教功能（祭器、礼器）到特定场合供特殊的人（神）使用，再到后来兼有极其重要的政治意义，即为了某些极为重要的原因作为贡品或礼品，献给皇帝或权高位重的显贵，表达最虔诚的敬意和尊崇，或是某次征服他国后的战利品。

第六，中国考古所见来通杯主要分为两大时段：以输入品为主的隋唐之前和输入品与模仿品（图像）并存的隋唐时期。前者多见于北朝时期墓葬中的石质葬具图像，后者多见于墓葬三彩、陶瓷模仿品。兽首玛瑙杯在造型、材质和工艺上独一无二，使用和保存环境极其特殊，显然是重要器物。结合唐代所处的局势，笔者进一步提出兽首玛瑙杯传入时代应早于隋唐时期，与请求唐朝帮助复国或抗击敌人的波斯、粟特人有关，也可能是隋唐之前就已传入，具有极其特殊的政治和宗教意义。

五、结　语

总之，兽首玛瑙杯反映了古代东西方自远古时期就已开始的文明交流与互动，勾勒出来通与觥觚两种不同系统在各自的文化背景下产生和发展的动态轨迹，揭示了观念、母题和实践流动背后的动力，展现了精英阶层如何通过文化进行对话，借此在欧亚大陆产生新的权力关系网络。更重要的是，它反映了中国通过丝绸之路，与希腊古典文明、古代西亚、中亚和印度诸种文化的互动，形成"全球性"的宇宙观、经济观、政治观和文化观。在这种互动中，草原游牧与农耕民族反复冲突与融合，各种文化符号跨区域、远距离传播，被模仿、被改造，以各种形式流传、变异与融合。

后 记

　　文物研究离不开考古发现。近年来陕西的考古事业取得了丰硕成果，这一点从《2008—2017年陕西秦汉考古综述》《2008——2017年陕西三国隋唐宋元明清考古综述》(《考古与文物》2018年第5期)可见一斑。陕西很多博物馆也不断有新征集的藏品，如陕西历史博物馆(陕西历史博物馆编：《陕西历史博物馆新征集文物精粹》，三秦出版社2011年。强跃主编：《披沙拣金二十五载——陕西历史博物馆新征集文物图录》，陕西人民出版社2016年)，这些新发现既是笔者研究的基础，也是拓宽笔者视野的保障，还是赋予笔者动力的希冀。本书收编的文章中年代最早的是2001年的《秦文化大规模吸收与远距离传播》，这是一篇参加2000年秦俑学学术会议的论文，当时的秦俑研究如日中天，但关于秦俑和其他秦代文物中的外来元素关注不够，因此当王学理先生说我这篇文章有意思，并推荐作大会发言时，我竟然紧张不已，当时根本没有想到这一主题会有研究潜力。随着秦代墓葬和城址考古的新发现不断涌现，特别是秦陵陪葬坑的发现，秦俑和秦文化中有关中外文化交流问题的讨论越来越深入，使这一主题成为秦文化研究的又一特点。令人格外惊喜的是，2019年秦陵以西440米处一个大型陪葬墓中出土的金骆驼等文物将这一讨论通过融媒体推向高潮。至于本书所缺失的关于汉、魏晋南北朝时期的文物研究也因陕西汉魏、十六国时期墓葬的大量发现而引发笔者的关注，这也充分展现出三秦文物所蕴含的巨大研究潜能。本书在编辑过程中得到了很多专家的帮助，在此一并谢过。特别感谢的是陕西历史博物馆张维慎研究馆员和翟战胜副研究馆员、甘肃省博物馆李永平研究馆员、西安碑林博物馆的景亚鹂研究馆员。最后感谢的是我的家人，他们一如既往的支持与包容是我笔耕不辍的最大动力和精神保障。

杨瑾

2020年6月21日